Telemonitoring in Gesundheits- und Sozialsystemen

Arnold Picot · Günter Braun
Herausgeber

Telemonitoring in Gesundheits- und Sozialsystemen

Eine eHealth-Lösung mit Zukunft

Springer

Herausgeber
Arnold Picot
Universität München
Fakultät für Betriebswirtschaft
Institut für Information, Organisation
und Management
Ludwigstraße 28 VG II
80539 München
Deutschland
picot@lmu.de

Günter Braun
HCS Consultants
Edmund-Müller-Str. 2
82041 Oberhaching
Deutschland
guenter.braun@hcs-consultants.com

ISBN 978-3-642-15632-8   e-ISBN 978-3-642-15633-5
DOI 10.1007/978-3-642-15633-5
Springer Heidelberg Dordrecht London New York

Die Deutsche Nationalbibliothek verzeichnet diese Publikation in der Deutschen Nationalbibliografie; detaillierte bibliografische Daten sind im Internet über http://dnb.d-nb.de abrufbar.

© Springer-Verlag Berlin Heidelberg 2011
Dieses Werk ist urheberrechtlich geschützt. Die dadurch begründeten Rechte, insbesondere die der Übersetzung, des Nachdrucks, des Vortrags, der Entnahme von Abbildungen und Tabellen, der Funksendung, der Mikroverfilmung oder der Vervielfältigung auf anderen Wegen und der Speicherung in Datenverarbeitungsanlagen, bleiben, auch bei nur auszugsweiser Verwertung, vorbehalten. Eine Vervielfältigung dieses Werkes oder von Teilen dieses Werkes ist auch im Einzelfall nur in den Grenzen der gesetzlichen Bestimmungen des Urheberrechtsgesetzes der Bundesrepublik Deutschland vom 9. September 1965 in der jeweils geltenden Fassung zulässig. Sie ist grundsätzlich vergütungspflichtig. Zuwiderhandlungen unterliegen den Strafbestimmungen des Urheberrechtsgesetzes.
Die Wiedergabe von Gebrauchsnamen, Handelsnamen, Warenbezeichnungen usw. in diesem Werk berechtigt auch ohne besondere Kennzeichnung nicht zu der Annahme, dass solche Namen im Sinne der Warenzeichen- und Markenschutz-Gesetzgebung als frei zu betrachten wären und daher von jedermann benutzt werden dürften.

Einbandentwurf: WMXDesign GmbH, Heidelberg

Gedruckt auf säurefreiem Papier

Springer ist Teil der Fachverlagsgruppe Springer Science+Business Media (www.springer.com)

Vorwort

Die demografische Entwicklung der Bevölkerung wie auch die starke Zunahme chronischer Erkrankungen erfordert neue Wege, um auf Dauer ein qualitativ hochwertiges, jedoch bezahlbares Gesundheitssystem sicherzustellen. Die Optimierung von Prozessen in Gesundheitsversorgung und Pflege sowie deren effektive Unterstützung durch ICT-Lösungen spielen dabei eine herausragende Rolle. Die Erfahrung der letzten Jahre, dass die Einführung entsprechender Lösungen wie etwa der elektronischen Gesundheitskarte in Verbindung mit einer neuen eHealth-Infrastruktur in manchen Ländern nur schleppend vorangeht, ändert an dieser Tatsache nichts.

Die Entwicklung integrierter Versorgungsstrukturen, bei denen der stationäre Sektor stark mit vor- und nachgelagerten ambulanten Versorgungsprozessen (z.B. Hausarzt, Facharzt oder Rehabilitation) verzahnt ist, erfordert eine durchgehende Optimierung von sektorübergreifenden Prozessen sowie eine elektronische Dokumentation und Kommunikation medizinischer Daten. Hinzu kommt eine laufende Betreuung chronisch Kranker, die nach ersten Studien Krankenhauseinweisungen vermeiden oder verkürzen hilft.

Telemonitoring gilt in diesem Kontext als eine Lösung, die geeignet sein wird, sowohl die Qualität als auch die Produktivität der Gesundheitsversorgung zu verbessern. Der Einsatz von Telemonitoring steht aber heute noch am Anfang. Telemonitoring wurde bisher vor allem in einer Reihe von Pilotprojekten und Vergleichsstudien von Krankenkassen und Krankenhäusern realisiert, mit denen der ökonomische und qualitative Nutzen bei der Gesundheitsversorgung für mehrere Indikationen (u.a. Diabetes, Herzinsuffizienz, Wundbehandlung) nachgewiesen wurde. Die Projektgruppe ProTelemonitoring beim VDE führt die Studienergebnisse zusammen und informiert darüber. Telemonitoring wurde bisher jedoch weder allgemein eingeführt, noch sind die meisten bisher eingesetzten Kommunikationslösungen für den Massenmarkt tauglich.

Ein verstärkter Einsatz von Telemonitoring und Telemedizin ist auch dazu geeignet, die bereits eintretende medizinische Unterversorgung in ländlichen Gebieten zu verbessern, Gesundheitsberatung und Vorsorgeprogramme zu unterstützen, sowie ein längeres selbstbestimmtes Leben älterer oder mit Einschränkungen belasteter Menschen in ihrer bekannten häuslichen Umgebung zu ermöglichen ohne dabei auf eine effektive und qualitativ hoch stehende ärztliche und pflegerische Leistung zu verzichten.

Der MÜNCHNER KREIS hat sich in einer Fachkonferenz mit grundsätzlichen Fragen zu Telemonitoring in Gesundheits- und Sozialsystemen befasst sowie die Bedeutung der ICT-Lösungen, deren Herausforderungen sowie Rahmenbedingungen und Maßnahmen für eine schnelle Implementierung herausgearbeitet. Die Veranstaltung wurde mit der freundlichen Unterstützung der VDE Initiative Mikro-Medizin durchgeführt. Im vorliegenden Band sind alle Vorträge und die durchgesehene Mitschrift der Podiumsdiskussionen enthalten. Allen Referenten und Diskussionsleitern sowie all denen, die zum Gelingen der Konferenz und zur Erstellung dieses Buches beigetragen haben, gilt unser Dank.

Arnold Picot   Günter Braun

Inhalt

1	**Begrüßung und Einführung** Prof. Dr. Jörg Eberspächer, Technische Universität München	1
2	**eHealth in Mitteleuropa:** **Der Weg vom Wunsch zur Wirklichkeit** Dr. med. Martin D. Denz, Präsident SGTMeH, Reinach, Schweiz	3
3	**eHealth-Entwicklungen international –** **Stand und Perspektiven** Prof. Dr. med. Reinhard Busse, Technische Universität Berlin	27
4	**Anforderungen der Nutzer an Telemonitoring** Dr. med. Christoph F-J Goetz, Kassenärztliche Vereinigung Bayerns, München	39
5	**Anwendungsszenarien und neue Versorgungsformen** Jens Seeliger, Intel GmbH, Feldkirchen	51
6	**Telemonitoring und Ambient Assisted Living:** **Anforderungen und Visionen** Prof. Dr. med. Kerstin Wessig, Evangelische Fachhochschule Darmstadt	69
7	**Ambient Medicine® – Sensorik, Schnittstellen und** **Auswertung für telematische Diagnose und Therapie** B. Wolf, P. Friedrich, T. Spittler, J. Clauss, A. Scholz, S. Tübinger, W. Tiedge	83
8	**Sichere Kommunikations-Infrastruktur** Kurt Lösch, Alcatel-Lucent Deutschland AG, Stuttgart	111
9	**Was ist für den Erfolg von Telemonitoring nötig?** Dr. Günter Braun, Aristo Telemed AG, Oberhaching	123
10	**„Mit Herz dabei" – Telemedizin als Bestandteil** **einer umfassenden Versorgung von Patienten mit** **Herzinsuffizienz** Volker Heuzeroth, BKK Taunus, Frankfurt	139

| 11 | **Die Rolle niedergelassener Ärzte bei Telemonitoring von chronischen Krankheiten** | **153** |

Dr. med. Siegfried Jedamzik, Verband deutscher Praxisnetze e.V., Ingolstadt

| 12 | **Perspektiven von Telemonitoring im Pflegesektor** | **169** |

Ingrid Hastedt, Wohlfahrtswerk für Baden-Württemberg, Stuttgart

| 13 | **Podiumsdiskussion: Nutzen und Ökonomie** | **189** |

Moderation: Dr. Günter Braun, Aristo Telemed AG, Oberhaching

Teilnehmer:
Dr. med. Christoph F-J Goetz, Kassenärztliche Vereinigung Bayerns, München
Ingrid Hastedt, Wohlfahrtswerk für Baden-Württemberg, Stuttgart
Dr. Thomas M. Helms, Deutsche Stiftung für chronisch Kranke, Fürth
Volker Heuzeroth, Taunus BKK, Frankfurt
Dr. med. Siegfried Jedamzik, Verband deutscher Praxisnetze e.V., Ingolstadt

Anhang **217**
Liste der Referenten und Moderatoren / List of Speakers and Chairmen

1 Begrüßung und Einführung

Prof. Dr. Jörg Eberspächer
Technische Universität München

Meine sehr verehrten Damen und Herren, guten Morgen und herzlich willkommen zu unserer Konferenz „Telemonitoring in Gesundheits- und Sozialsystemen". Mein Name ist Jörg Eberspächer. Ich bin im Vorstand des Münchner Kreises. Viele von Ihnen werden den Münchner Kreis nicht kennen. Wir sehen uns seit gut 35 Jahren als eine neutrale Plattform zur Diskussion, Erforschung und Gestaltung der Telekommunikation und ihrer Anwendungen. Zwar ist die Technik wichtig und kommt auch heute in dieser Konferenz vor. Aber mindestens genau so wichtig sind uns die Anwendungen, vor allem die mit dem „e" davor, also von eCommerce bis eben auch zu eHealth. Wir haben bereits vor einigen Jahren dazu einen erfolgreichen Kongress durchgeführt. Die rasanten Fortschritte bei den Technologien machen vor keiner Branche halt, auch nicht vor dem Gesundheitswesen.

Deshalb haben wir Sie eingeladen, um heute im Kreis von Experten aus Wissenschaft und vor allem auch aus der Praxis des Gesundheits- und Sozialsektors zu erfahren, welche Rolle die digitalen Technologien in einer speziellen Ausprägung von eHealth spielen, nämlich in Formen des sogenannten Telemonitoring. Damit sind Verfahren und technische Mittel gemeint zur Übertragung von Sensorinformationen und anderen Informationen zwischen Patienten und Ärzten oder allgemein zwischen Menschen mit eingeschränkter Mobilität und den Ärzten oder Helfern und Begleitern.

Wir wollen uns heute fragen, ob es stimmt, was wir im Untertitel unserer Konferenz behaupten, dass Telemonitoring eine eHealth Lösung mit Zukunft sei und ob sich dadurch die Lebensqualität vieler Menschen tatsächlich steigern lässt. Wir werden aber auch fragen, welche Hindernisse es auf dem Weg dahin gibt, ob und wie die Patienten, aber auch die Ärzte und andere Player in dem ganzen System solche Innovationen annehmen und wo Deutschland im Vergleich zu anderen Ländern steht. Darüber werden wir gleich zu Beginn zwei Beiträge hören. Wir werden heute aber auch mit besonderem Interesse die ökonomischen Modelle und Lösungen diskutieren sowie die Umsetzungsbeispiele aus Pilotprojekten.

Meine sehr geehrten Damen und Herren, früher oder später können wir selbst sowie unsere Angehörigen und Freunde Nutznießer oder Opfer von Telemonitoring sein. Es geht uns alle also direkt an, gute und menschengerechte Lösungen sind deshalb gefragt. In diesem Sinne wünsche ich uns allen eine erkenntnisreiche Veranstaltung mit hoffentlich genug Zeit zur offenen Diskussion. Ich möchte an dieser Stelle dem Vorbereitungsteam unter der Leitung von Herrn Dr. Günter Braun und allen Referenten danken. Die Communities der Informations- und Kommunikationstechniken, der Medizin und des Public Health Sectors im Allgemeinen zusammenzubringen, ist ja keine leichte Aufgabe. Schön, dass Sie gekommen sind!

Nun möchte ich die erste Sitzung starten und Herrn Dr. med. Martin Denz vorstellen. Herr Dr. med. Denz ist gegenwärtig Präsident der European Health Telematics Association (EHTEL) und Präsident der Schweizerischen Gesellschaft für Telemedizin und eHealth, (SGTM). Er ist einer der Pioniere des eHealth in der Schweiz und auch sehr aktiv, um nachhaltige Lösungen für telemedizinische Dienste in der Schweiz und auch anderswo vorwärts zu bringen.

2 eHealth in Mitteleuropa: Der Weg vom Wunsch zur Wirklichkeit

Dr. med. Martin D. Denz
Präsident SGTMeH, Reinach, Schweiz

Sehr geehrte Damen und Herren, ich hoffe, nicht der einzige hier anwesende Arzt zu sein, geschweige denn als „Alibi-Arzt". Auch die Rolle der Ärzteschaft ist ein Thema, das wir heute ansprechen sollten. Geht es um Technologiefragen, um Gesundheitsversorgung oder gar um Politik? Wer sind eigentlich die Endanwender und wirklichen Nutznießer? Nebst den Ärzten gibt es schließlich auch noch die Patienten, welche zumindest rhetorisch stets im Mittelpunkt stehen – auch wieder ein Alibi-Konstrukt … Und wer ist dafür verantwortlich, dass eHealth endlich Realität wird?

Ich habe die „Mission Impossible" übernommen, Ihnen eine Übersicht zu geben, was heute bezüglich eHealth in Mitteleuropa läuft. Für jedes Land eine Minute – da wäre ich bereits jetzt in Verzug. Deshalb bevorzuge ich es, Ihnen Einblick zu geben in die wichtigsten Themen und europäischen Rahmenbedingungen. Diese werde ich in einem Potpourri am Beispiel einiger prototypischer europäischer Staaten illustrieren.

Die Themen, welche ich hier anspreche, trifft man natürlich immer und überall wieder an. Diese Themen und Nationen sind Fraktale mit Wiedererkennungswert. So bin ich beispielsweise Schweizer, stamme somit aus einem Fraktal von Europa: Wir bestehen aus 26 Kantonen, d. h. wir versuchen 26 autonome Gesundheitssysteme zu integrieren. Für mich ist es ganz spannend, in Europa tätig zu sein, denn dieselben Themen, Mechanismen und Diskussionen, welche ich zu Hause erfahre, laufen in der EU mit 27 Mitgliedsstaaten ab!

eHealth als Vision vom Hausbau

Bild 1

Zielführender als über die Technik zu diskutieren wäre eigentlich, zuerst davon eine Vorstellung zu haben, was wir erreichen wollen mit der Integration der Informations- und Kommunikationstechnologien ins Gesundheitswesen (Bild 1). Vor lauter Diskussionen über Applikationen und Standards vergessen wir elementare Fragen zu stellen. Entscheidend wäre doch, dass wir eine Vision, eine Vorstellung darüber haben, wie unser Gesundheitswesen in Zukunft denn aussehen soll. Wenn die Frage nach eHealth am Praktischen und Sinnvollen ausgerichtet wird, benötigen wir kein Marketing mehr, dann verstehen das auch die Bürgerinnen und Bürger auf der Strasse. Wenn wir unser Gesundheitswesen mit einem Hausbau vergleichen, dann könnten wir darüber diskutieren, ob ein Einfamilienhaus oder ein Mehrfamilienhaus entstehen soll? Oder zu welchem Zwecke das Haus dienen soll? Wie viele Personen sollen dort drin wohnen? Wie viele Steckdosen, wie viele Breitbandanschlüsse braucht es? Braucht es denn sieben Toiletten? Braucht es in jedem Badezimmer goldene Wasserhähne? Reicht nicht auch etwas Einfacheres? Welchen Luxusgrad wollen wir? Es gibt schließlich auch unterschiedliche Vorstellungen darüber, was ich vom Gesundheitswesen wünsche: Ich benötige nicht immer einen Rolls Royce – ein VW reicht doch meistens auch!

Genau die gleichen (auch organisatorischen) Fragen, mit welchen diejenigen unter Ihnen, die schon einmal ein Haus gebaut haben, konfrontiert wurden, stellen sich auch für den Aufbau des Gesundheitswesens – dasselbe gilt für eHealth: wer ist der Bauführer? Wie arbeiten die Leute miteinander? Wie koordinieren sie sich untereinander? Und später können dann auch die Nachbarstreitigkeiten folgen ...

Sollten Sie einmal im eHealth-Dschungel den Durchblick verlieren, dann lehnen Sie sich zurück – betrachten Sie Ihr Haus: das „volle Programm" wird mitgeliefert, wenn Sie sich stellvertretend für eHealth den Ablauf ihres Hausbaus in Erinnerung rufen.

eHealth Action Plan 2004

- Bringing the benefits of eHealth to EU citizens faster (Quality of care, patient safety)
- Borderless European Health Information Space for individual care, public health and research
- Increasing mobility of patients and professionals; cross-boarder co-operations
- To facilitate growth and transparency of eHealth Market; to decrease Market Fragmentation

Source: ICT for Health Unit, DG INFSO

EHTEL
Schweizerische Gesellschaft für TeleMedizin & eHealth — SGTMeH
Société Suisse de TéléMédecine & eHealth — TM SSTMeH
Swiss Association for TeleMedicine & eHealth — SATMeH

Bild 2

Als historischen Ausgangspunkt: 2004 hat die EU den eHealth Aktionsplan definiert[1]. Darin ging es darum, das Konzept der Informationsgesellschaft auf das Gesundheitswesen anzuwenden, also um die Informatisierung des Gesundheitswesens (Bild 2). Die Grundzüge der europäischen Informationsgesellschaft wurden in der Lissabonner Agenda[2] festgelegt, deren historischen Hintergrund bildet der transatlantische Wirtschaftskampf gegen die USA. Wenn wir auf die internen Her-

---

[1] Aktionsplan für elektronische Gesundheitsdienste. KOM (2004) 356 endg. vom 30.4.2004.
[2] eEurope: An Information Society For All. Communication on a Commission Initiative for the Special European Council of Lisbon, 23./24 März 2000.

ausforderungen Europas fokussieren, geht es um die grenzüberschreitende Mobilität: Bürgerinnen und Bürger bewegen sich heute über die Grenzen hinweg, manchmal als Gesunde, manchmal als Patienten. Der europäische Wirtschaftsraum wird zum Gesundheitsraum – und zu einem Wachstumsmarkt.

> **Massgebliche Hindernisse**
>
> Vier massgebliche Hindernisse behindern die gesamteuropäischen eHealth-Entwicklungen:
> 1. Markt-Fragmentierung und fehlende Interoperabilität
> 2. Fehlende nationale und europaweite Rechtssicherheit
> 3. Vorhandensein ausreichender Investitionsmittel
> 4. Praktische Verfügbarkeit innovativer Lösungen
>
> EHTEL — Schweizerische Gesellschaft für TeleMedizin & eHealth / Société Suisse de TéléMédecine & eHealth / Swiss Association for TeleMedicine & eHealth — TM SGTMeH SSTMeH SATMeH

Bild 3

Die Hindernisse, welche die Realisierung von eHealth verhindern, sind in allen Staaten dieselben (Bild 3). Ausgangspunkt ist ein fragmentierter Markt mit kartellistischen Grundzügen namens Gesundheitswesen, in dem sich verschiedene Interessengruppen lauthals um die Umverteilung der Ressourcen zwischen kommunizierenden Gefäßen streiten, was in ein finanzielles Nullsummenspiel[3] zu Ungunsten von Bürgern und Patienten mündet.

Die Abschottung lokaler Interessengruppen stützt sich auf regulatorische, meist historisch und auch standesrechtlich begründete Innovations- und Wettbewerbs-Hemmnisse ab. Auch wenn die Bürgerinnen und Bürger sich im europäischen Wirtschaftsraum frei über alle Grenzen hinweg bewegen können, besteht keine Rechtssicherheit dafür, ob ihnen medizinische Dienstleistungen, welche sie im einen Lande beanspruchen, auch in einem anderen Staate angeboten werden dürfen. So stößt beispielsweise das Angebot grenzüberschreitender eHealth- oder Telemedi-

---

[3] Porter M, Olmsted Teisberg E (2006) Redefining Health Care: Creating Value-Based Competition on Results. Harvard Business School Press, Boston

zinservices auf erhebliche Hindernisse. Hingegen werden seit vielen Jahren reisemedizinischen Beratungsservices angeboten, auf welche trotz ihres eindeutigen Fernbehandlungs-Charakters, dieselben rechtlichen Argumente nicht angewendet werden.

Hemmend wirken sich auch ungenügende Investitionsmittel aus. Solange der größte nationale Dienstleistungssektor „Gesundheitswesen" als Kostenfaktor wahrgenommen wird, ist es für die Politik schwierig, angemessene Investitionen freizumachen. Offenbar ist es einfacher, Investitionen in den Straßenbau als Beitrag zum volkswirtschaftlichen Wachstum zu verstehen. Bezüglich eHealth ist zudem die Wunschvorstellung weit verbreitet, die Privatwirtschaft könne dies finanzieren. Die Unternehmen der IKT und Telekom-Branche wiederum erkennen zwar das riesige Wachstumspotential des Gesundheitswesens, ihnen fehlt es aber oft am Verständnis für Kultur und Mechanismen in diesem komplexen Ökosystem, und an der notwendigen Geduld: ein „Return on Investment" ist nicht so einfach wie mit Klingeltönen zu erzielen – es bedarf langfristiger und nachhaltiger Geschäftsmodelle.

Lead Market Initiative
- Initiative von DG ENTR & DG INFSO
- Förderung volkswirtschaftlicher Potentiale und Schaffung von Arbeitsplätzen
- Identifikation der sechs führenden Innovations- und Wachstumsmärkte
- KMUs als Treiber für Innovationsprozesse und dominierende Marktkraft der Zukunft
- Nicht nur hohen wirtschaftlichen sondern auch gesellschaftlichen Nutzen schaffen

EHTEL Schweizerische Gesellschaft für TeleMedizin & eHealth   TM SGTMeH
       Société Suisse de TéléMédecine & eHealth   SSTMeH
       Swiss Association for TeleMedicine & eHealth   SATMeH

Bild 4

Ich komme zur europäischen Ebene. Für mich ist die so genannte Lead Market Initiative aus dem Jahr 2008 faszinierend (Bild 4). Es ist nicht so wie zu erwarten wäre, dass die jeweiligen nationalen Gesundheitsministerien die Initiative für eHealth oder Telemedizin ergriffen hätten. Das waren primär die Telekommunikationsministerien, als Konsequenz ihres Verständnisses der Informationsgesellschaft. In neuster Zeit entstand eine Allianz zwischen der DG INFSO und der DG Enterprise, die Wirtschaftsförderung der EU. Beide Generaldirektorate (DG) haben gemeinsam analysiert, wo die größten Wachstumsmärkte in der Zukunft liegen. Diese Analyse ergab sechs Märkte, und der größte erfolgversprechendste Markt ist eHealth resp. das Gesundheitswesen. Auf diesem Hintergrund ist zu verstehen, dass die größte Innovationskraft von den Kleinen und Mittleren Unternehmungen (KMU) ausgeht. Es sind die KMUs, nicht die Großindustrie, welche heute und in der Zukunft die maßgeblichen Innovationstreiber sein werden.

Es ist ganz entscheidend, den Nutzen innovativer Entwicklungen nachzuweisen. Dabei geht es auch um den gesamtgesellschaftlichen Nutzen. Aber dieser Mehrwert muss der Bevölkerung verständlich gemacht werden. Wenn wir wirklich den Bürger auf der Straße fragen, versteht der schon längst, was das kleine „e" ihm bringen könnte. Es waren bisher eher die Politiker und die Beamten älterer Jahrgänge, welche Mühe damit bekundeten. Der Bürger und die Bürgerin benutzen längst einen Laptop, haben die schnellere und bessere IKT-Infrastruktur zuhause als an ihrem Arbeitsplatz. Wer ein iPhone oder ein anderes mobiles Gerät zur Datenkommunikation besitzt stellt sich automatisch die Frage, weshalb er denn darüber keinen Zugriff auf seine persönliche Patientenakte nehmen kann.

Er kann auch nicht nachvollziehen, weshalb er seine Terminbuchung beim Hausarzt nicht schon längst über das Internet durchführen kann. Derselbe mündige Bürger bucht sein Ticket bei Easyjet übers Internet, auch bei der Lufthansa macht er am Vorabend das Web-Checkin und druckt seine Bordkarte zu Hause aus. Weshalb soll ähnliches im Gesundheitswesen nicht möglich sein? Die Bevölkerung verfügt über einen gesunden Menschenverstand, der Innovationen mit Nutzwert pragmatisch in den Alltag integriert.

> **Communication COM (2008) 689
> for Telemedicine and CDM**
>
> 1. Schaffung von Vertrauen in die Dienste der Telemedizin und Aufbau von Akzeptanz
> 2. Schaffung von Rechtsklarheit, Harmonisierung nationaler Hindernisse
> 3. Klärung technischer Fragen und Erleichterung der Marktentwicklung
>
> ...und last but not least:
> Abschaffung der "Pilotitis" – JUST DO IT !
>
> EHTEL   Schweizerische Gesellschaft für TeleMedizin & eHealth   SGTMeH
> Société Suisse de TéléMédecine & eHealth   TM   SSTMeH
> Swiss Association for TeleMedicine & eHealth   SATMeH

Bild 5

Ende 2008 publizierte die EU-Kommission ihre Mitteilung „über den Nutzen der Telemedizin für Patienten, Gesundheitssysteme und die Gesellschaft".[4] Darin geht es um die Bewältigung des demographischen Szenarios mit alternder Bevölkerung und der damit verknüpften Zunahme chronischer Erkrankungen (Bild 5). Die Kernfrage lautet: Wie können wir das bewältigen? Gleichzeitig kommt ein zunehmender Mangel an Ärzten und Pflegefachkräften hinzu, denn auch sie altern! Diese kumulativen Herausforderungen können nur mit telemedizinischen Unterstützungsmitteln bewältigt oder zumindest kompensiert werden. Auch dabei stellt sich wieder die Frage, ob die mobilen Bürgerinnen und Bürger über nationale Grenzen hinweg überhaupt medizinisch betreut werden dürfen. Denken Sie an deutsche Rentner die in Spanien leben. Oder weshalb sollen beispielsweise die Patienten in der Dreiländer-Region Basel-Freiburg-Mulhouse keine grenzüberschreitende medizinische Versorgung erhalten, obwohl sie an einem normalen Tag wiederholt die Grenzen zwischen Deutschland, Frankreich und der Schweiz überschreiten? Was, wenn ich als Lörracher im falschen Moment wenige Kilometer jenseits der Grenze in Basel verunfalle oder erkranke? Deshalb fordert die Mitteilung 689 eine rechtliche Harmonisierung ein: alle europäischen Staaten sollten bis 2011 einen Umsetzungsplan vorlegen, in dem sie darlegen, wie sie gedenken ihre jeweilige Rechtssprechung und Regulierungsmaßnahmen aufeinander abzustimmen.

---

[4] KOM (2008) 689 endgültig vom 4.11.2008

Selbstverständlich sind in COM 689 auch Anreizmechanismen und Fördermaßnahmen für die Marktentwicklung vorgesehen. Die größte Schwierigkeit stellt aber die sich stets wiederholende Kosten-Nutzen-Diskussion um den Nachweis, ob Telemedizin etwas bringe. Fakt ist: es gibt eine Flut von Studien, welche dies belegen. Dennoch taucht dieselbe Frage immer wieder auf, was auf ein methodisch-wissenschaftliches Problem zurück zu führen ist: weil die Forscher keine gemeinsame systematische Nomenklatur verwenden, sind all diese Studien nicht miteinander vergleichbar – somit werden Äpfel mit Birnen verglichen! Die Analyse der einzelnen Studien ergibt jedoch meistens günstige Kosten-Nutzen-Effekte. Ein weiteres Erfolgshindernis stellt die fehlende Nachhaltigkeit von Forschungsprojekten dar: viele Projekte werden dank Fördergelder angerissen und solange finanziert, bis diese Gelder aufgebraucht sind. Fließt kein Geld mehr, sterben die Pilotprojekte alsbald – diese Krankheit wird auch „Pilotitis" genannt. Zudem beinhaltet ein wissenschaftliches Projekt kaum je einen Businessplan, der eine nachhaltige Fortsetzung ermöglichen würde. Ein ganz erfreulicher Aspekt der Kommunikation 689 ist die damit verknüpfte Grundhaltung, diesen Teufelskreis mit einem pragmatischen „just do it!"-Ansatz zu durchbrechen: statt weiterhin auf eine Flut von nicht-vergleichbaren und isolierten Studien zu setzen, sollen praxisbezogene, vergleichbare und europaweit aufeinander abgestimmte Projekte mit skalierbaren Rahmenbedingungen gefördert werden. Diese Projekte sollen konkrete und wettbewerbsfähige Dienstleistungen anbieten. Auf dieser Grundlage werden europaweit vergleichbare Daten anfallen, so dass die Auswirkungen telemedizinischer Services im großen Maßstab nachweisbar und auswertbar sein werden.

Recommendation on cross-border interoperability of EHR systems

- *Aim:* guidelines for national and cross-border interoperability of EHR systems
- *Scope:* incl. also patient summaries, emergency data sets, medication records / ePrescription, standardisation
- *Actions* at four levels:
  - (1) political
  - (2) organisational
  - (3) technical
  - (4) semantic
- Monitoring, evaluation & awareness rising
- Compliance with national & EU laws
  Goal: Interoperability by 2015 (US 2014) Source: ICT for Health Unit, DG INFSO

EHTEL — Schweizerische Gesellschaft für TeleMedizin & eHealth / Société Suisse de TéléMédecine & eHealth / Swiss Association for TeleMedicine & eHealth — TM SGTMeH / SSTMeH / SATMeH

Bild 6

2 eHealth in Mitteleuropa: Der Weg vom Wunsch zur Wirklichkeit

Bei der Empfehlung der Kommission zur „grenzübergreifenden Interoperabilität elektronischer Patientendatensysteme" geht es um die Förderung des Austauschs medizinischer Daten über nationale Grenzen hinweg (Bild 6). Das anvisierte Ziel ist die Erreichung der Interoperabilität zwischen diesen Systemen bis 2015. Die auf der EU-Ebene definierten Ziele und die zur Umsetzung vorgesehenen Maßnahmenpakete sind nachstehend aufgeführt:

Zielsetzung der Massnahmenpakete

1. Gesamteuropäische Förderinitiativen
2. Länderübergreifende Arbeitsgruppen
3. Förderung der Interoperabilität und von Standardisierungsaktivitäten
4. Förderung grenzüberschreitender elektronischer Gesundheitsdienste

EHTEL — Schweizerische Gesellschaft für TeleMedizin & eHealth / Société Suisse de TéléMédecine & eHealth / Swiss Association for TeleMedicine & eHealth — TM SGTMeH SSTMeH SATMeH

Bild 7

Zusammenfassend geht es um gesamteuropäische resp. paneuropäische Förderinitiativen (Bild 7). Durch die Schaffung von länderübergreifenden Arbeitsgruppen, in denen alle relevanten Berufsgruppen und Anspruchsgruppen („Stakeholder") vertreten sind, soll ein sinnvoller Dialog verwirklicht werden, in dem man die Wünsche und Schwierigkeiten der anderen Gruppen zu verstehen lernt. Es geht somit darum, nicht nur die Standardisierung zwischen technischen Systemen voranzutreiben, sondern die Interoperabilität im weitesten Sinne, d.h. auch zwischen gesellschaftlichen Systemen. Standards gibt es zuhauf, aber zusammen zu reden, miteinander relevante Informationen auszutauschen und einen gemeinsamen Konsens zu erreichen, ist eine weit größere Herausforderung. Nur wenn diese zwischenmenschliche und inter-organisatorische Kommunikation funktioniert, können die elektronischen Gesundheitsdienste erfolgreich und nachhaltig über Grenzen hinweg gefördert werden.

Cooperation in eHealth deployment

Goal for the epSOS eHealth Project:
"to develop a practical eHealth framework and ICT infrastructure that will enable secure access to patient health information, particularly with respect to a basic patient summary and ePrescription, between European healthcare systems"

Large Scale Pilot on cross border interoperability
(epSOS = Smart Open Services for European patients)
- 12 EU member states, € 22m, 2008-2011
- Cross-border services – safe treatment for citizens when in another MS
    - *European Patient Summary* (emergency treatment, unplanned care)
    - *ePrescription* across the EU (continuity of care)

Source: ICT for Health Unit, DG INFSO

EHTEL — Schweizerische Gesellschaft für TeleMedizin & eHealth / Société Suisse de TéléMédecine & eHealth / Swiss Association for TeleMedicine & eHealth — TM SGTMeH / SSTMeH / SATMeH

Bild 8

Eine ergänzende Initiative stellt epSOS dar, die „European Smart Open Services".[5] Ich fokussiere auf die wichtigsten Kernelemente: Im Sinne eines „Reduce to the Max" Ansatzes versucht man zwei Schwerpunkte umzusetzen (Bild 8). Erstens ein „Patient Summary", d.h. die Zusammenfassung der wichtigsten Elemente der elektronischen Krankengeschichte werden auf den „kleinsten gemeinsamen Nenner" gebracht. Die elektronische Krankenakte existiert bereits seit 70 Jahren. Die Schwierigkeit für deren erfolgreiche Umsetzung liegt darin, dass sie meistens in Spitälern entwickelt wurde, und zwar in jedem Spital und in jeder Abteilung von neuem. Zudem strebte man stets nach einer perfekt ausgebauten Krankengeschichte, in der auch jeder Spezialist seine Sonderwünsche befriedigen konnte. Bis zum bitteren Ende wurden das dann komplizierte, mit Details überladene und funktional untaugliche Gebilde, welche weder untereinander austauschbar noch außerhalb des Spitals brauchbar waren.

Heute wird verstanden, dass man sich aufs Wesentliche fokussieren muss. Dabei geht es nicht um Notfalldaten, das Ziel sind die essentiellen Kerninformationen, welche jeder Arzt im Versorgungsalltag benötigt. Auf Papier sind dies das Überweisungsschreiben und der Kurzaustrittsbericht. Weitere Informationen werden im Notfall ohnehin nicht benötigt.

---
[5] http://www.epsos.eu/

2 eHealth in Mitteleuropa: Der Weg vom Wunsch zur Wirklichkeit

Zweitens: durch die elektronische Medikamentenverschreibung („ePrescription") ergibt sich einerseits die Verzahnung zwischen Krankengeschichte und der Langzeitbetreuung des Patienten („continuity of care"), um den Aufbau durchgehender und kostenoptimierter Versorgungsprozesse („supply chain") und nicht zuletzt auch um die Patientensicherheit („patient safety"). Letzteres war übrigens die Hauptmotivation der Gesundheitsministerien und Politiker in Europa, um eHealth einzuführen: wegen ungenügendem Informationsmanagement führen 10% der Behandlungen zur Schädigung unserer Patienten, aus dieser Gruppe wiederum sterben 10 Prozent!

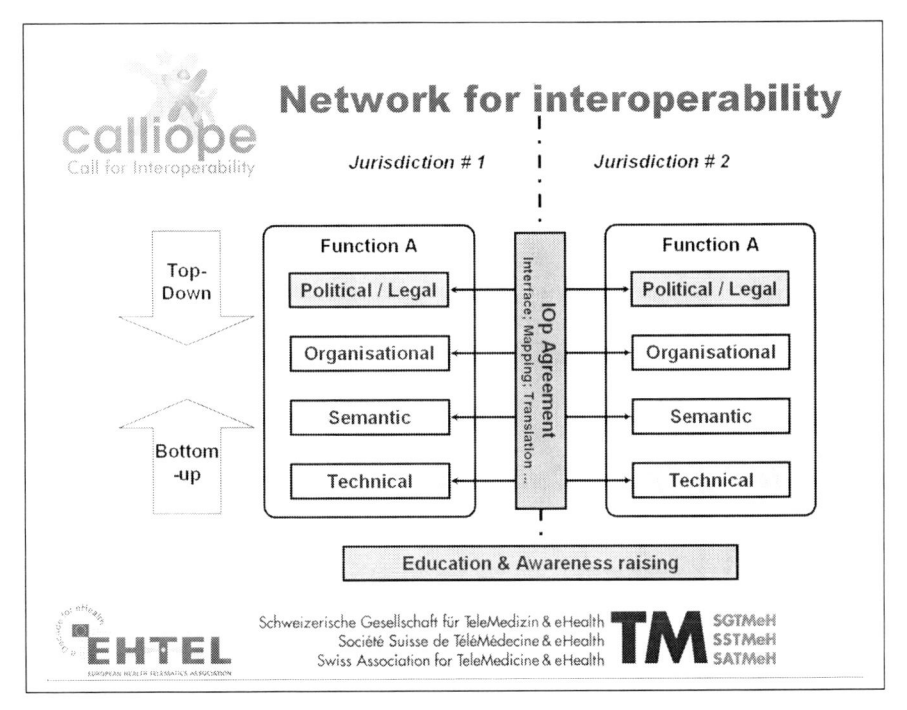

Bild 9

Ein weiteres Netzwerk namens „Calliope", geht von den Gesundheitsministerien aus, versucht aber auch weitere Interessengruppen einzubinden. Calliope ist die Abkürzung für „Call for Interoperability in Europe"[6], weil erkannt wurde, dass Standards allein nicht zielführend sind.

Bild 9 zeigt, wie wir bisher in Europa vorgegangen sind um eHealth in Gang zu bringen, und was in Zukunft noch zu unternehmen sein wird. So bedeutet die

---

[6] http://www.calliope-network.eu/

Schaffung von eHealth Strategien als top-down Ansatz einen wichtigen Initialisierungsschritt. Allzu oft bleiben diese übergeordneten Rahmenwerke leider ohne Realitätsbezug und zahnlos, weil sie nicht mit den Bedürfnissen der „Bodenmannschaft", das heißt den Ärzten, Pflegefachkräften und anderen „im Felde" Tätigen verknüpft werden. Damit alle am selben Strick und erst noch in dieselbe Richtung ziehen, müssen top-down und bottom-up Aktivitäten miteinander verknüpft werden. Und dies gilt es in jedem Staat von neuem zu wiederholen, sowie danach zwischen den verschiedenen Staaten miteinander abzugleichen. Das abgebildete Schichten-Modell verdeutlicht auch, dass es hier nicht nur um „technische Layers" geht, das reicht weit über technische Elemente hinaus. Es geht um die erfolgreiche Verknüpfung und Abstimmung zwischen politischen, organisatorischen und regulatorischen Aspekten, wobei sowohl die begriffliche als auch zwischenmenschliche Semantik geklärt werden muss. Meint zum Beispiel der Schweizer mit dem „elektronischen Patientendossier" wirklich dasselbe, wenn er mit dem Deutschen über die „elektronische Patientenakte" diskutiert, oder der Franzose über den „Dossier Médical Partagé"? Nicht zuletzt müssen bereits frühzeitig Bildungsaktivitäten und bewusstseinsbildende Maßnahmen unternommen werden. Dabei geht es nicht um wundersames technisches Expertenwissen, sondern um einfachste Dinge und gesunden Menschenverstand: wo könnten wir heute mit eHealth stehen, hätten wir schon vor dreißig Jahren in der Grundschule das Zehn-Finger-Blindsystem konsequent umgesetzt? Die Grundlagen für erfolgreiches eHealth beginnen mit den Bildungsaktivitäten in der Schule!

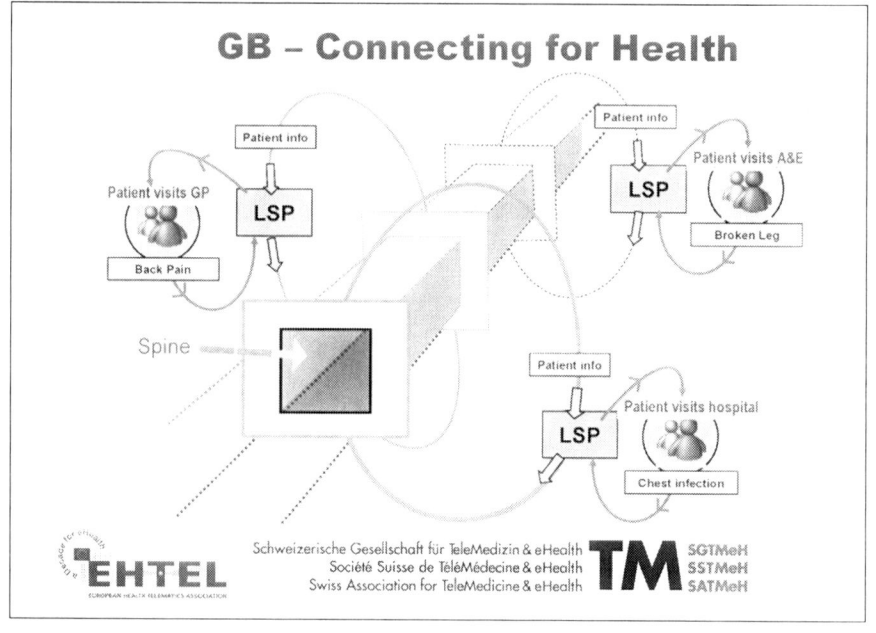

Bild 10

Das derzeit größte europäische eHealth-Projekt bildet „Connecting for Health"[7], das die digitale Grundlage des englischen Gesundheitswesens resp. National Health System (NHS) bilden sollte (Bild 10). Ich beleuchte zwei illustrative Beispiele diese nationalen Großprojekts: Das eine ist die lebenslange elektronische Krankenakte „Spine" (deutsch: „Rückgrat"), welche sich aus vielen Daten zusammensetzt, die anlässlich eines Spitalaufenthalts, bei einem Hausarztbesuch, oder einem Unfall erfasst werden, und man dann aneinanderreihen muss. Das Unterfangen den medizinischen Langzeitinformationsfluss für alle britischen Bürgerinnen und Bürger zur gewährleisten, bedeutet in jeder Hinsicht eine gigantische Herausforderung, medizinisch, technisch, logistisch und finanziell. Offiziell wurden 9 Milliarden Pfund für die Automatisierung des National Health Systems budgetiert. Aus nichtoffiziellen Quellen verlautet, dass das Projekt Connecting for Health mittlerweile das Siebenfache dieser Summe gekostet habe. Dieses Projekt zeigt die Möglichkeiten und Grenzen dessen auf, wenn man mit quasi uneingeschränkten Mitteln ein ganzes nationales Gesundheitswesen umkrempeln muss und will. Unabhängig von den final anfallenden Kosten, werden auch andere Länder von diesen Erfahrungen profitieren können.

Eine der wichtigsten Lehren die wir bereits heute ziehen können ist, dass eine noch so schöne Infrastruktur keinen Sinn macht, wenn sie an den Bedürfnissen der Basis vorbei konzipiert wird. Die heutige innenpolitische und gesundheitspolitische Diskussion in England dreht sich um die Tatsache, dass die „Business Engineers" zwar ein mustergültiges Projektmanagement durchgeführt und Infrastruktur „hingebrettert" hatten, welche aber an den Bedürfnissen der Ärzte und anderer Gesundheitsprofessionellen vorbeigeplant worden waren. Jetzt wo die damit „beglückten" Health Professionals die informationstechnischen Meisterleistungen einsetzen sollten, gerät alles ins Stocken: „Habt ihr uns je gefragt, ob wir das wollen oder brauchen können, was ihr da aufgebaut habt?" Man wird weiter an dieser Infrastruktur arbeiten müssen und sehr vieles aus den Versäumnissen lernen können. Zuerst ist daraus zu lernen, dass alle, besonders die Leute an der Basis, mit einbezogen werden müssen. Wie? Wann? Letztlich müssen die Verantwortungsträger auf allen Ebenen verstehen, dass das „change management" eines gesamten Gesundheitssystems, das bedeutet die nachhaltige Transformation einer Industrie, nicht nur mit technischen Mitteln bewerkstelligt werden kann.

---

[7] http://www.connectingforhealth.nhs.uk/

A – Definition of ELGA ≡LGA

ELGA (Elektronische Gesundheitsakte) = Austrian EHR

- ELGA contains relevant multimedia-based and health related data and information referring to a precisely identified person.
- Data and information originate from
    - different health service providers (HSP) and
    - from the patient himself/herself
- and are stored in one or several different information systems (virtual health record).
- Data are available independently of place and time (cost-saving) at the place of treatment for all authorized persons according to the tasks and needs of these persons and in compliance with data protection rules.

EHTEL — Schweizerische Gesellschaft für TeleMedizin & eHealth / Société Suisse de TéléMédecine & eHealth / Swiss Association for TeleMedicine & eHealth — TM SGTMeH SSTMeH SATMeH

Bild 11

Die ELGA, die elektronische Gesundheitsakte in Österreich,[8] ist wiederum ein positives Beispiel dafür wie man vorgehen kann, um alle Stakeholders zusammenzubringen, unter Berücksichtigung föderalistischer Strukturen (Bild 11). Außerdem haben wir von Anfang an eingeplant, übergeordnete internationale Standards einzusetzen wie beispielsweise diejenigen der IHE-Initiative,[9] sowie noch viele andere Standards. Dies geschieht im Wissen und mit der Absicht, dass zukünftig die Gesundheitsdaten österreichischer Bürgern auch mit anderen Staaten ausgetauscht werden müssen, sei es dass diese Bürgerinnen mobil sein werden, sei es, dass Gesundheitsdienstleistungen grenzüberschreitend angeboten werden – in beide Richtungen. Auch mit der ELGA soll die Vision einer künftigen virtuellen elektronischen Krankenakte umgesetzt werden, indem die Daten dort zusammengeführt werden, wo man sie benötigt. Ob dann die Endbenutzer an der Basis letztlich wirklich mitmachen, wird sich noch weisen.

---

[8] http://www.initiative-elga.at/
[9] http://www.ihe.net/

2 eHealth in Mitteleuropa: Der Weg vom Wunsch zur Wirklichkeit

D – Basisfunktionen der eGK

☐ Obligat
- Versichertendaten
- **eRezept**
- EU-KV-Karte

☐ Fakultativ
- **Arzneimittel-dokumentation**
- elektron. Arztbrief
- Kostenquittung
- **Notfallinformation**
- el. Patientenakte
- allg. Patientendaten

Quelle: Dr. Goetz

EHTEL – European Health Telematics Association

Schweizerische Gesellschaft für TeleMedizin & eHealth — SGTMeH
Société Suisse de TéléMédicine & eHealth — SSTMeH
Swiss Association for TeleMedicine & eHealth — SATMeH

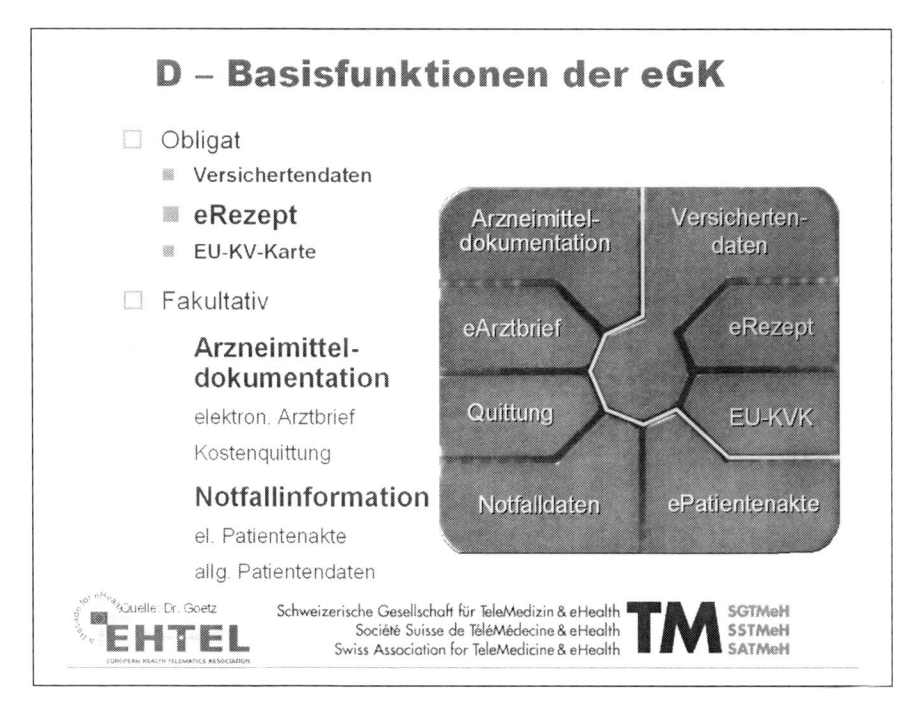

Bild 12

Deutschlands „Elektronische Gesundheitskarte" ist ein Beispiel dafür, wie der Weg zur Hölle mit guten Vorsätzen gepflastert werden kann (Bild 12). Mit „deutscher Gründlichkeit" – ich meine das durchaus positiv – wurde versucht, die Anliegen aller Interessengruppen zu berücksichtigen. Dabei wurde die Gesundheitskarte derart mit Funktionen überladen, dass die kumulativen technischen Anforderungen kaum mehr umsetzbar waren und dadurch Tür und Tor für die Heckenschützen verschiedener fundamentalistischer Widerstandsgruppen geöffnet wurden. Auf diesem Hintergrund ist die eGK vielleicht auch ein Beispiel dafür, dass es von Zeit zu Zeit notwendig und hilfreich ist, die Sicht für das Ganze zu gewinnen und nochmals darüber nachzudenken, wie das ganze Haus am Schluss aussehen sollte (vergleiche Bild 3). Was wollte man eigentlich mit der eGK erreichen? Geht es hier primär um eine Karte oder um einen Funktionsträger? Was sind die Ziele, die man mit dieser Karte erreichen möchte?

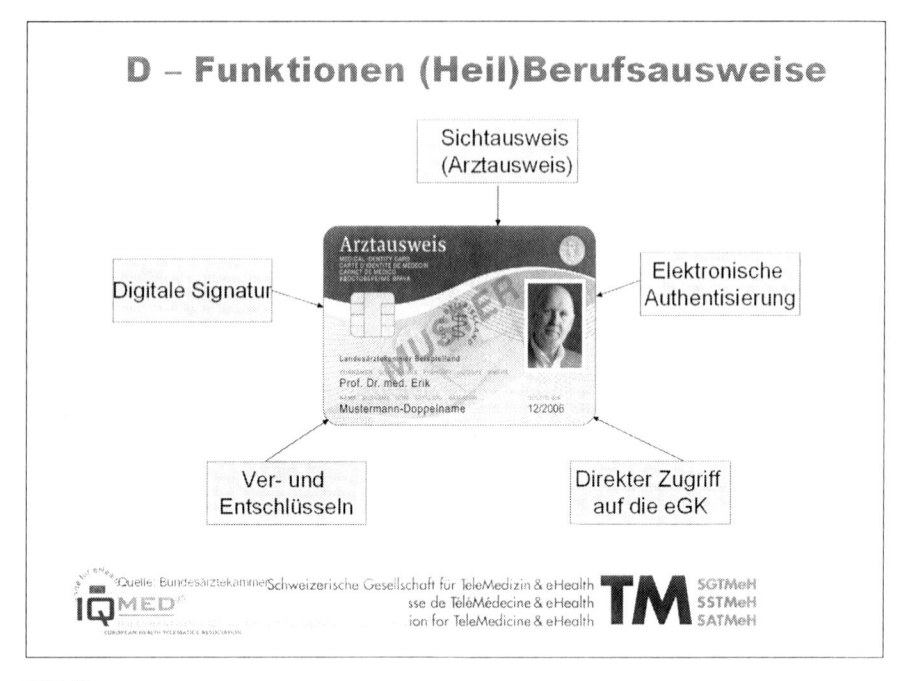

Bild 13

Die Rückschläge mit der eGK erinnern an das Sprichwort, gemäß dem der Sack statt der Esel geschlagen wurde (Bild 13). Wenn wir die Geschehnisse wie mit einem Film zurückfahren könnten und auf der Leinwand auf ein übersichtliches Breitbild zoomen könnten, würden wir feststellen: hervorragende Experten haben nach bestem Wissen und Gewissen zu einer Lösung beigetragen, für welche weder die politischen noch psychologischen Rahmenbedingungen genügend reif waren. Die Ärzteschaft beispielsweise befindet sich derzeit in der Defensive, auch wenn es nur eine Frage der Zeit sein dürfte, dass auch andere Gruppen innerhalb des „Sektors Gesundheitswesen" von den anstehenden Transformationsprozessen erfasst werden. So bereiten sich die Krankenversicherer auf einen drastischen Konsolidierungs- und Restrukturierungsprozess vor. Eigentlich könnte ich aus ärztlicher Sicht beruhigt zuwarten, denn bald wird man mich aufgrund des zunehmenden Ärztemangels wieder umwerben ... (Meine Bemerkungen beziehen sich selbstverständlich keineswegs nur auf die deutsche Ärzteschaft.) Weshalb also die verlorenen Zunft-Reviere mit veralteten monopolistischen Strategien verteidigen, statt die Innovationsführerschaft zu ergreifen und proaktiv neue Lösungen zu assimilieren, gar die Entwicklungen entscheidend mitzuprägen und dadurch neue Territorien und Handlungsfreiräume zu erobern? Historisch gesehen war es die Wissenschaftlichkeit und der Pragmatismus der Ärzte, der sie stets dazu bewog, als erste technologische Innovationen in ihre Berufstätigkeit zu integrieren. Somit würde es auch den heutigen Ärzten gut anstehen, sich auf ihre ureigenste und nachhaltige Tradition zu besinnen.

> **SLO – New Slovenian HIC**
>
> - New HIC will function equal to the current HIC and will at the same time allow the storage of digital certificates.
> - Card replacement will take place naturally (new insurance, card replacement).
> - No changes for insured persons upon introduction, with only minor changes for health care providers.
>
> - The new HIC will be an access key and no longer a data carrier
> - Access to data in the network will only be possible with an HIC → consent of the patent

Bild 14

Nachdem Slowenien mit der Einführung des Krankenversicherungsausweises an international vorderster Stelle gestanden war, führt man derzeit bereits die nächste Generation der elektronischen Versichertenkarte ein (Bild 14). Das ist ein ganz spannendes Experiment, das Sie genau verfolgen sollten, denn man will jetzt eine Karte einführen, die mit digitalen Zertifikaten ausgestattet ist. Daraus soll weit mehr werden als nur ein Versicherungsnachweis. Wenn Sie diesen Schritt konsequent weiterdenken, ist das eine Karte, welche das Identity und Access-Management ermöglicht.

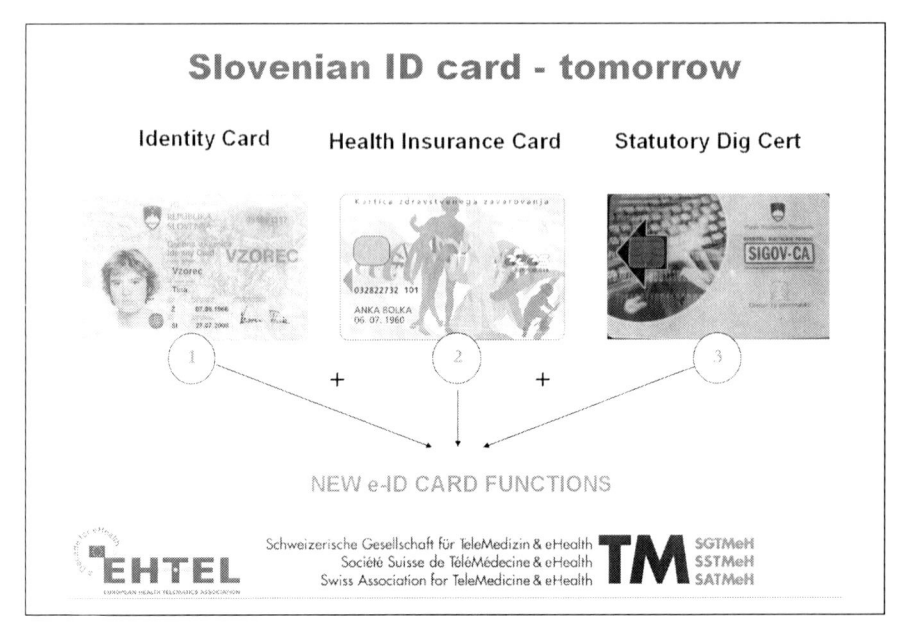

Bild 15

Die ganz mutigen unter Ihnen, können es sich vorstellen: Wer einmal eine elektronische Identität (ID) hat, könnte die Versichertenkarte an Stelle des Passes, d.h. als Identitätskarte einsetzen (Bild 15). Man kann sie nicht nur für das Gesundheitswesen verwenden, sondern für irgendwelche Aktivitäten, bei denen eine Identifikation nötig sein wird. Die Herausforderung, jetzt diese neue Karte einzuführen, besteht darin, die alten Strukturen und Funktionen der Versichertenkarte zu bewahren und gleichzeitig eine organisatorische und technische Infrastruktur zu erstellen, welche die Zukunftsszenarien ermöglichen wird.

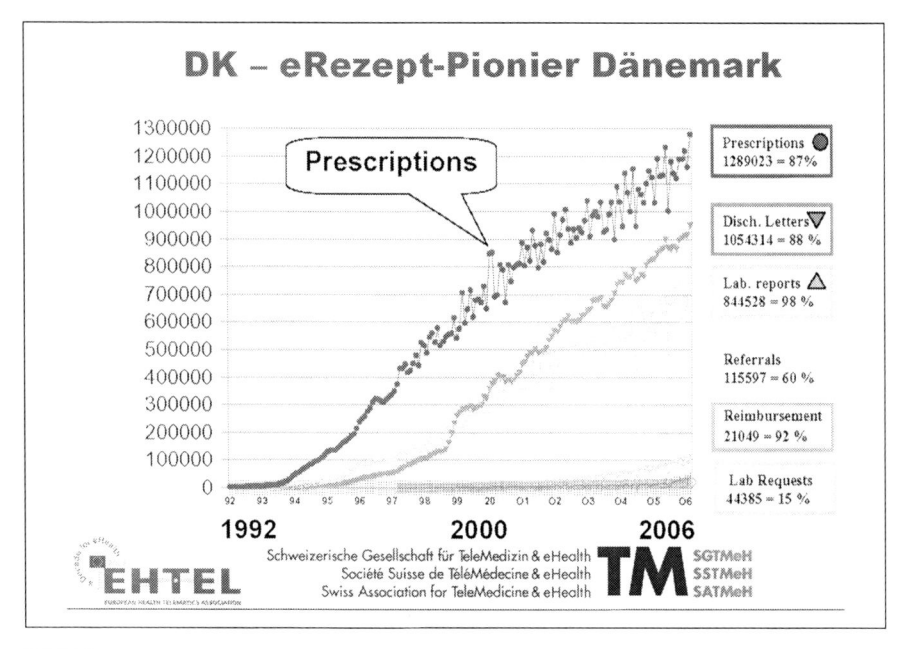

Bild 16

Dänemark steht heute oft wegen seines nationalen Gesundheitsportals[10] im Vordergrund, aber eigentlich baut Dänemark auf essentiellen Vorarbeiten auf, die man schon vor 20 Jahren mit der Organisation Medcom[11] aufzubauen begonnen hatte (Bild 16). Medcom führte die wichtigsten nationalen Interessengruppen und Kooperationspartner zusammen, hatte dann mit der Standardisierung und den Austausch von Labordaten begonnen. Aufbauend auf diesen Standardisierungsaktivitäten konnte dann 10 bis 20 Jahre später die Ernte eingefahren werden: auch der Datenaustausch mit eRezepten und Überweisungs- resp. Entlassungsschreiben begann sich exponentiell zu entwickeln. Dies wurde nur deshalb möglich, weil man frühzeitig und weitsichtig die Hausaufgaben richtig gelöst hatte: Standardisierung und Zusammenarbeit.

---

[10] https://www.sundhed.dk/
[11] http://www.medcom.dk/wm109991

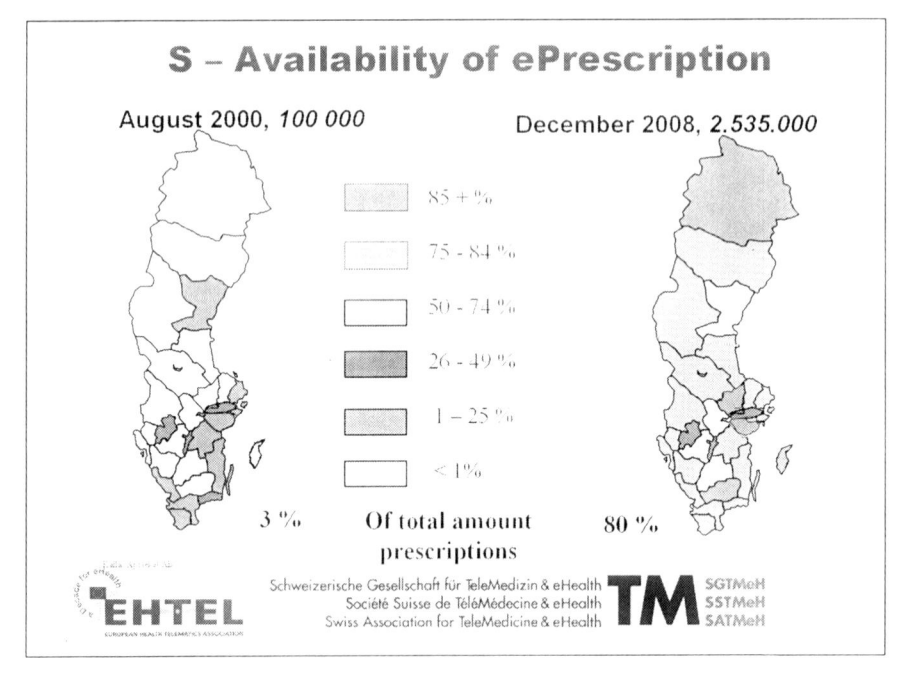

Bild 17

Schweden – ein Beispiel für Zentralismus und Föderalismus – feiert Riesenerfolge mit dem ePrescribing. In weit über 80% von Schweden kann man ePrescribing machen (Bild 17). Das ist das Resultat einer zentralistischen Apothekerorganisation. Wenn Sie gleichzeitig die Landkarte betrachten, ist Schweden ein föderalistisch strukturierter Staat. Es bedurfte eines äußerst aufwendigen aber erfolgreichen Prozesses, um all alle diese „Counties" (Kantone oder Länder) zusammen zu bringen. Die Analyse der eingesetzten Wege und Mittel, bis sich alle zusammengerauft hatten, ist sehr lehrreich. Man könnte einiges daraus für Deutschland oder für die Schweiz lernen.

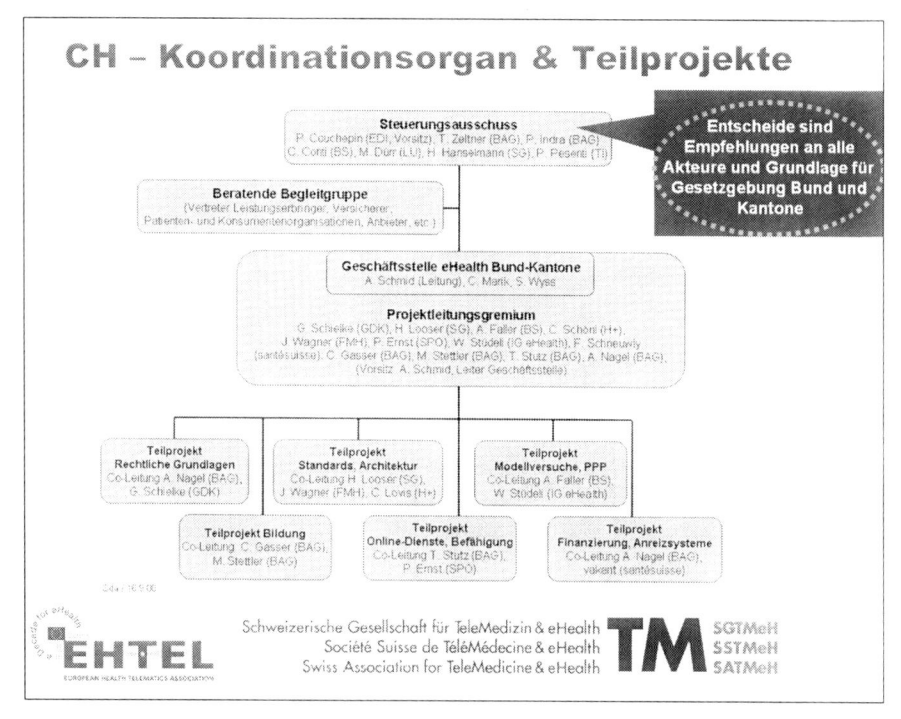

2 eHealth in Mitteleuropa: Der Weg vom Wunsch zur Wirklichkeit

Bild 18

Zum Thema föderalistischer Strukturen und Prozesse darf natürlich die Schweiz mit ihren 26 Ländern (Kantone) und 26 autonomen Gesundheitsministerien nicht fehlen (Bild 18). Sie erkennen die aktuelle Projektorganisation, um die im Jahre 2006 verabschiedete eHealth-Strategie Schweiz umzusetzen. Auch wenn eine nationale eHealth-Koordinationsstelle geschaffen wurde, bleibt es angesichts unzureichender finanzieller und Personalressourcen eine spannende Herausforderung, eine nationale eHealth-Infrastruktur zu erschaffen. Dennoch ist die inhaltliche Arbeit auf gutem Weg, indem pragmatisch grobe Themenblöcke definiert wurden wie die rechtlichen Grundlagen, Standards, Architektur, Modellversuche, Bildung, Onlinedienstebefähigung, Finanzierung und Anreizsysteme. Derzeit erfolgt die Anhörung zu den Resultaten der Teilprojektgruppen, im August 2009 werden die Resultate dieser Anhörung publiziert und die nächsten Schritte vorgeschlagen. In typisch schweizerischer Manier, werden dies nur Empfehlungen sein, welche auf der kantonalen Umsetzung und auf dem Freiwilligkeitsprinzip für alle Beteiligten beruht. Es wird sich weisen, ob dieses Prinzip auch für den Aufbau einer nationalen eHealth-Infrastruktur geeignet sein wird.

eHealth = infrastrukturelles Konzept

- Output = Products and Results
- **SERVICES**
- Technical = Broadband, EHR, ID-Management, ePrescription, etc.
- Normative = Policies, Regulation, Standards, Nomenclatures, etc.
- Organisational = Change Mgmnt, HCsystems reorganisation, etc.
- **INFRASTRUCTURE**

EHTEL — Schweizerische Gesellschaft für TeleMedizin & eHealth / Société Suisse de TéléMédecine & eHealth / Swiss Association for TeleMedicine & eHealth — TM SGTMeH / SSTMeH / SATMeH

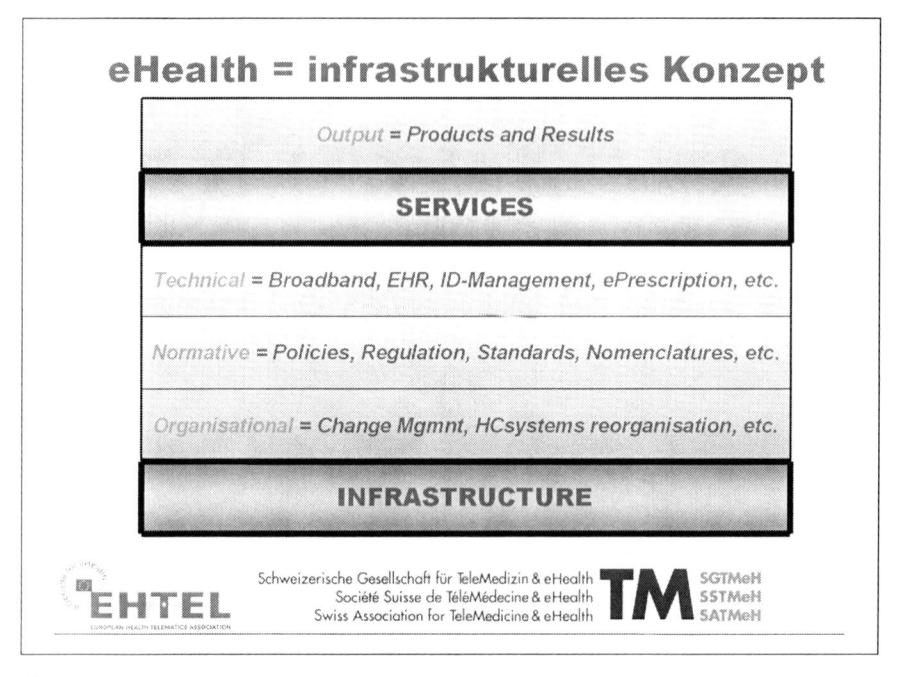

Bild 19

Was bleibt zu tun? Bild 19 leitet sich ab vom Konzept der so genannten Service-orientierten Architektur (SOA). Es ist es ganz wichtig zu verstehen, dass der Begriff „Infrastruktur" mehr als nur technische Elemente und Lösungen beinhaltet. Zu den technischen Elementen gehören die elektronische Krankenakte, das Identitäts-Management, oder beispielsweise technische Geräte für das Telemonitoring. Für die eHealth-Infrastruktur sind aber auch normative Elemente zu berücksichtigen. Das bedeutet, man benötigt ebenfalls Strategien, Regulierung, Standards oder Nomenklaturen. Ganz entscheidend sind zudem die organisatorischen Aspekte. Nehmen Sie das Beispiel des Identitäts- und Zugangs-Managements (Identity and Access Management). Es reicht nicht aus eine Chipkarte oder über ein digitales Zertifikat zu verfügen. Dazu sind auch Prozesse, Organisationen oder Abläufe notwendige, die miteinander verknüpft werden müssen. Erst wenn Sie über eine umfassende eHealth-Infrastruktur verfügen, welche technische, normative und organisatorische Aspekte kombinieren, können darauf Dienstleistungen aufgebaut werden, wie zum Beispiel telemedizinische Dienstleistungen.

Pragmatische Ziele anstreben

Connecting people in health and social care will benefit from the application of ICT in support of
Continuity of care
Collaboration between stakeholders,
better Communication
safeguarded Confidentiality.

EHTEL — Schweizerische Gesellschaft für TeleMedizin & eHealth / Société Suisse de TéléMédecine & eHealth / Swiss Association for TeleMedicine & eHealth — TM SGTMeH SSTMeH SATMeH

Bild 20

Ich fasse zusammen: zoomen Sie immer wieder in die Übersichtsdarstellung, betrachten Sie das gesamte (Gesundheits-)Haus und streben Sie pragmatische Umsetzungsziele an (Bild 20).

Um das auf eine Kurzformel zu reduzieren – das geht leider nur auf Englisch –, besteht diese aus den vier Cs: die Kontinuität (Continutiy) der Versorgungsprozesse, die Kollaboration (Collaboration) zwischen allen beteiligten Anspruchsgruppen welche erfolgsentscheidend ist, die Kommunikation (Communication), d.h. der Wille zu kommunizieren, sowie stets die Vertraulichkeit (Confidentiality) zu bewahren. Denn letztendlich beruht jede erfolgreiche Aktivität im Gesundheitswesen auf Vertrauen und Glaubwürdigkeit.

Wenn wir Vertrauen und Glaubwürdigkeit dank des Einsatzes von Technologie optimieren, fördern und verbessern, befinden wir auf dem Weg zu einem besseren Gesundheitswesen (Bild 21).

Thank you for you attention!

EHTEL is here as a forum for All Stakeholders

Several publications of EHTEL are available at www.ehtel.org

You can contact us at info@ehtel.org

Reflections on a decade of eHealth
– the second stage
in Healthcare Transformation

A Briefing Paper

Prepared by the Board of Directors of EHTEL

EHTEL
EUROPEAN HEALTH TELEMATICS ASSOCIATION

Schweizerische Gesellschaft für TeleMedizin & eHealth
Société Suisse de TéléMédecine & eHealth
Swiss Association for TeleMedicine & eHealth

TM SGTMeH
SSTMeH
SATMeH

Bild 21

3 eHealth-Entwicklungen international – Stand und Perspektiven

Prof. Dr. med. Reinhard Busse
Technische Universität Berlin

Wenn wir über internationale Entwicklungen von eHealth reden, ist das Wichtigste, was in diesem Jahr passiert ist, dass in dem Konjunkturpaket der Obama Regierung, das relativ schnell nach seinem Amtsantritt verabschiedet worden ist, 19 Mrd. US-Dollar für eHealth enthalten sind. Das Programm sieht Carrot and Stick, also Zuckerbrot und Peitsche, vor. Die Herangehensweise ist interessant. Zunächst das Zuckerbrot, also Geld: Über die Jahre 2011 bis 2014 wird es Unterstützung für Arztpraxen geben, die das einrichten und sich auch auf die elektronische Patientenkarte vorbereiten. Es gibt es abnehmend Geld. Je früher man einsteigt, desto mehr Geld gibt es; am Anfang bis zu 18.000 $. Aber ab 2015 wird die Peitsche herausgeholt und wer bis dahin nicht ein funktionierendes System von elektronischen Patientenakten hat, wird mit ansteigenden Vergütungsabschlägen bestraft. Im Jahre 2015 wird erst einmal 1 % von der Vergütungssumme abgezogen usw. Das wird sich jedes Jahr verschärfen. Nur wenn im Jahr 2018 nicht mindesten 75 % teilnehmen, also höchsten 25% bestraft werden, muss man weitersehen, ob es so funktioniert (Holzer & Anderson 2009).

eHealth in den USA

Wenn wir allerdings die USA als großes Land mit solch einer großen Investition sehen, denken wir, dass die uns bestimmt voraus sind. Zwei größere Publikationen im ‚New England Journal for Medicine', beide aus der Gruppe um David Blumenthal, einem der Berater des Obama Teams für Gesundheit und jetzt zum nationalen Koordinator for Health Informatics berufen, haben das Ausmaß der eHealth-Ausstattung bzw. Nutzung in den USA aufgezeigt.

Die erste Studie, vom Juni 2008, hat untersucht wie viele der Ärzte in der ambulanten Versorgung bereits heute eine elektronische Patientenakte angelegt haben (DesRoches et al. 2008). Sie kam zu dem Ergebnis, dass 4% aller Praxen so etwas wie eine voll funktionale Akte – d.h. u.a. mit elektronischer Verschreibung und Warnungen bei Arzneimittelinterkationen – auf elektronischer Grundlage implementiert und weitere 13% ein eingeschränktes Basissystem haben. Insgesamt hat also nur jede sechste Praxis so etwas wie elektronische Patientenakten – das ist nicht besonders viel. Allgemeinärzte haben ein solches System mehr als Spezialisten (6% + 15% vs. 4% + 11%); Gruppenpraxen und Polikliniken mehr als Einzelpraxen (17% + 33% bei mehr als 50 Ärzten vs. 2% + 7% bei 1-3 Ärzten).

Die zweite Studie, vom März 2009, hat die US-Krankenhäuser darauf untersucht, wie viele elektronische Gesundheitsakten nutzen (Jha et al. 2009). Dabei zeigte sich, dass nur 1,5%, also jedes 70. Krankenhaus so etwas hat, was man als umfassendes System elektronischer Patientenakten bezeichnen könnte, d.h. ein System u.a. mit Röntgenbildern, Konsilberichten, Leitlinien und Warnhinweisen bei Arzneimittelkombinationen oder pathologischen Laborbefunden. Und weitere 7,6% haben ein eingeschränktes System, d.h. ein vereinfachtes System (u.a. ohne Entscheidungsunterstützung) in mindestens einer Abteilung. Insgesamt verfügen also lediglich 9% oder jedes 11. Krankenhaus bereits über eine computerisierte Form der Patientenakte (6,1% bei <100 Betten vs. 18,5% bei >400 Betten; 10,3% in städtischen vs. 7,4% in ländlichen Krankenhäusern; 6,5% bei privaten, 7,6% bei öffentlichen und 9,9% bei gemeinnützigen Krankenhäusern), was vielleicht deutlich weniger ist als wir annehmen würden, wenn wir an die USA denken.

Es gibt weitere Untersuchungen zu dieser Thematik, insbesondere vom Commonwealth Fund, einer Stiftung, die in New York sitzt und die jährlich zu verschiedenen Themenkomplexen entweder Ärzte oder auch mal Patienten befragt. 2006 wurden Allgemeinmediziner aus insgesamt sieben Ländern in Nordamerika (USA und Kanada), Europa (Großbritannien, Niederlande und Deutschland) und dem Pazifik (Australien und Neuseeland) befragt. Dabei gaben 28% der US-Allgemeinärzte an, dass sie elektronische Patientenakten hätten – im Vergleich zu 98% in den Niederlanden, 92% in Neuseeland, 89% in Großbritannien, 79% in Australien und immerhin 42% in Deutschland; lediglich Kanada lag mit 23% noch niedriger (Schoen et al. 2006).

Die Allgemeinmediziner wurden auch noch dazu befragt, welche weiteren eHealth-Anwendungen sie nutzen (d.h. neben der eigenen elektronischen Patientenakte etwa Zugang zu elektronischen Akten anderer Ärzten oder von Krankenhäusern, Laboranordnungen, elektronische Verschreibungen, Wiedereinbestellungen). Betrachtet wurde, wie viele Ärzte mindestens 7 der 14 Funktionen nutzten. Auch dabei lag die USA mit 19% lediglich vor Kanada mit 8% und deutlich hinter Neuseeland (87%), Großbritannien (83%), Australien (72%), den Niederlanden (59%) – und auch noch Deutschland mit 32% (Schoen et al. 2006).

Wir sehen, dass die USA nicht gerade führend ist, wenn es um eHealth geht – und deswegen ist dies einer der großen sichtbaren Bausteine des Konjunkturpaketes, neben der Einführung der vergleichenden Effektivitätsforschung. Was Großbritannien mit dem NICE und Deutschland mit dem IQWiG, soll in den USA jetzt auch kommen.

3 eHealth-Entwicklungen international – Stand und Perspektiven

Aber wir finden in den USA durchaus auch weltweit führende Institutionen was eHealth angeht, wie z.B. Kaiser Permanente. Das ist eine ganz interessante Konstruktion, weil sie auf der einen Seite eine Krankenversicherung betreiben, auf der anderen Seite eine Ärztegenossenschaft um sich scharen, wo die Versicherten Zugang haben, und eigene Krankenhäuser betreiben. Es ist ein integriertes System mit mehreren Millionen Versicherten, was zunehmend neben einigen anderen solcher Systemen als Vorbild für die Gesundheitsreform in den USA genommen wird. Sie haben es geschafft, eine elektronische Patientenkarte für das Gesamtsystem – und die Patienten verbleiben natürlich meist im System, weil Kaiser Permanente vom Hausarzt bis zur Transplantation alles bietet – einzuführen, die verbunden ist mit dem, dass man online seine Termine buchen kann und dass man erstmalig die Arztauswahl nach der Postleitzahl aussucht. Die Versicherten können sich im Internet die Ärzte ansehen, die einen Vertrag mit Kaiser Permanente haben, deren Lebensläufe, wie viele Untersuchungen sie bereits gemacht haben und wie sie von den Patienten bewertet wurden. Man kann den Wochenplan von seinem ausgewählten Arzt sehen und einen Termin buchen (Porter 2008). Dort Versicherte haben erzählt, dass es auch sehr gut funktioniert.

Dahinter steckt natürlich eine jahrzehntelange Erfahrung, und es sind wirklich alle Daten enthalten, die der Patient von zuhause über das Internet einsehen kann. Er hat den Zugang sowohl zu den administrativen Daten, er kann sich etwa seine Rechnung ausdrucken, als auch zu seinen eigenen Patientenakten. Kaiser Permanente stellt das Informationsangebot als Pyramide dar, angefangen mit allgemeinen Patienteninformationen, die sonst auch im Internet sind, über die persönlichen Daten administrativer und medizinischer Art bis hin zum „eHealth-Management", also der Patientenseite des Telemonitoring, welches auch zur Übermittlung der eigenen klinischen Daten genommen wird. Man kann sich damit dann regelmäßig monitoren.

Solche Systeme gibt es, aber sie sind die Ausnahme, sozusagen Insellösungen. Dies bestätigt auch der meines Erachtens bisher umfangreichste systematische Review zum Einfluss von eHealth auf Qualität, Effizienz und Kosten in der Gesundheitsversorgung (Chaudhry et al. 2006). Dabei wurde festgestellt, dass von den rund 260 Studien der Jahre 1995 bis 2004 ein Großteil aus relativ wenigen Institutionen kam. Für diese Institutionen kann der Nutzen demnach als belegt gelten. Die Autoren bemerken aber auch, dass Nutzen und Kosten von eHealth in anderen Institutionen unklar sind – d.h. wir wissen eigentlich nicht, wie das bei Dr. Miller in Little Rock Arkansas ist, wenn der erst einmal seinen Computer anschaltet und versucht, diesen für sich zu nutzen.

eHealth-Strategien vs. Einbettung in Primärmedizin

Das bringt mich auf die Frage, ob wir eigentlich so etwas wie die großen eHealth-Strategien brauchen, wie etwa die i2010-Initiative der EU. Und die Weltgesundheitsorganisation WHO hat 2005 ihre Mitgliedstaaten aufgefordert „... *to develop a national eHealth strategy, including legal and infrastructure frameworks, and public-private partnership; [to] mobilize multisectorial collaboration [and to] establish national eHealth centers and networks of excellence ...*" (Resolution EB115.R20).

Die Schweiz hat genau so etwas vor. Die Grundlage für ihre nationale eHealth-Strategie wurde mit dem „Bundesgesetz zur Krankenversicherung" von 2004 geschaffen. Das aktuelle Strategiepapier bettet nun die bisherigen Initiativen der Kantone in ein Gesamtkonzept ein. Die Interessenvertreter im Gesundheitswesen haben die eHealth-Initiative teilweise scharf kritisiert. So fürchtet die Ärzteschaft in Gestalt der FMH, dass die Datenbank nicht ausreichend geschützt sein könnte – etwa vor den Interessen der Krankenversicherung. Sie beschwört das Negativ-Szenario des „gläsernen Patienten". Die Krankenversicherer begrüßen grundsätzlich die eHealth-Strategie, verlangen jedoch mehr Transparenz und Klarheit, aus welchen Mitteln die Umsetzung bezahlt werden soll. Vertreter der Schweizer Krankenhäuser erklärten, dass die Schweiz vielmehr eine Strategie zur allgemeinen Gesundheitsversorgung benötige als ein speziell auf eHealth ausgerichtetes Konzept. Sie fragen also, warum alles um eHealth herum gebaut und nicht in eine Gesundheitsstrategie integriert wird (Crivelli 2008). Das war übrigens in Australien die Lösung. In Australien sucht man nicht nach einer eHealth Strategie, sondern da kommen die eHealth Bausteine in der Primärmedizin Strategie vor. Einer von zehn Bausteinen der primärmedizinischen Strategie ist auf eHealth zu setzen und ist viel mehr integriert (Haas 2009).

In den Niederlanden wird derzeit versucht, die verschiedenen elektronischen Patientenkarten zu verlinken (Tange 2008). Neulich haben alle Holländer vom Gesundheitsministerium einen Brief mit der Mitteilung bekommen, dass eine Vernetzung der verschiedenen elektronischen Patientenakten eingerichtet wird und die Akten des Empfängers auch davon betroffen sind. Jeder kann allerdings widersprechen; dann wird es nicht gemacht. Widersprochen haben v.a. die Ärzte für ihre eigenen Patientenakten. Das war die einzige Berufsgruppe, die massiv widersprochen hat. Der normale Bürger hat nicht widersprochen. Von den Ärzten haben über 50% einer solchen Nutzung widersprochen, was sie sozusagen als Patienten an geht. Das bringt mich eigentlich zu den Ärzten, insbesondere zu den Primärärzten, Hausärzten, Allgemeinärzten, wie immer wir sie nennen wollen.

Im Weltgesundheitsbericht 2008, 30 Jahre nach Alma-Ata, wo die primärmedizinische Strategie von der WHO entwickelt worden ist, hat die WHO das Thema „Primärversorgung" erneut in den Mittelpunkt gestellt (Bild 1). Es war ein bisschen in Vergessenheit geraten, aber angesichts der WHO-Ausführungen erscheint ein Primärarzt und das Team in der Mitte des Gesundheitssystems sehr plausibel – hier in Dunkelgrün dargestellt (WHO 2008). Darum scharen sich einige weitere Akteure in der Gemeinde wie etwa Selbsthilfegruppen. Im äußeren Kreis haben wir die Spezialisten oben links, das Krankenhaus oben rechts, die Diagnostik links, Trainingszentren rechts, Prävention wie Mammografie oder auch Umweltmedizin unten links usw. Unten rechts sind die Nichtregierungsorganisationen dargestellt, die sich um Alkoholabusus kümmern, Gender Violence usw. Bei dieser Sichtweise auf das Gesundheitssystem ist auch sofort klar, wo eHealth sein Zentrum haben müsste.

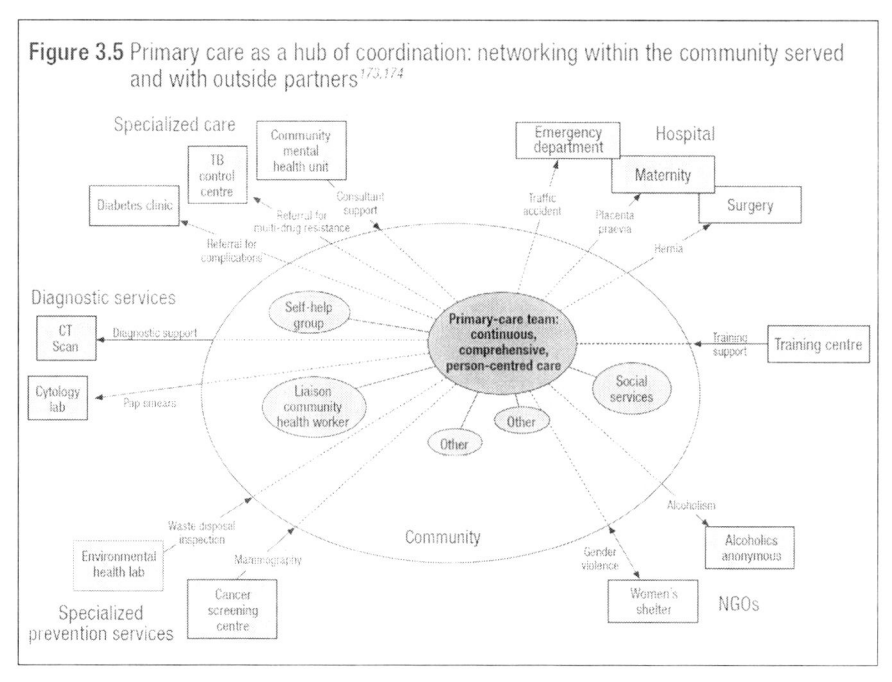

Figure 3.5 Primary care as a hub of coordination: networking within the community served and with outside partners[173,174]

Bild 1: Primärarzt und Team in der Mitte des Gesundheitssystems (Quelle: WHO 2008)

In Berlin gibt es an der Charité gute eHealth-Projekte, die teilweise weltweit durchgeführt werden. Das wirft allerdings schon die Frage auf, wie viel das beispielsweise der Omi in der Uckermark bringt. Muss die nicht doch darauf setzen, dass ihr Hausarzt daran teilnimmt, denn wenn der nicht daran teilnimmt, wie soll sie von eHealth profitieren? (Zur Ehrenrettung sei hier ergänzt, dass genau dieser Aspekt im Mittelpunkt der von der Charité mit initiierten Gesundheitsregion Nordbrandenburg FONTANE ist; vgl. http://www.gesundheitsforschung-bmbf.de/de/2184.php).

eHealth bei Hausärzten in Europa: Ausstattung und Nutzung in der Praxis

Da ist zunächst die Frage zu stellen, wie die Hausärzte das eigentlich sehen. Ich kann zurückgreifen auf Daten, die im letzten Jahr veröffentlich worden sind und wo Hausärzte in den 27 EU-Ländern, Norwegen und Island befragt worden sind (Dobrev et al. 2008). Sie wurden zunächst gefragt, wie sie das einschätzen. Ob sie es positiv sehen, dass es die Qualität verbessern wird oder ob sie eher skeptisch sind. Die allerskeptischsten Hausärzte von allen 29 Ländern sind die in Deutschland – ganz hinten mit 0,7. Oben lagen die Hausärzte in Malta, Portugal, Rumänien, knapp gefolgt von Zypern, Griechenland und Bulgarien. Insbesondere sind die Ärzte pessimistisch was den Einfluss auf die Arzt-Patienten-Beziehung angeht. Über alle Länder hinweg gibt es ein paar, die den Einfluss auf die Arzt-Patienten-Beziehung positiv sehen. Aber es gibt auch viele, die das negativ sehen, während das bei den anderen Themen, z.B. hinsichtlich des Einflusses auf die eigenen Arbeitsprozesse (und die des Praxisteams) stärker positiv gesehen wird. Der Einfluss auf die Qualität der diagnostischen und therapeutischen Entscheidungen wird sehr gemischt gesehen, d.h. die Mehrheit meint, dass das keinen Einfluss hat und nicht unbedingt gebraucht wird.

Wir wissen also, dass Hausärzte eigentlich eine zentrale Rolle bei eHealth einnehmen sollten – aber durchaus skeptisch sind. Damit stellt sich die Frage nach der eHealth-Ausstattung der Praxen und der eHealth-Nutzung. Zunächst: Haben die Hausärzte überhaupt einen Computer in der Praxis, um starten zu können? Wir sehen, dass immerhin 87% der Hausärzte in der EU einen Computer in ihrer Praxis haben und nutzen, in Deutschland sogar 99% und damit deutlich mehr als etwa in Frankreich mit 83%, Polen mit 72% oder im Schlusslicht Litauen mit 57%. Für eHealth wäre es natürlich nicht schlecht, wenn der Computer auch Anschluss an die Außenwelt hätte. Beim Internetanschluss sieht es EU-weit mit 69% schon deutlich schlechter aus – Deutschland liegt nur an 19. Stelle mit 59%, weit hinter Estland, Finnland, Dänemark und Schweden mit 99-100%, aber auch noch vor Ländern wie Spanien, der Slowakei oder Rumänien. Die Ärzte haben also zwar einen Computer, aber 2 von 5 haben kein Kabel zum Internet. Dann darf man auch nicht vergessen, ob sie sich mit einem Modem einwählen müssen oder einen Breitbandanschluss haben. Da ist Deutschland mit 40% unterdurchschnittlich im EU-Vergleich. Auf der anderen Seite sehen wir Länder wie Finnland mit 93% und Dänemark mit 91% (Dobrev et al. 2008). Ich habe gerade gelesen, dass in Deutschland überhaupt nur 53% in Gebieten mit Breitbandanschluss wohnen.

Zum nächsten Fragekomplex: Was machen die Ärzte eigentlich mit ihren Computern? Was wird gespeichert? Bei den administrativen Patientendaten liegt Deutschland mit 93% wegen der Patientenkarte über dem EU-Schnitt von 80%. Ungarn und Finnland kommen auf 100%, Rumänien auf 47%, Litauen auf 38% und Lettland auf 26%. Bezüglich der Speicherung medizinischer Daten liegen EU-weit die Diagnosen mit 92% und die Medikation mit 91% vorn, gefolgt u.a. von einfachen Untersuchungsergebnissen mit 85%, Laborparametern mit 81% – bis zu Röntgenuntersuchungen mit lediglich 35% (Dobrev et al. 2008).

Die nächste Frage: Wird der Computer regelmäßig einbezogen in die Arzt-Patienten-Konsultation zu verschiedenen Zwecken? Dass man einerseits gleich seine eigenen Befunde im Computer niederlegt, aber auch dass man Expertensysteme benutzt, dass man den Computer benutzt, um dem Patienten verschiedene Dinge zu demonstrieren. EU-weit sind es 66%, in Deutschland 72% – führend sind hier Finnland mit 100% und Großbritannien mit 95%. Auf der anderen Seite sehen wir Litauen und Lettland ganz hinten im einstelligen Bereich (Dobrev et al. 2008).

Hausärzte: Vernetzung mit anderen Akteuren

Alles nutzt natürlich noch nichts, wenn Ärzte den Computer nur in der eigenen Praxis haben. Ein wesentlicher Aspekt ist natürlich die Vernetzung mit anderen Leistungserbringern und ihr Zweck. Sind Hausärzte schon echte eHealth-Anwender in den verschiedenen Ländern der EU? Sind sie mit anderen Hausärzten vernetzt? Tauschen sie sich aus? Im EU-Schnitt sind es 21%, die mit anderen Hausärzten elektronisch vernetzt sind. Weiter sind die Finnen und die Dänen mit 68 bzw. 62%. Der deutsche Hausarzt tauscht sich hingegen elektronisch nicht aus, nur 6% haben eine Verbindung zu anderen Hausärzten. Wenn es um die Spezialisten geht, ist es in Dänemark und Finnland mit 70% bzw. 64% eher noch höher – bei uns 8% (Dobrev et al. 2008). Mit Krankenhäusern sind unsere Hausärzte wahrscheinlich auch wegen des zergliederten Systems nicht vernetzt. 4% geben an, dass sie einen Datenaustausch mit Krankenhäusern haben. Ich nehme an, dass das insbesondere Ärzte sind, die in medizinischen Versorgungszentren nahe von Krankenhäusern sind. Hingegen sind etwa in Dänemark, Norwegen, Finnland, Niederlande jeweils über 70% mit Krankenhäusern elektronisch verbunden.

Was wird ausgetauscht? Insbesondere, welche Daten von Patienten werden ausgetauscht? Die Anwendung, die am weitesten benutzt wird in der EU, ist, dass man von Labormedizinern Laborbefunde bekommt (40%) und dass man Abrechnungsdaten zu den Krankenversicherungen oder nationalen Gesundheitsdiensten schickt (15%). Der Austausch von medizinischen Daten ist EU-weit auf 10% begrenzt. Wie groß die Unterschiede derzeit zwischen den Ländern sind, zeigt Tabelle 1. Oben haben wir den Schnitt, dann kommen Belgien, Bulgarien, Dänemark, Deutschland, Estland, Finnland, die Niederlande, Schweden und Großbritannien (UK). In grün und fett sind jeweils besonders hohe Zahlen, in rot und kursiv besonders niedrige Zahlen. Wir brauchen uns aber nur Deutschland und Dänemark anzusehen, um zu verstehen, wo wir noch hinterher hinken. Laborbefunde erhalten in Deutschland 63%, in Dänemark 96%. Administrative Daten werden mit Versicherern zu 45, bzw. 48% ausgetauscht – und medizinische Daten mit anderen Leistungserbringern bei 4% bzw. 74%. Ganz ähnlich das Bild hinsichtlich administrativer Daten mit anderen Leistungserbringern, also bei Überweisungen usw.: 3% zu 74%. Noch deutlicher sind die Unterschiede bei der Übermittlung von Verschreibungen an die Apotheken (ePrescribing): 0% zu 97%. Andere Länder mit hohen ePrescribing-Raten sind Schweden und die Niederlande. Dänemark ist das führende Land, was eHealth in der allgemeinen medizinischen Praxis angeht – gefolgt u.a. von den Niederlanden. Andere Länder wie Estland, die auch wie Slowenien ein großes umfassendes System aufbauen, hängen noch hinterher. Aber die setzen Dinge auch sehr viel schneller um als wir.

	Laborergebnisse vom Labor	Administrative Daten zum Versicherer	Medizinische Daten zu anderen Leistungserbringern	Administrative Daten zu anderen Leistungserbringern	Rezepte zu Apotheken (e-Prescribing)	Medizinische Daten über nationale Grenzen
EU27	40	15	10	10	6	1
BE	73	3	13	13	2	1
BG	5	10	3	6	2	1
DK	96	48	74	74	97	2
DE	63	4	4	3	0	0
EE	39	5	1	1	1	0
FI	90	8	55	21	0	0
NL	84	45	26	28	71	5
SE	82	8	13	16	81	1
UK	85	43	26	32	5	0

Datenquelle: Dobrev et al. 2008

Tabelle 1: Nutzung ausgewählter eHealth-Funktionen durch Hausärzte in verschiedenen EU-Ländern 2007 (jeweils in %)

ePrescribing gibt es funktionierend also bisher nur in wenigen Ländern, aber immerhin funktioniert es in einigen Ländern gut. Neulich war ich in den Niederlanden in einer Apotheke – da weiß wirklich jede Apotheke von jedem Patienten, was der wo in jeder Apotheke erhalten hat. Das System rechnet auch sofort alle Nebenwirkungen usw. aus. Möglich ist das, und die Software müsste doch auch bei uns irgendwie zugänglich sein. Das Übersetzen bekommen wir ja vielleicht noch hin.

Beim Telemonitoring sind die Hausärzte in fast allen Ländern noch in den Startlöchern. Am höchsten liegt Schweden, wo 9% der Hausärzte regelmäßig gewisse Patienten am Telemonitoring haben. In den meisten Ländern wie bei uns auch sind es 0% (Dobrev et al. 2008).

Etwas vereinfacht gesagt gibt es fünf eHealth-„Frontrunners": Dänemark, Niederlande, Finnland, Schweden, Großbritannien. Dann kommen schon die „Followers", zu denen wir gehören. Man muss aber auch sagen, dass wir nur deshalb zu denen gehören, weil wir eine relativ gute Infrastruktur haben und nicht etwa, weil wir die Infrastruktur benutzen.

Die eine Hürde ist, dass die Ärzte kein Internet in der Praxis haben und damit praktisch nicht eHealth-fähig sind. Das andere ist aber, ob sie es benutzen, wenn sie es haben. Das kann als „Verfügbarkeits-Nutzungs-Lücke" („Readiness Use Gap") umschrieben werden. Beginnen wir bei den Dänen, die hier auch noch eine Lücke haben. Es könnten noch mehr Ärzte medizinische Daten zu anderen Leistungserbringern übermitteln. Die Lücke ist aber doch relativ klein: Von den 99%, die Internet haben, machen das 74%, d.h. die Lücke beträgt 25%. In Deutschland haben wir weniger als 60%, die Internet haben. Aber von denen nutzt das praktisch keiner, um medizinische Daten auszutauschen, d.h. die Lücke beträgt 55%. Wir sehen da schon, den Computer und vielleicht Breitbandnutzung hinzustellen, ist die eine Sache, aber die Ärzte dazu zu bringen, dass sie das wirklich benutzen, ist die andere.

Der Patient im Mittelpunkt: Internationale Best Practice-Beispiele

Im dritten Schritt über eHealth geht es darum, dass wir auch an den Patienten rankommen müssen. Die dänischen Ärzte schreiben Emails als Teil ihrer hausärztlichen Tätigkeit. Der Patient muss nicht immer in die Praxis kommen, sondern kann auch eine Email schreiben und der Hausarzt wird dafür bezahlt. Das ist aber bisher noch die Ausnahme.

Aber: auch führende Länder können lernen. Es ist gerade ein interessanter Artikel erschienen über den Vergleich Dänemark mit Andalusien (Protti et al. 2009). Spanien ist ein sehr föderales Land und jede Region entwickelt seine eigene Lösung. Andalusien ist dagegen, dass jeder Hausarzt und jedes Krankenhaus eine elektronische Patientenkarte anlegt und macht gleich eine für alle, auf die die verschiedenen Leistungserbinger zugreifen können. In Dänemark dagegen hat man eine pro Leistungserbringer. Dieser Artikel wurde von spanischen und dänischen Autoren zusammen geschrieben und betont, dass davon auch Dänemark lernen kann.

In Neuseeland, auch eines der internationalen „Frontrunner"-Länder, ist die elektronische Patientenakte auch sehr weit entwickelt. Sie wollen diese jetzt umorganisieren von der Leistungserbringer bezogenen Gesundheitsakte zu der Patienten bezogenen gemeinsamen Gesundheitsakte. Hier sind die Allgemeinärzte zwar auch nicht sehr unterstützend und bringen etliche Einwände vor – aber insgesamt wird ihre Haltung als so neutral eingeschätzt, dass sie es geschehen lassen (Tenbensel & Ashton 2009).

Estland hat eine ähnliche Idee. Sie wollen die medizinischen Daten gleich um den Patienten, um den Bürger herum organisieren, weil sowieso jeder eine standardisierte Bürgernummer hat, und nicht Leistungserbinger für Leistungserbringer (Läänelaid & Aaviksoo 2008).

Ich komme zum Abschluss dieser „Tour de perforce" über Nordamerika, Europa und ein bisschen Australien, Neuseeland. Wir stellen fest, dass die eHealth Entwicklung noch sehr unterschiedlich ist. Dänemark ist in den meisten Anwendungen führend. Insbesondere zwischen den Leistungsanbietern gibt es große Lücken in der Verbindung hin zum Patienten. Außer, dass dieser seine Termine per Email machen kann, ist noch sehr wenig entwickelt. eHealth muss m. E. die Ärzte und vor allem die Hausärzte im Zentrum unserer Gesundheitssysteme mit einbeziehen. Oftmals sollten wir uns fragen, ob wir wirklich eHealth-Strategien brauchen – oder ob wir nicht Gesundheitssystemstrategien brauchen, die eHealth mit einbeziehen und die Patienten bezogene Sammlung. Jenseits der Leistungserbringer ist es überall noch eine Herausforderung, aber die ersten Länder sind tatsächlich sehr stark auf dem Weg dahin.

Referenzen

Chaudhry B, Wang J, Wu S, Maglione M, Mojica W, Roth E, Morton SC, Shekelle PG (2006) Systematic Review: Impact of Health Information technology on Quality, Efficiency, and Costs of Medical Care. *Ann Intern Med.* 144: 742-752.

Crivelli L (2008) Toward one national e-health strategy. *Health Policy Monitor*, April 2008. http://www.hpm.org/survey/ch/a11/3

DesRoches CM, Campbell EG, Rao SR, Donelan K, Ferris TG, Jha A, Kaushal R, Levy DE, Rosenbaum S, Shields AE, Blumenthal D (2008) Electronic Health Records in Ambulatory Care — A National Survey of Physicians. *N Engl J Med* 359: 50-60

Dobrev A, Haesner M, Hüsing T, Korte WB, Meyer I (2008) Benchmarking ICT use among General Practitioners in Europe 2007. Bonn: empirica. http://ec.europa.eu/information_society/eeurope/i2010/docs/benchmarking/gp_survey_final_report.pdf

Haas M (2009) National Primary Health Care Strategy. *Health Policy Monitor*, April 2009. http://www.hpm.org/survey/au/a13/4

Holzer J, Anderson G (2009) Increasing HIT through the Economic Stimulus Bill. *Health Policy Monitor*, April 2009. http://www.hpm.org/survey/us/b13/3

Jha A, DesRoches CM, Campbell EG, Donelan K, Rao SR, Ferris TG, Shields AE, Rosenbaum S, Blumenthal D (2009) Use of Electronic Health Records in U.S. Hospitals. *N Engl J Med* 360: 1628-1638.

Läänelaid S, Aaviksoo A (2008) National Health Information System in Estonia. *Health Policy Monitor*, April 2008. http://www.hpm.org/survey/ee/a11/4

Porter M (2008) Kaiser Permanente: Highlights of an Integrated Health Care Experience. Präsentation in Berlin, 6.6.2008.

Protti D, Johansen I, Perez-Torres F (2009) Comparing the application of Health Information Technology in primary care in Denmark and Andalucía, Spain. *Int J Med Inform* 78(4): 270-283.

Schoen C, Osborn R, Huynh PT, Doty M, Peugh J, Zapert K (2006) On The Front Lines Of Care: Primary Care Doctors' Office Systems, Experiences, And Views In Seven Countries. *Health Affairs* 25(6): w555-w571

Tange H (2008). Electronic patient records in the Netherlands. *Health Policy Monitor*, October 2008
http://www.hpm.org/survey/nl/a12/1
Tenbensel T, Ashton T (2009) Patient-centred electronic health records. *Health Policy Monitor*, April 2009. http://www.hpm.org/survey/nz/a13/1
WHO (2008) The World Health Report 2008 – primary Health Care (Now More Than Ever). Genf: WHO. http://www.who.int/whr/2008/en/index.html

4 Anforderungen der Nutzer an Telemonitoring

Dr. med. Christoph F-J Goetz
Kassenärztliche Vereinigung Bayerns, München

In Vorbereitung auf diese Konferenz sollte ein kleiner Blick in die Quelle allen modernen Wissens, das Wikipedia, einmal den Begriff des Telemonitoring erhellen und klären, ob das Konzept als allgemein bekannt vorausgesetzt werden darf. Dort findet sich ein längerer Abschnitt über den „... Teilaspekt der Telemedizin, welcher sich mit der Trennung des Patienten von seinem behandelnden Arzt befasst ...". Bei so viel Tiefsinn sind dann doch Zweifel angebracht, ob der Autor das Wesen von Telemonitoring richtig verstanden hat. Genau genommen ist diese Definition so pathognomonisch abwegig und zeugt von so viel Unwissenheit, dass ein kleines „Zurechtrücken" gerechtfertigt erscheint.

Eine der besten Definitionen liefert noch immer das gute, alte „Telemedicine Glossary der EU" von Luciano Beolchi aus dem Jahr 2003, in dem es der Italiener in unnachahmlicher Kürze auf den Punkt bringt: „The use of audio, video, and other telecommunications and electronic processing technologies to monitor patient status at a distance."

Bei jeder Betrachtung von Telemonitoring ist es wichtig sich klar zu werden über die begriffliche Zuordnung der unterschiedlichen Aspekte. Dabei gibt es sowohl technische Faktoren, wie Datenerfassung, -verarbeitung, -übermittlung oder -speicherung, genauso aber auch klinische Faktoren, wie Befundung, Diagnostik, Therapie oder Dokumentation. In diesem Zusammenhang ist wichtig, dass diese Aspekte nicht immer kongruent miteinander sind in ihren Anforderungen an die Systeme oder ihren Ausprägungen bei der Realisierung. Telemonitoring ist insgesamt geprägt durch eine Vielzahl sehr spezifischer Anforderungen, die alle in die tägliche Lebenspraxis der beteiligten Akteure, des Bürgers (oder des Patienten) wie auch des Heilberuflers (oder des Leistungserbringers) eingebettet sein müssen. Dabei will sich keiner mit technologischen Details auseinandersetzen. Wie es so schön heißt: Die nahtlose Integration einer Anwendung ist für den Massenmarkt Pflicht.

Die Bandbreite der bei Telemonitoring nutzbaren Anwendungen nimmt gegenwärtig erheblich zu. Grundsätzlich können dabei sämtliche denkbaren elektronischen, in der Regel automatisiert messbaren oder übermittelbaren Vitalparameter aus einer kürzeren oder längeren Zeitperiode diesem Bereich zugeordnet werden, wie z.B. Gewichtsentwicklung, Blutdruckverlauf, Elektrokardiogramm, Blutzuckerkurven oder Lungenfunktionsparameter. Dabei hat sich gezeigt, dass die

Industrie bereit ist, entsprechende Geräte und Systeme zu liefern, weil sie sich hiervon ein ertragreiches Geschäft erwartet. Entsprechende Ansätze gibt es bereits in vielen ausgezeichneten Pilotanwendungen, wie z.B. bei der Überwachung von Hoch-Risiko Schwangerschaften oder beim Monitorings von chronisch obstruktiven Lungenerkrankungen.

Im Hintergrund des Interesses an Telemonoring steht die Erwartung der Industrie, dass neue Ausgaben im Gesundheitswesen immer dann verantwortet werden können, wenn die langfristige Kosten-/Nutzenrechnung positiv ist. Cash-Flow für solche innovativen Investitionen müsste doch in einem so großen Wirtschaftszweig wie dem Gesundheitswesen ausreichend vorhanden sein. Man müsste eigentlich nur noch bei der richtigen Instanz vorsprechen, um lukrative Aufträge zu erhalten.

Aus langer Praxis und Erfahrung mit der Gesetzlichen Krankenversicherung (GKV) muss hier Widerspruch eingelegt werden. Wesentlich ist, dass Telemonitoring als neues Verfahren auch selbst neue Kosten verursacht. Hinzu kommt, dass Ausgaben und Einnahmen im Gesundheitswesen asymmetrisch verteilt sind. Daher kann Telemonitoring nicht zu einer einfachen Kostenreduktion führen, sondern lediglich zu einer Verschiebung von wirtschaftlichen Ressourcen. In diesem Sinn würde das Kapital, das in einem Bereich eingespart wird, für einen anderen Bereich freigestellt und so mit anderem Fokus und hoffentlich besserem Nutzwert eingesetzt werden können.

Wie ist denn der Zukunftsmarkt, den Telemonitoring anspricht, grundsätzlich gegliedert? Über 77% der Finanzmittel im Gesundheitswesen werden im weitesten Sinn von der GKV aufgebracht. Diese Ausgaben sind gesetzlich, z.B. im Sozialgesetzbuch Fünf (SGB V) minutiös geregelt. Alle Neuerungen der gesetzlich geregelten Krankenversorgung müssen vor ihrer Erstattung die Hürden der so genannten Regelversorgung beim Gemeinsamen Bundesausschuss (G-BA) überwinden. Dieser verhandelt und legt fest, welche Leistungen der medizinischen Versorgung von der GKV erstattet werden.

Im Vergleich zu dieser starken Reglementierung haben private Krankenversicherer wesentlich mehr Spielraum und sind daher i.d.R. innovationsfreudiger. So ist nicht verwunderlich, dass die meisten bisherigen Telemonitoring-Projekte bei der Privaten Krankenversicherung (PKV) angesiedelt waren. Trotzdem bewegt die private Krankenversicherung lediglich etwa 10% der Finanzmittel in dem ambulanten und stationären deutschen Gesundheitswesen. Daher ist das gesamtwirtschaftliche Potenzial hier vergleichsweise geringer als bei der GKV.

Es darf aber nicht außer Acht gelassen werden, dass über GKV und PKV hinaus der Endanwender selbst letztendlich einer der wichtigsten potenziellen Kunden für Telemonitoring Anwendungen sein könnte. Unabhängig von einer Erstattung oder Kostenübernahme durch die Krankenversicherungssysteme kaufen deutsche Bürger jedes Jahr Gesundheitsleistungen in einem Volumen ein, das noch einmal fast 14% des vorgenannten Cash-Flows ausmacht. Somit könnte das direkte Angebot von Telemonitoring-Dienstleistungen an die Endanwender selbst eigent-

4 Anforderungen der Nutzer an Telemonitoring

lich eine wirtschaftlich relevante Rolle spielen bei der Auswahl und Verbreitung von Telemonitoring-Systemen. Dieses große Potenzial spielt allerdings gegenwärtig fast keine Rolle, da der Selbstzahlermarkt mangels Angebot und Nachfrage beim Telemonitoring noch so gut wie brach liegt.

Insgesamt ist wesentlich, dass Telemonitoring trotz des großen Potenzials und der vielen Versprechen bisher kein neues Geld in das Gesundheitswesen bringt und genauso wenige Einsparungen im Gesamtsystem erlaubt. Bisherige Einzelprojekte haben lediglich gezeigt, dass sie grundsätzlich zu einer Verschiebung von Finanzmitteln und zu einer Freisetzung von Ressourcen für andere klinisch relevante Bereiche führen zu können. Als Wirtschaftsfaktor muss Telemonitoring heute noch eindeutig dem Zukunfts- oder Erwartungsmarkt zugeordnet werden.

Bei einer so komplexen und vielschichtigen Technologie wie dem Telemonitoring ist es immer nützlich, den Detailbetrachtungen eine Darstellung der Gesamtsystematik voran zu stellen. Grundsätzlich kann bei allen Telemonitoring-Anwendungen ein so genannter „Nahbereich" von einem „Fernbereich" unterschieden werden. Beide sind über verschiedene Schnittstellen miteinander verbunden. Die Sensoren des Nahbereichs können ihrerseits noch über eigene Umsetzer verfügen, während die meist zentralen Empfangsstationen die Datenkanäle wiederum selbst für die verschiedensten Diensteanbieter aufspalten können. So wechseln sich Sensoren, Relaisstationen, Empfänger und Diensteanbieter ab, immer wieder verbunden durch eigene Schnittstellen.

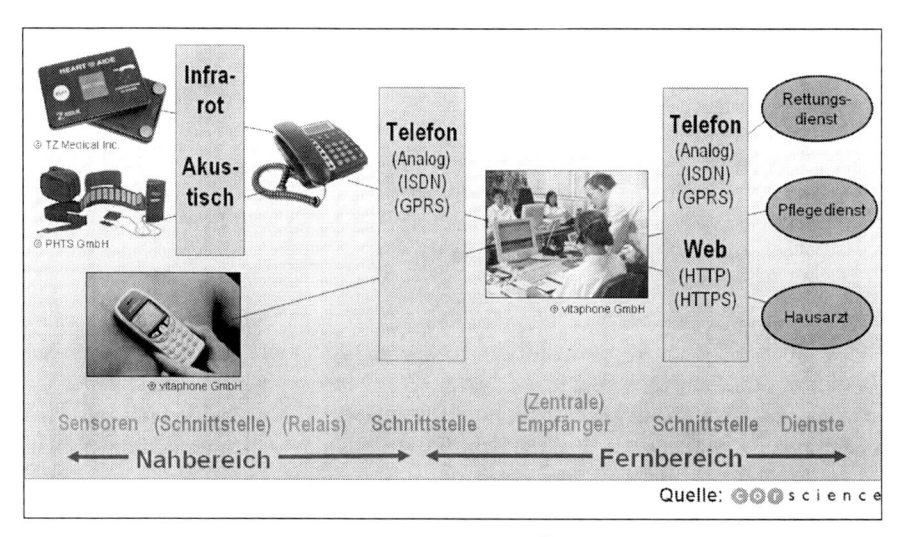

Bild 1: Systematisches Beispiel von EKG Sensoren und Übermittler

Die Systematik in Bild 1 soll den Blick auf die drei Schnittstellen-Bereiche lenken. Grundsätzlich müssen immer alle Einzelkomponenten an den Schnittstellen zusammenspielen, damit Telemonitoring-Systeme insgesamt funktionieren können. Die Herstellung einer solchen Konnektivität stellt die wirkliche Herausforderung dar.

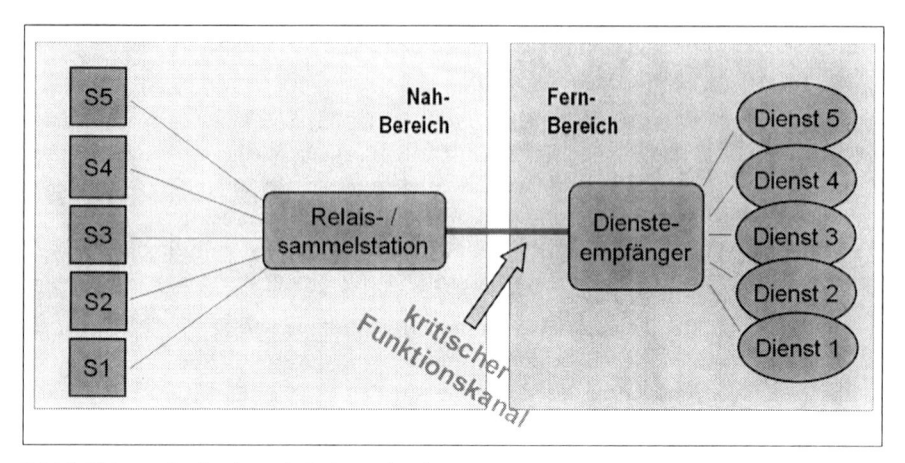

Bild 2: Telemonitoring braucht Infrastrukturkonvergenz

Im Schema des Bildes 2 wird dies noch deutlicher. Die Signale der verschiedensten Sensoren werden in einer Relais- oder Sammelstation des so genannten Nahbereichs zusammengefasst. Sie werden dann einem Diensteempfänger übermittelt, der die Signale im Fernereich wieder für verschiedene Diensteanbieter aufteilt. Nah- und Fernbereich sind somit i.d.R. über einen gemeinsamen Kanal mit einander verbunden. Dieser kritische Funktionskanal ist bestimmend für das Gesamtsystem. Er ist wichtig, weil er einerseits die Chance für eine echte Konnektivität bietet, andererseits die wirklich kritischen Problembereiche jeder elektronischen Übermittlung in sich birgt. Genauso spielt bei dieser Übergabe zwischen dem Nahbereich und dem Fernbereich die Sicherheit im Sinne von Integrität und Verfügbarkeit der Systeme eine ganz entscheidende Rolle.

Was kann denn grundsätzlich übermittelt werden? Eine einfache technologische Betrachtung führt zu den verschiedensten Kommunikationsformen, seien es der Telefonie, der Datenübertragung oder gar GPS, die im Fernbereich prägende Rollen spielen. Im Nahbereich sind Bluetooth, Infrarot oder WLAN und deren wachsende Bedeutung zu nennen. Die Betrachtung dieser Funktionsschichten entbindet nicht davon, auch die Inhaltsschnittstellen und die Datenstrukturen zu betrachten. Allein die Vielfalt und Überschneidung der enorm vielen verschiedenen Ebenen und Schnittstellen lässt verstehen, warum echte Interoperabilität der Systeme heute noch Zukunftsmusik ist. Es gibt ein gemeinsames Ziel, das allen Entwicklern klar vor Augen liegt: Telemonitoring braucht harmonisierte Schnittstellen, interoperable Kommunikationsformen und eine Konvergenz auf gemeinsame Kommunikationskanäle, damit die Anwendungen in die Fläche gehen können.

Diese Forderungen gelten nicht nur für die Nutzer, also die Patienten oder Bürger, die sich mit diesen Systemen ausstatten lassen, sondern sie gelten genauso für die Heilberufler, die die Daten aus diesen Systemen empfangen, bewerten und über Rückkanäle beantworten. Dass es hier unterschiedliche Blickwinkel und Interessen gibt, liegt auf der Hand. Ein Beispiel aus einem ganz anderen Bereich der Nahfeldkommunikation (NFC) soll diese unterschiedlichen Blickwinkel verdeutlichen.

Radio Frequency ID's, so genannte RFID's, sind kleine, meist aufgeklebte Sender zur Identifizierung und Lokalisierung von Gegenständen durch Radiowellen wie sie inzwischen jedem aus dem Supermarktregal oder von Fußballtickets her bekannt sind. Diese Technologie ist heute schon im regelmäßigen Einsatz und trotzdem bleibt das Spannungsfeld zwischen Anwendungs- und Missbrauchspotenzial unverkennbar.

Auf der einen Seite verspricht die Technologie der RFIDS's einen großen Nutzen für die Wirtschaft und den Verbraucher hinsichtlich einer Effizienzsteigerung bei Logistik und Vertrieb, für vereinfachte Zahlungsvorgänge und bessere Produkterkennung. Die Warenkette wird transparenter. Andererseits erlaubt diese Technologie die unbemerkte (evtl. sogar missbräuchliche) Erhebung von personenbezogenen Direktdaten und/oder personenbezogener Profilbildung. Hier sind Verbraucher vielfach noch skeptisch. RFID's und ihre Massenanwendung haben aber eine grundsätzliche Bedeutung für die Fragen von Sicherheit und Datenschutz. Daher ist es nicht verwunderlich, dass die Politik gegenwärtig vorsichtig abwartend steht vor Opt-In Modellen und Regelungen zu Deaktivierung auf der Basis von Selbstverpflichtungen der Industrie.

Letztlich macht die unterschiedliche Wahrnehmung dieser einfachen Technologie deutlich, worum es bei jeder grundsätzlichen Auseinandersetzung über neue Technologien geht. Dies gilt genauso für Telemonitoring. Akzeptanz hängt immer von allgemeinen wie auch von speziellen Faktoren ab (Bild 3). Dabei sind die Wahrnehmung und die Beurteilung von Mehrwerten nicht nur eine reine Technologieentscheidung, sondern Mehrwert, Glaubwürdigkeit und Transparenz spielen, neben bewussten (kognitiven) und unbewussten (emotionalen) Faktoren, eine ebenso wesentliche Rolle.

> - Die allgemeine Akzeptanz hängt ab vom wahrgenommen **Mehrwert**, der **Glaubwürdigkeit** und **Transparenz** einer technologischen Innovation
> - Die individuelle Akzeptanzbildung hat eine **kognitive** und **emotionale** Komponente
>
>   - Kognition
>   - Information
>   - Argumentation
>   - Verständlichkeit
>   - Authentizität
>   - Mehrwert
>   - Emotion
>   - Glaubwürdigkeit
>   - Vertrauen
>   - Integrität
>   - Kompetenz
>   - Transparenz
>
> - Unabhängige Quellen sind glaubwürdiger und steigern die Kommunikationswirkung

Bild 3: Komponenten der Akzeptanz

Wer Technologien nicht dem Menschen anpasst hat wichtige Grundsätze nicht verstanden. Wie der Volksmund sagt: „Der Wurm muss dem Fisch und nicht dem Angler schmecken." Wesentlich für die Akzeptanz und Verbreitung von Telemonitoring ist also der wahrgenommene Mehrwert für die einzelnen Akteure, für Anbieter wie für Verbraucher.

Ein Blick auf die Anforderungen des Patienten (oder des Betroffenen) mag dies verdeutlichen (Tabelle 1). Technik darf nicht nur an eine einzelne Person gebunden sein und sie muss jederzeit überprüfbar, transparent und sicher sein. Letztendlich müssen die Systeme in das häusliche, bzw. auch das berufliche Lebensumfeld der Anwender und Betroffenen hinein passen. Genau diese Stelle berührt den Übergang von Telemonitoring zum gesamten, viel größeren Bereich von Smart Homecare, der noch weitaus mehr Dienste und Funktionen beinhaltet als das reine Telemonitoring.

4 Anforderungen der Nutzer an Telemonitoring

- Technik darf nicht alleine an ein Individuum gebunden sein
  - Kommunikation muss sich an dem Haushalt mit seinen wechselnden Alltagserfordernissen orientieren
- Nutzung muss für Anwender
  - überprüfbar, transparent, sicher und vertrauenswürdig sein
- Systeme müssen in das Lebensumfeld „passen"
  - Übergang zu Smart Home Care
- Besonderes Interesse für Chronikerprogramme
  - Aufwand für Einrichtung und Betrieb stehen in günstigem Verhältnis

Tabelle 1: Anforderungen der Patienten (Betroffenen)

Wichtig ist anzufügen, dass die Systeme des Telemonitoring interessant sind zur permanenten und ubiquitären Unterstützung eines Bürgers oder Betroffenen, wie z.B. im Rahmen von Chroniker-Programmen. Dabei darf nicht verkannt werden, dass die Einrichtung und der Betrieb aktueller Telemonitoring-Systeme, also allein die Anschaffung, z.B. der Gürtel der Sensoren und der Sender, einen gewissen Basisaufwand erfordert, der wiederum über längere Zeit einen Nutzen bringen muss. Telemonitoring-Systeme sind deshalb eher weniger sinnvoll für kurze, episodenartige Erkrankung, außer man kann dabei erhebliche Sicherheitsvorteile realisieren. Das Gros der potenziellen Anwendungen ist somit im Bereich von Langzeitdiagnostik und Langzeittherapie für den Patienten zu suchen.

Heilberufler oder Anbieter haben natürlich eigene, anders gelagerte Anforderungen (Tabelle 2). Hier stehen Informationsgehalte im Vordergrund und weniger die Haptik oder die Useability. Informationen müssen beweisbar, richtig und vollständig sein, da die Heilberufler aus diesen Daten medizinische Entscheidungen mit erheblichen gesundheitlichen Konsequenzen ableiten können müssen. Die Justiziabilität und Qualität dieser Daten stehen somit im Vordergrund.

- Technik darf nicht alleine an ein Individuum gebunden sein
  - Kommunikation muss sich an dem Haushalt mit seinen wechselnden Alltagserfordernissen orientieren
- Nutzung muss für Anwender
  - überprüfbar, transparent, sicher und vertrauenswürdig sein
- Systeme müssen in das Lebensumfeld „passen"
  - Übergang zu Smart Home Care
- Besonderes Interesse für Chronikerprogramme
  - Aufwand für Einrichtung und Betrieb stehen in günstigem Verhältnis

Tabelle 2: Anforderungen der Heilberufler (Anbieter)

Telemonitoring steht in einem professionellen Umfeld nicht alleine. Systeme dieser Art müssen in die vielfältigen schon vorhandenen Datenbestände, Betriebssysteme und Ablaufstrukturen der klinischen Versorgung hineinpassen, seien sie ambulant oder stationär. Dies stellt an sich schon eine wirkliche Herausforderung dar, wie ein konkretes Beispiel verdeutlichen mag: Im Bereich der Kassenärztlichen Vereinigung Bayerns nutzen heute alle niedergelassenen Vertragsärzte einen Praxiscomputer. Dabei gibt es etwa 150 Anbieter von Praxiscomputersystemen und etwa 20 Anbieter von Krankenhaussystemen. Natürlich ist richtig, dass die Top 10 der Anbieter etwa 95% des Marktes bedienen, aber für die Fläche werden Systeme gebraucht, die über die gesamte Bandbreite verschiedener Datensysteme der niedergelassenen und der stationären Einrichtungen hinaus die gesamte Kommunikationsinfrastruktur bedienen können. Nur dann können Systeme des Telemonitoring in die Diagnostik und Therapie der klinischen Akteure integriert werden.

Letztendlich müssen die Systeme in die Praxis hineinpassen. Umgekehrt wird es nicht gehen. Daran ändern auch Erwartungen oder Vorgaben des Gesetzgebers nichts. Ein kurzer Blick auf die gegenwärtige Entwicklung der Gesundheitskarten und der Heilberufsausweise kann dies verdeutlichen. Der Fortschritt des Projekts steht bekanntlich gegenwärtig hinter den Vorgaben zurück. Die Frage ist nur warum?

Vor vielen Jahren, kurz nach Einführung der „alten" Krankenversichertenkarte, erarbeitete eine Expertengruppe bestehend aus Vertretern großer Firmen und renommierten Fachleuten bei TeleTrusT Deutschland e.V. eine Industriestudie mit der Fragestellung, wie lange wohl die Entwicklung, Einführung und Verbreitung einer ganz neuen, nachfolgenden Kartengeneration dauern würde. Allein auf Basis

4 Anforderungen der Nutzer an Telemonitoring

technologischer und organisatorischer Überlegungen wurde damals eine rechnerische Zeitachse von zehn Jahren für richtig erkannt, ab der ersten Konzeption bis zur Flächenverfügbarkeit. Der Bericht wurde an etwa 300 der wichtigsten Akteure des Gesundheitswesens aus Politik, Verwaltung und Selbstverwaltung geschickt mit der Bitte um Berücksichtigung bei der weiteren Planung. Es kam genau eine einzige Antwort zurück: „Auf Seite 3 ist ein Komma falsch."

Die Berechnungen haben also damals keinen wirklich interessiert. Ein paar Jahre später, nämlich 2004, wurde dann das neue GMG beschlossen bei dem man festlegte, dass in zwei Jahren, also bis 2006, die gesamte Einführung erledigt sein muss. Dass dies nicht gut gehen konnte, liegt auf der Hand. Vielleicht hilft hier ein Blick auf gesicherte Systemerkenntnis. Wie ist es denn grundsätzlich, wenn eine neue Technologie eingeführt wird?

Theoretiker haben dafür den so genannten Garner Hype Cycle entwickelt der beschreibt, wie sich die Sichtbarkeit einer neuen Technologie vom Anfang bis zum Ende, also vom Auslöser bis zur Flächenverfügbarkeit entwickelt. Es ist erfahrungsgemäß immer wieder das gleiche Procedere. Wird eine neue Technologie entdeckt, so wird sie erst einmal in den Himmel gehoben bis zu einem Gipfel der Erwartungen. Danach merkt man, dass die Umsetzung doch schwieriger ist als gedacht. Nach dieser Desillusionierung geht die Technologie dann langsam als Flächenanwendung in die laufende Produktivität über (siehe nachfolgendes Bild 4, durchgezogene Linie).

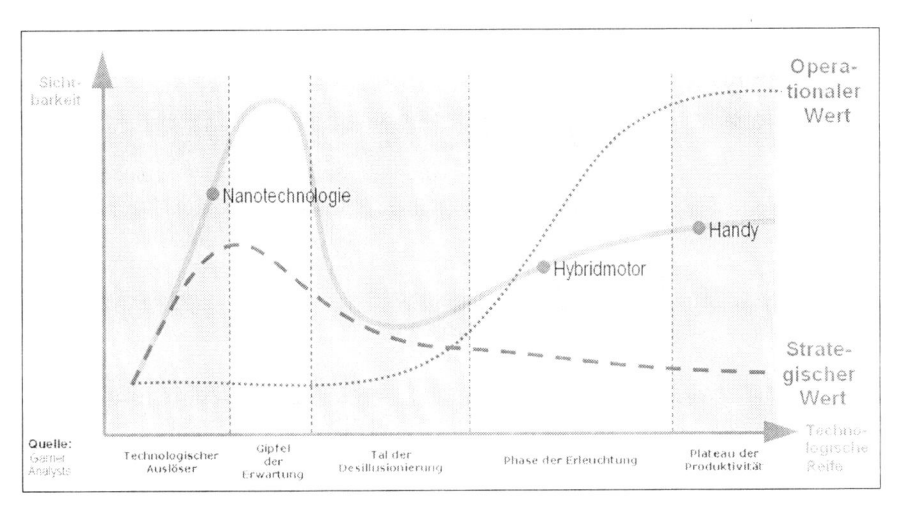

Bild 4: Garner Hype Cycle zu den Phasen jeder Technologieeinführung

Einige Beispiele mögen dies verdeutlichen. Während die Nanotechnologie heute hoch gelobt wird, muss dort noch viel geforscht und entwickelt werden. Der breite

Einsatz ist noch Zukunftsmusik. Der Hybridmotor hingegen beginnt jetzt schon mit ersten Nutzanwendungen, während das Mobiltelefon schon längst im „Mainstream" angelangt ist. Die durchgehende Linie in Bild 4 stellt somit den grundsätzlichen Verlauf von Sichtbarkeit und technologischer Reife dar und verdeutlicht einen ganz entscheidenden Punkt. Je nach Blickwinkel, ob Anbieter oder Nutzer, ist der wahrgenommene Wert vollkommen anders gelagert. Der Entwickler und späterer Verkäufer eines Systems muss sich nach dem strategischen Wert richten (gestrichelt), d.h. Hersteller müssen bereits am Anfang einer neuen Technologie aktiv werden. Für die Ärzte, Anwender oder Patienten ist hingegen eine neue Anwendung erst dann interessant, wenn sie in der Fläche verfügbar wird und ihren operationellen Wert entfaltet hat (gepunktet).

Dieser unterschiedlich wahrgenommene Wert begründet, warum die Themen der Gesundheitstelematik, der Gesundheitskarten oder der Heilberufsausweise gegenwärtig so divergent beurteilt werden, je nachdem auf wen man hört. Es ist eine Frage des Blickwinkels. Es ist die Frage, wer wann etwas davon hat. Diese Erkenntnis ist von besonderer Wichtigkeit auch für die Beurteilung der Ansätze und der Produkte des Telemonitoring. Für die eine Gruppe ist es schon viel zu spät, während es für die andere Gruppe noch viel zu früh für den Einstieg ist.

Wo steht denn die Gesundheitstelematik in Deutschland? Wann ist alles fertig? Wann kann Telemonitoring endlich Erträge für die Anbieter und Nutzen für die Anwender bringen? Auch hier erleichtert ein Blick in die Vergangenheit eine Prognose für die Zukunft.

Die Einführung von Praxiscomputer (Praxis-EDV) hat seinerzeit nahezu 15 Jahre gedauert bis zum flächendeckenden Einsatz (siehe Bild 5, kleine Kurven oben). Die alte Krankenversichertenkarte (KVK) konnte hingegen sehr schnell, in nur etwa sechs Quartalen ausgeben werden. Auch die neue elektronische Gesundheitskarte (eGK) wird in vergleichsweise kurzer Zeit eingeführt sein und in der Regelversorgung genutzt werden können (so bald der Flächen-Rollout beginnt). In Analogie zur Praxis-EDV dauert aber der Aufbau der gesamten Informations- und Kommunikationsstruktur der GKV sicher wieder wesentlich länger. Daran ändert es nichts, dass deren Einführung durch §291a SGB V schneller verordnet war.

Das Gesundheitssystemmodernisierungsgesetz (GMG), das über die Gründung von „protego.net" und deren Ablösung durch die „gematik Gesellschaft für Telematikanwendungen der Gesundheitskarte mbH" und über einige Ersatzvornahmen jetzt Pilotprojekten mit der Gesundheitskarte auf- und ausbaut ist langfristig angelegt. Die Gesundheitskarte kommt; es kommt aber noch wesentlich mehr. Die Einführung der Telematik-Infrastruktur im Gesundheitswesen Deutschlands ist eher wie eine Zeitlinie, die zwar einen erkennbaren Anfang hat, aber nicht einfach irgendwann endet. Sie zeichnet den Beginn einer Entwicklung, die uns alle künftig und auf Dauer begleiten wird (siehe Bild 5, Zeitstrahl unten).

4 Anforderungen der Nutzer an Telemonitoring

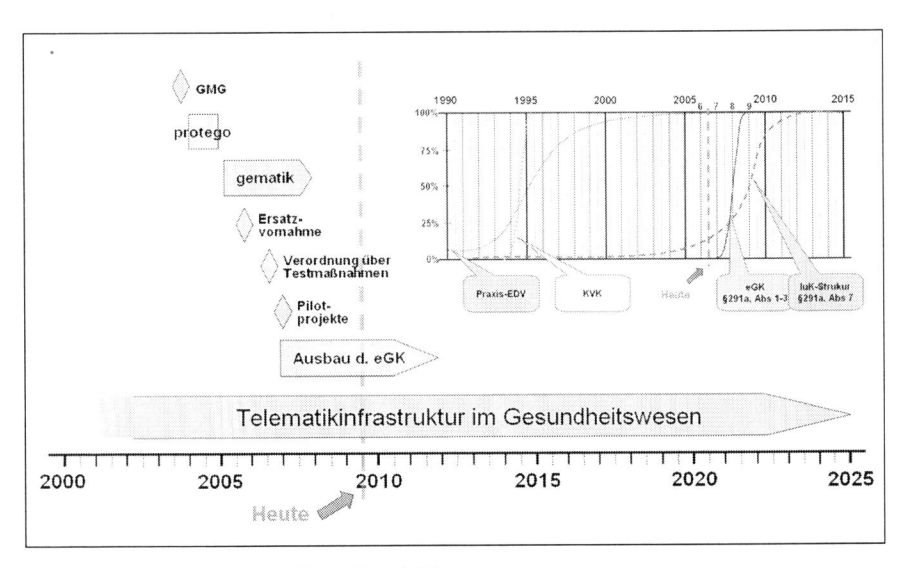

Bild 5: Meilensteine und absehbare Entwicklung

In dieser Zeitlinie spielt Telemonitoring eine wesentliche Rolle. Das Thema ist heiß. Das Thema ist sexy. Telemonitoring ist aber eindeutig ein Zukunfts- und Potenzialthema. Davon erhofft sich die Industrie neue Umsätze und daher gibt es viele Interessensvertreter, die etwas zu verkaufen haben. Alleine die Verfügbarkeit dieser neuen Technologie bringt jedoch noch kein neues Geld in das System. Das Gesundheitssystem muss weiterhin genauso mit seinen Finanzmitteln und seinen etablierten Strukturen auskommen wie bisher. Die Technologie des Telemonitoring kann dabei aber langfristig zu einer Umschichtung von Mitteln in der Fläche führen und eine wirkliche Produktreife entwickeln.

Es lohnt sich also gegenwärtig sehr genau hin zu schauen und selbst eigene Chancen zu ergreifen. Die Zeit ist reif für ein aktives Engagement beim Telemonitoring und bei der aktiven Vorbereitung von Anwendungen. Programme können schon jetzt entwickelt und in der Standardisierung vorangetrieben werden. Viel zu viele Systeme sind heute noch nicht interoperabel, dies ist ein wesentlicher Grund, warum die Telemonitoring-Anwendungen noch nie über die eine oder andere Nische hinausgekommen sind. Sie zeigen zwar ein enormes Potenzial, sind aber im Detail von einem Nutzwert in der Fläche noch weit entfernt. Hier muss noch viel Arbeit geleistet werden, damit Telemonitoring das bringen kann, was es bisher versprochen hat und in der Zukunft auch weiterhin zu leisten verspricht.

5 Anwendungsszenarien und neue Versorgungsformen

Jens Seeliger
Intel GmbH, Feldkirchen

Ich freue mich, dass der Münchner Kreis das Thema Telemonitoring zum Inhalt dieser Konferenz gemacht hat. Die Folien von Herrn Goetz eben waren eine hervorragende Einführung. Ist die Zeit reif? Investitionssicherheit, die ganzen Anforderungen – das ist genau mein Thema.

Sie kennen mit Sicherheit alle Intel aus anderen Zusammenhängen, aber vielleicht noch nicht im Gesundheitswesen? Meine Aufgabe als Business Developer bei Intel ist es diesen Markt mit zu entwickeln. Wir stimmen vollkommen überein, dass gerade Themen wie Infrastruktur und Schnittstellen zuerst angegangen werden müssen, und das ist etwas, wo sich Intel sehr stark engagiert. Ich möchte in dieser Präsentation nur einige Aspekte davon aufgreifen, wo wir denken, dass der Markt steht, was wir tun, um diesen Markt mit anzuschieben und welche Gerätekategorien es heute im Markt gibt.

Ich möchte ein wenig auf die Rolle eingehen, die Telemonitoringsysteme heute spielen, welche Endgerätekategorien und Funktionalitäten wir sehen und dass es eine neue Kategorie am Markt gibt, welche wir als Intel mithelfen zu etablieren, nämlich Personal Health Systeme.

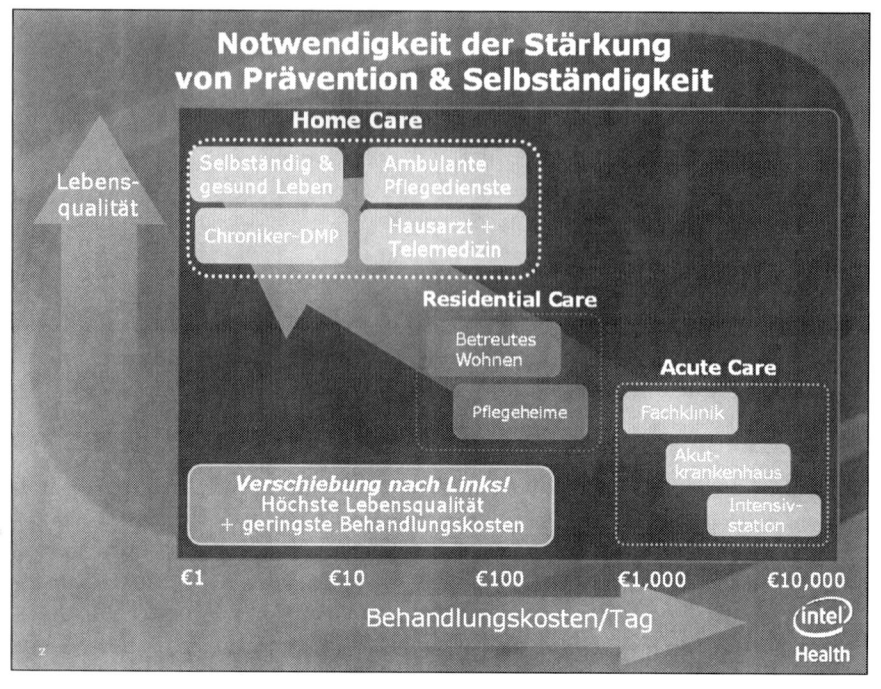

Bild 1

Wir sehen für eine zukunftsfähige Gesundheitsversorgung eine ganz klare Notwendigkeit zur Stärkung von Prävention, Selbstständigkeit und selbstständiges Gesundheitsmanagement zuhause (Bild 1). Ich denke auf die bekannten Herausforderungen der Demografie, des Fachkräftemangels in der Pflege, sowie der steigenden Kosten im Gesundheitswesen muss ich nicht im Detail eingehen. Sie sehen es hier in der Grafik relativ einfach dargestellt. Je mehr Patienten ich in der akuten Intensivversorgung, unten rechts, habe desto höhere Behandlungskosten pro Tag habe ich natürlich – gegenüber dem Bereich der Heimversorgung oben links, wo sich zusätzlich auch noch die Lebensqualität der Patienten stark erhöht. Wir arbeiten daran, diesen Shift nach links mit neuen Technologien mitzugestalten und zu ermöglichen. Schließlich sind wir im Kern ein Technologielieferant.

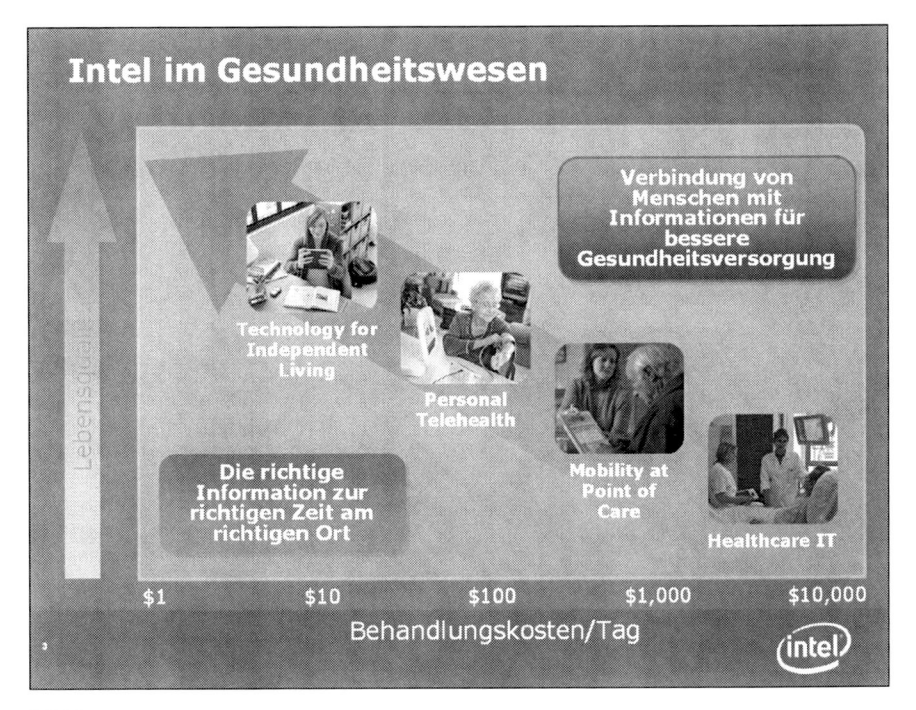

5 Anwendungsszenarien und neue Versorgungsformen

Bild 2

Wie ist Intel das Ganze angegangen im Gesundheitswesen (Bild 2)? Sie würden uns wahrscheinlich am ehesten auf dem Bild unten rechts vermuten bei der Standard Healthcare IT. Natürlich liefern wir Serverprozessoren, mobile Endgeräte und andere Plattformen für die Beteiligten am Behandlungsprozess. Wir haben das etwas weiter geführt und eine neue Plattform für die mobile Datenerfassung am Patientenbett in den Markt eingeführt. Das ist auch eine Aufgabe, die ich mit begleitet habe. Heute geht es um das Thema Entwicklung Richtung Personal Telehealth und Homecare. Der nächste Schritt, auf den Frau Prof. Wessig ausführlicher eingehen wird, ist Ambient Assisted Living und Independent Living. Ich beschränke mich heute inhaltlich auf das Thema Personal Telehealth. Wir sind aber bei allen vier Stufen am Forschen und Entwickeln und zwar mit eigenen Sozialwissenschaftlern und Medizinern. Wir haben genug Leute im Haus, die sich mit Anwenderforschung befassen.

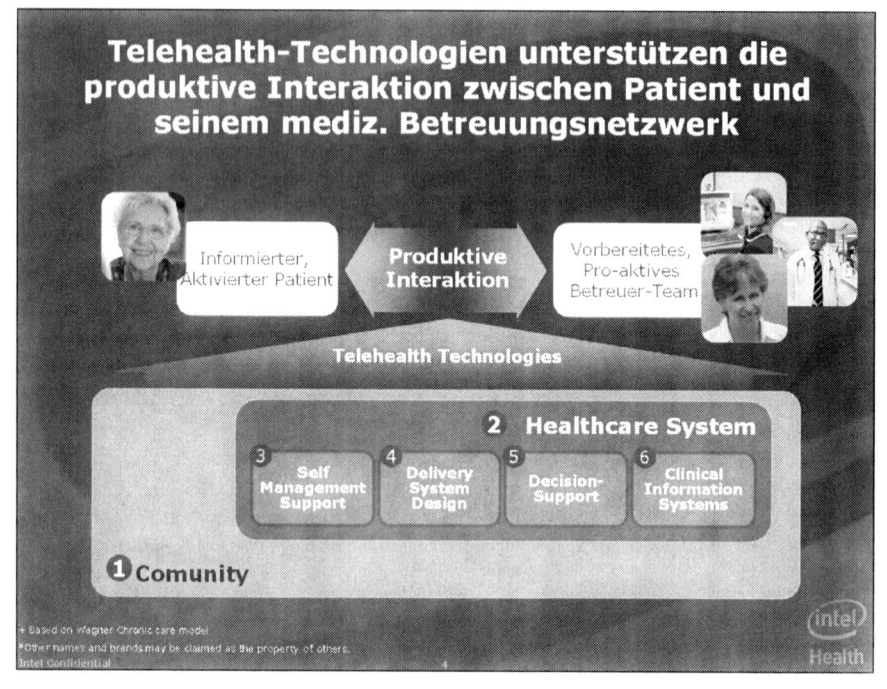

Bild 3

Das ist der Hintergrund weshalb wir das tun, basierend auf dem Wagner Chronic Care Modell. Telehealth Technologien ermöglichen erst diese produktive Interaktion zwischen dem Patienten und seinem medizinischen Netzwerk (Bild 3). Das ist einfach die Aussage von diesem Chart. Was tun wir also? Wir entwickeln Produkte für die Versorgung älterer und chronisch kranker Menschen in ihrem häuslichen Umfeld (Bild 4). Wir helfen bei der Etablierung dieses gesamten Marktsegmentes. Ein Beispiel dafür ist die Continua Alliance. Dr. Denz ist heute Morgen schon einmal kurz darauf eingegangen. Ich habe noch zwei Folien daraus entnommen, weil uns das sehr wichtig ist und wir denken, dass das ein wichtiger Schritt ist, um diesen gesamten Markt mit anzuschieben.

5   Anwendungsszenarien und neue Versorgungsformen   55

**Neue Service-/Produkt-Kategorie:
Personal Health Systeme**

Intel entwickelt Produkte für die bessere Versorgung alter, und chronisch kranker Menschen in Ihrem häuslichen Umfeld.

Zusätzlich zur Entwicklung von Produkten hilft Intel bei der Etablierung eines Marktsegmentes für interoperable, persönliche Telehealth-Technologien durch die Mitbegründung der Continua Health Alliance.
www.continuaalliance.org

Nächste Schritte:
➢ Independent Living Services
➢ Fitness/Wellness-Management
➢ Social Connectedness

Bild 4

Die Vision dahinter ist, dass wir ausgehend von einer zentralen Gesundheitsplattform ermöglichen wollen, dass alle Beteiligten am Behandlungsprozess und im Gesundheitswesen miteinander vernetzt werden können und das unabhängig davon, welche Hardwareplattform oder welche Endgeräte sie einsetzen (Bild 5). Sie sehen eine Auswahl verschiedenster Geräte und auch Sensoren. Wir wollen einfach eine Interoperabilität und Vernetzung zwischen all diesen Plattformen, zwischen den Patienten, den niedergelassenen Ärzten, den medizinischen Dienstleistern, den Krankenhäusern und allen Beteiligten schaffen.

Bild 5

Nun kommt die Referenz auf Inhalte der Continua Alliance (Bild 6). Intel ist eines der Gründungsmitglieder dieser Allianz. Viele Charts werden Sie heute an anderer Stelle wieder finden. Sie sehen links den Patienten, dann eine Reihe von Sensoren zum Messen seiner Vitalfunktionen. Dahinter die Computing Plattform, natürlich auch Mobiltelefone, PDAs, die heute sehr stark eingesetzt werden, Standard PCs oder die so genannten Personal Health Systeme, eine neue Kategorie. Das Ganze kann natürlich vernetzt werden, was in Richtung Ambient Assisted Living mit dem digitalen Zuhause geht, wo wir auch Produkte am Markt etablieren. Und unten natürlich die Verbindung zu Familienangehörigen, zu Disease Management Organisationen, Health Care Providern oder auch zum Electronic Health Record oder zum Personal Health Record.

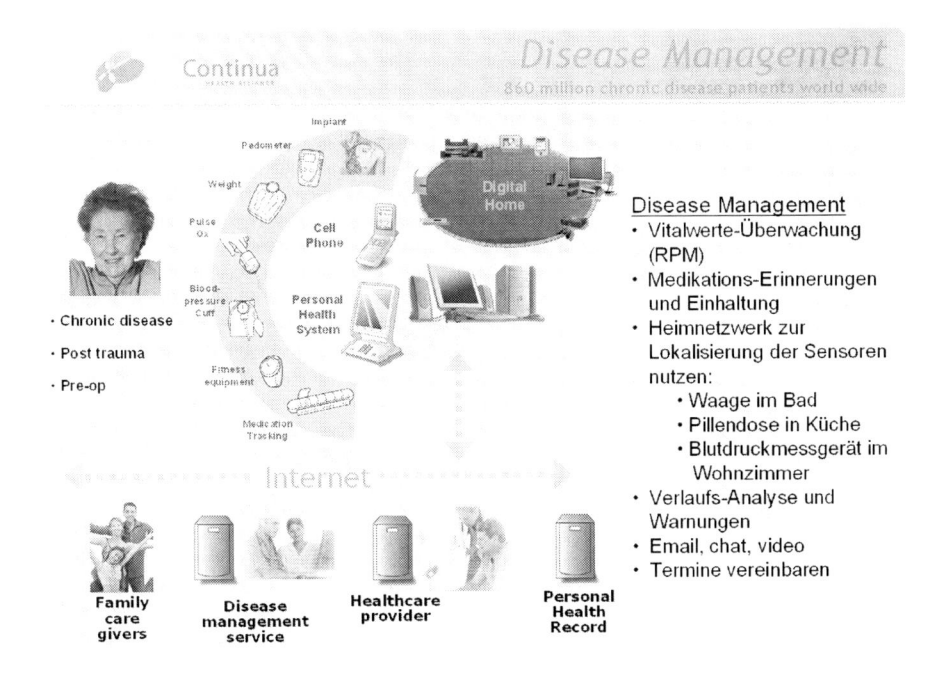

5 Anwendungsszenarien und neue Versorgungsformen

Disease Management
- Vitalwerte-Überwachung (RPM)
- Medikations-Erinnerungen und Einhaltung
- Heimnetzwerk zur Lokalisierung der Sensoren nutzen:
  - Waage im Bad
  - Pillendose in Küche
  - Blutdruckmessgerät im Wohnzimmer
- Verlaufs-Analyse und Warnungen
- Email, chat, video
- Termine vereinbaren

Bild 6

Die nächste Übersicht (Bild 7) zeigt es noch einmal einfacher: links wieder die Sensoren für das Monitoring, dann sehen Sie verschiedene Standards, wobei diese heute schon für die Kommunikation bestehen und eingesetzt werden, für welche die Continua Alliance lediglich versucht einheitliche Richtlinien zu schaffen. Dann die Kategorie für Aggregation und Computation, also die Verarbeitung dieser Daten, so dass sie dann aufbereitet werden und über das Netzwerk rechts erst zu den Diensteanbietern transportiert werden.

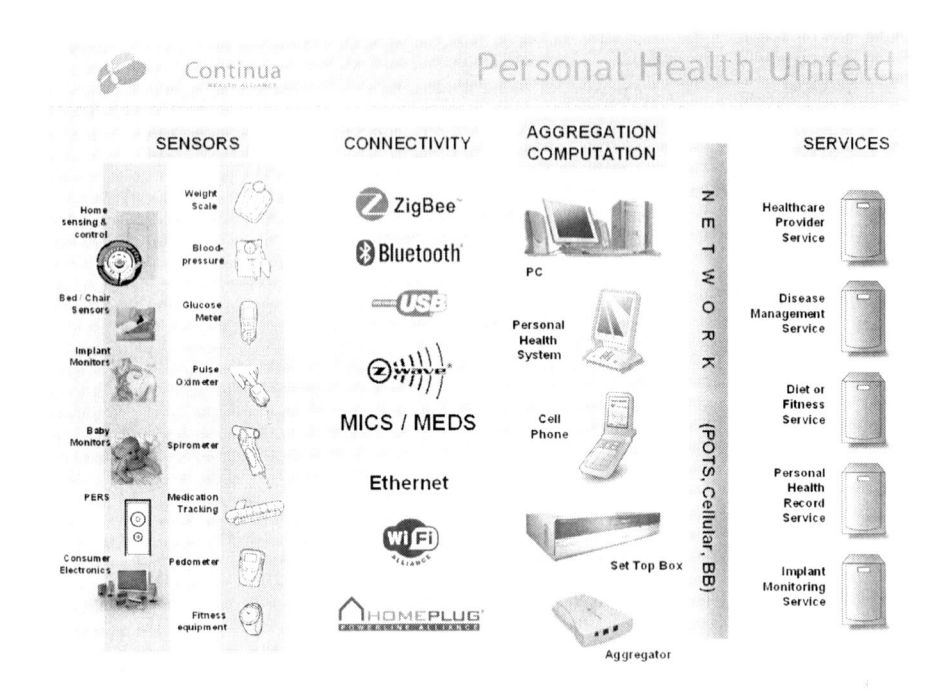

Bild 7

Uns ist von Anfang an klar gewesen, dass es hier nicht darum geht, den schicksten Sensor zu schaffen oder eine neue Plattform für die Verarbeitung der Daten zu entwickeln, sondern dieses gesamte Ökosystem so miteinander zu vernetzen, dass am Ende neue Dienstleistungen angeboten werden können, die dann wirklich den Bedürfnissen unserer Kunden, nämlich den Krankenkassen und der Health Service Provider entsprechen. Es geht dabei nicht nur um die Devices, oder dass diese heute vielleicht nicht den Anforderungen der Anwender genügen, bzw. die Technologien noch nicht bereit sind. Vielmehr geht es um eine Verknüpfung der Devices mit neuen Dienstleistungen, die hier auf Basis neuer Technologien entstehen können. Es geht darum, neue Services für neue Versorgungskonzepte zu entwickeln.

5 Anwendungsszenarien und neue Versorgungsformen

Continua

Richtlinien → Zertifizierung → Logo

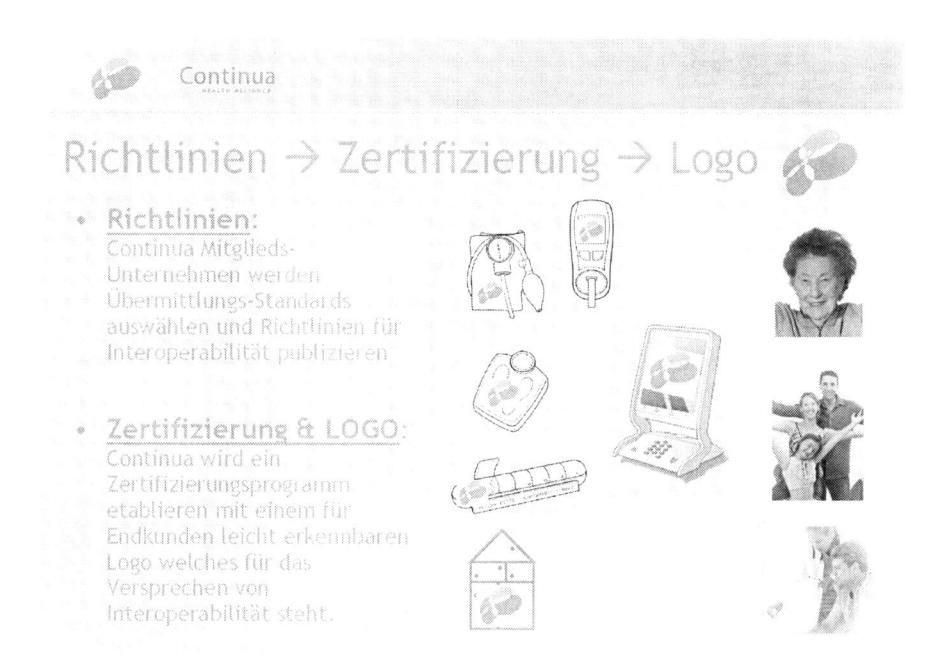

- **Richtlinien:**
  Continua Mitglieds-Unternehmen werden Übermittlungs-Standards auswählen und Richtlinien für Interoperabilität publizieren

- **Zertifizierung & LOGO:**
  Continua wird ein Zertifizierungsprogramm etablieren mit einem für Endkunden leicht erkennbaren Logo welches für das Versprechen von Interoperabilität steht.

Bild 8

Was macht Continua? Am Ende des Tages sollen für jeden hier Richtlinien und ein Zertifizierungs- und Logo-Programm herauskommen (Bild 8). Sie haben heute bereits erste Sensoren, die zertifiziert sind, ein, zwei Stück mittlerweile. Das wird natürlich in den nächsten Jahren drastisch zunehmen, weil insgesamt mehr als 200 Unternehmen der Continua Alliance beigetreten sind. Alle führenden Medizintechnikhersteller sind Mitglied. Wir werden mehr und mehr sowohl Computing Plattformen als auch Sensoren mit diesem Logo sehen, so dass der Patient und Endanwender sicher sein kann, dass diese Systeme zusammenarbeiten und seine Vitalwerte sicher und standardisiert übertragen werden.

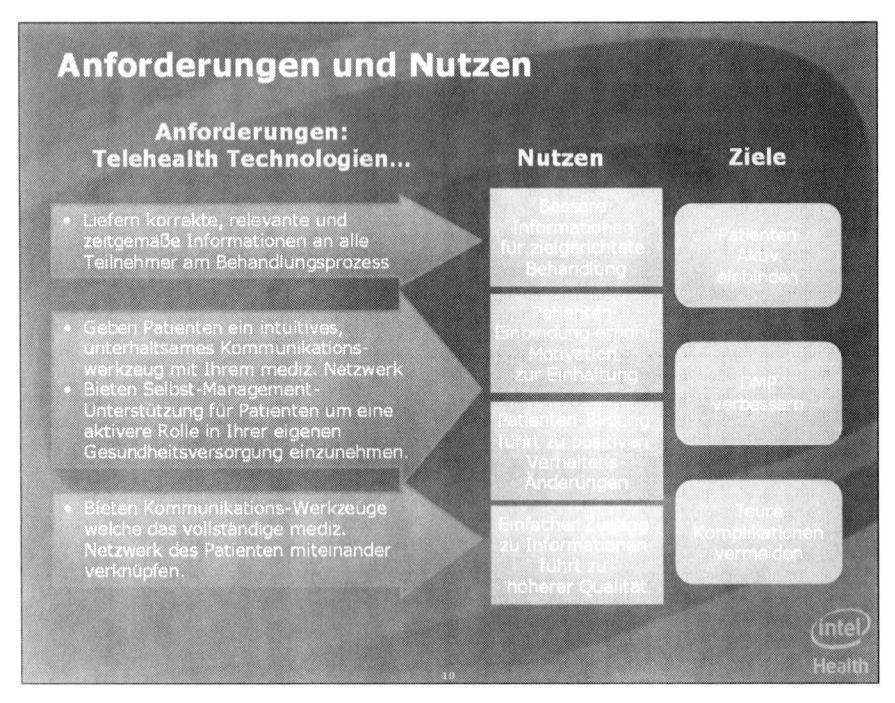

Bild 9

Was ergibt sich daraus (Bild 9)? Wir haben eben schon von Herrn Goetz die Anforderungen gehört. Was müssen diese Systeme tun? Sie müssen korrekt, relevant und zeitgemäß die Informationen weiterleiten und erfassen. Sie müssen dem Patienten ein intuitives unterhaltsames Kommunikationswerkzeug an die Hand geben. Benutzerfreundlichkeit spielt eine ganz große Rolle für die Akzeptanz der Systeme. Selbstmanagement unterstützen – das ist die ganze Präventionsdebatte, in der wir stecken. Es wurde vorhin schon erwähnt, dass in unserem deutschen Gesundheitswesen noch nicht die entsprechenden Anreizsysteme dafür bestehen. Und natürlich muss die Industrie Kommunikationswerkzeuge liefern, die den Patienten mit seinem medizinischen Netzwerk verknüpfen.

Was sehen wir heute für Telehealth Technologien (Bild 10)? Sie haben in der Regel einzelne Vitalwerte-Erfassungsmöglichkeiten oder sogar noch persönliche Tagebücher mit Handaufzeichnungen. Sie haben separate Insellösungen für Lerninhalte und Werkzeuge. Wenn heute manche Health-Service-Provider Patienten im Versorgungsprogramm betreuen, wird trotzdem noch das Datenblatt mit den Gesundheitstipps und Verhaltenshinweisen per Post separat hingeschickt. Da ist noch keine elektronische Kommunikationsmöglichkeit da, diese Inhalte zu transportieren. Sie haben natürlich unterschiedliche Kommunikationsplattformen unten.

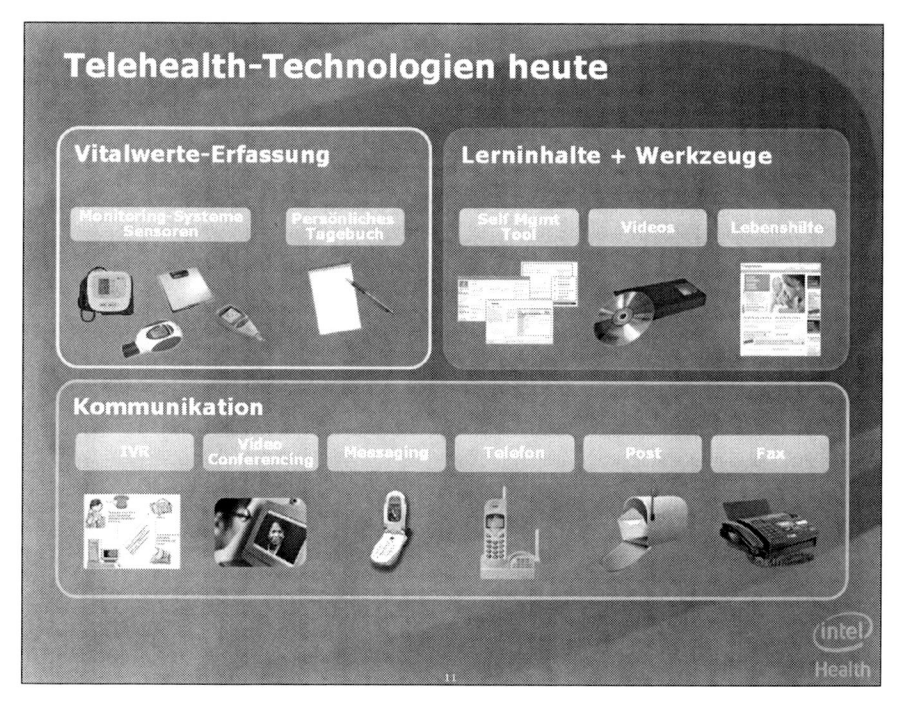

5   Anwendungsszenarien und neue Versorgungsformen   61

Bild 10

Wenn man sich den Markt anschaut und vielleicht auch den letzten Telemedizinführer als Basis nimmt, ist unsere Einschätzung, dass Sie heute fast 90% der Projekte für Telemonitoring mit mobilen Plattformen haben. Handy, Smartphone, PDA werden eingesetzt. Wir sehen auch einen Bedarf für stationäre Systeme für immobile Patienten zuhause. Natürlich hat beides seine Notwendigkeit und muss auch miteinander verknüpft werden. Auch die Patienten, die das Haus verlassen können, aber zuhause vielleicht trotzdem lieber mit einem einfachen stationären Gerät arbeiten und wenn sie das Haus verlassen, auf das Smartphone oder den PDA umschalten. Das muss zusammenspielen und kann auch noch durch klassische Post oder Faxkommunikation ergänzt werden.

Die Evolution, die wir im Markt von diesen separaten Vitalwerteerfassungssystemen, Kommunikationslösungen und medizinischen Wissensdatenbanken oder Lerneinheiten sehen, die in der nächsten Stufe eine Integration ermöglicht. Es gibt die Lösungen, die am PC die Daten über Bluetooth vielleicht schon erfassen oder über USB angeschlossen sind und das medizinische Wissen vielleicht noch separat transportieren (Bild 11).

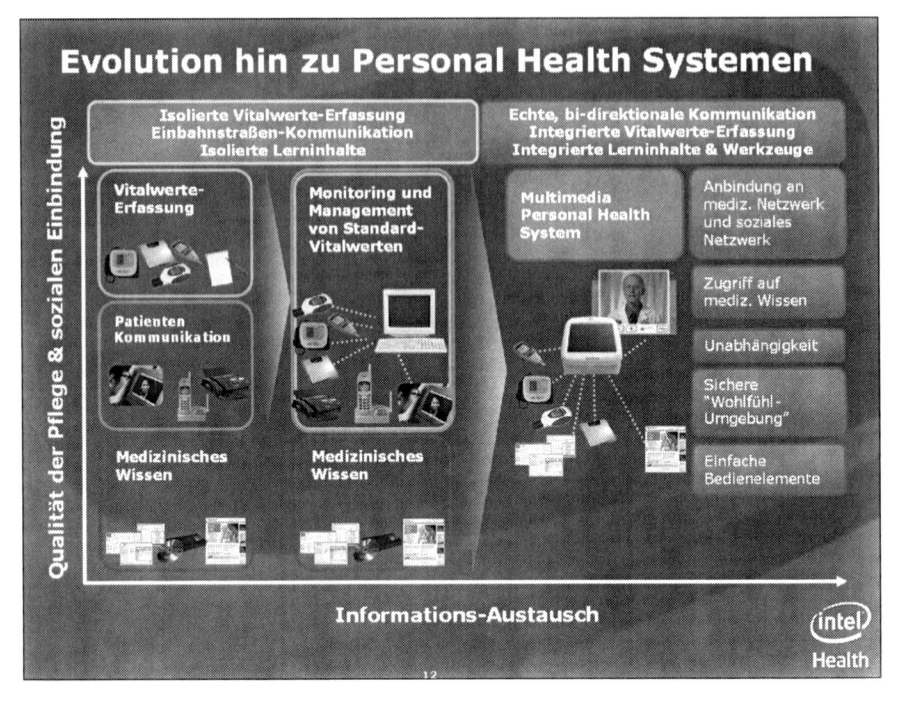

Bild 11

Die nächste Stufe ist aus unserer Sicht diese wirkliche bidirektionale Kommunikation mit integrierter Vitalwerteerfassung auch über wireless Standards, was dann Continua ermöglichen wird und was zu einem Multimedia Personal Health System führt, wo ich eine Anbindung sowohl an das medizinische Netzwerk als auch an mein soziales Netzwerk herstellen kann, auf das verfügbare medizinische Wissen zugreifen kann, zuhause sehr unabhängig im Selbstmanagement bin, mich sicher in meinem Zuhause fühle und mit einfachen Bedienungselementen, z.B. Touchscreen, mit wenigen Klicks zum Ziel komme.

Ansatz zur Telemonitoring-Endgeräte-Kategorisierung

Low-End	Mainstream	Premium
• Standard Gesundheitsfragen • Knöpfe um Fragen zu beantworten • Vitalwerte-Erfassung • Automatische Datenerfassung von Sensoren • Einfache Gesundheits-Tips (Text)	• **Individuelle Gesundheitsfragen** • Monochromes Display • Knopfdruck-Kommunikation • Vitalwerte-Erfassung • Automatische + manuelle Datenübertragung von Sensoren • Einfache Gesundheits-Tips (text) • **Warnhinweise in Audio + Visuell am Bildschirm**	• Individuelle Gesundheitsfragen • **Touch screen Oberfläche** • Vitalwerte-Erfassung • Automatische + manuelle Datenübertragung von Sensoren • **Multimedia Lerninhalte** • Warnhinweise in Audio + Visuell am Bildschirm • **Video-Konferenz** • **Patienten-Kalender** • **Soziale Kontakte**

Aussagekräftige Vergleiche können nur zwischen Geräten der selben Kategorie durchgeführt werden.

(intel)

Bild 12

Hier sehen Sie einen Ansatz zur Kategorisierung der heutigen Endgeräte, die es am Markt gibt (Bild 12). Es gibt im Low-End Bereich Lösungen. Es gibt die einfache Modem Box, die wirklich nur Werte sammelt und übermittelt. Wenn wir zum Standard kommen, habe ich schon die Möglichkeit, erste Gesundheitsfragen für den Patienten wie die täglichen Statusfragen zum Befinden mit einzubinden. Ich habe vielleicht schon Tasten oder Knöpfe, um diese Fragen nach einem Ja/Nein Prinzip in der Regel auch zu beantworten. Ich bekomme so meine Vitalwerte und kann auch die Daten von den Sensoren einfassen und vielleicht einfache Gesundheitstipps übermitteln.

In der nächsten Kategorie kann ich schon individuelle Gesundheitsfragen hinterlegen und den Patienten steuern. Ich habe vielleicht schon ein monochromes Display, auch wieder die Knopfdruck-Kommunikation, die Vitalwerteerfassung, alles integriert. Ich kann aber dem Patienten am Bildschirm auch schon erste Warnhinweise zukommen lassen, vielleicht sogar schon in Audioform. Und dann vielleicht eine Premium-Kategorie, wenn man noch weiter geht. Auch wieder diese individuellen Gesundheitsfragen in der Bedienoberfläche, vielleicht mit Touchscreen, die sehr einfach auf den alten, chronisch Kranken zugeschnitten ist. Ebenfalls Vitalwerteerfassung, Datenübertragung und dann aber schon Einbindung von multimedialen Inhalten und medizinischem Wissen bis hin zu Videoconferencing, Patientenkalender, den nicht nur er führen kann, sondern auch mit seinem medizinischen Netzwerk verknüpfen kann und seine sozialen Kontakte über eine solche Plattform knüpfen kann.

Wichtig ist aus unserer Sicht, dass diese Systeme nur innerhalb ihrer Kategorie vergleichbar sind. Man muss sich angucken, für welches Programm welche Plattform und Serviceleistung benötigt werden. Dann sollte man innerhalb dieser Kategorie, in der sich heute auch schon mehrere Angebote etablieren, – es ist nicht so, dass jeweils nur ein Gerät dahinter steckt, sondern verschiedenste Anbieter, die man diesen Kategorien zuordnen kann, einfach schauen, welches Programm man betreiben möchte, welche Gerätekategorie und welche Funktion dafür gebraucht werden.

Differenzierungsmerkmale von Personal Health Systemen

Patienten-Einbindung
- Persönlicher Kontakt durch Video-Konferenz zwischen Patient und Mediz. Betreuer
- Dynamisches Coaching und Motivation
- Warnungen abhängig vom Zustand

Patienten-Ermächtigung
- Sofortiges Feedback & Trendprognose
- Aufgaben- und Termin-Erinnerung
- Vermittlung von Gesundheitswissen zum Selbst-Management

Platform-Flexibilität
- Konfigurierbar
- Personalisierbar

Remote Management
- Peripherie-Geräte-Management
- Software-Updates
- Mediz. Inhalte verwalten

(intel) Health

Bild 13

Was sind die Differenzierungsmerkmale dieser neuen Kategorie der Personal Health Systeme (Bild 13)? Es gibt hier eine Patienteneinbindung mit persönlichem Kontakt durch das Videoconferencing. Wie wäre es, wenn der Patient abends um 10 Uhr irgendwo ein medizinisches Problem zuhause hat und nicht den Notfallmediziner rufen muss, sondern erst einmal auf Knopfdruck mit seinem medizinischen Dienstleister verbunden wird, diesem die Symptome schildert, auch noch Vitalwerte dazu übermittel und dann Hilfestellung bekommt, ob er den Notfall abrufen muss oder der automatisch vom Dienstleister weitergeleitet wird. Das ist ein deutlicher Service oder Leistungsgewinn.

Ich habe ein dynamisches Coaching und eine Motivation für den Patienten. Ich habe Warnungen, die vielleicht schon kontextsensitiv erfolgen können. Ich ermächtige den Patienten, indem ich ihm selber die Informationen zur Verfügung stelle, also eine Historisierung seiner erfassten Werte, vielleicht auch ein inhaltliches Feedback von seinem Dienstleister. Ich kann ihn an Termine erinnern, die über die Einnahme von Medikation oder die Erfassung seines Gewichts hinausgehen. Das kann auch der Termin sein, dass er bestimmte Übungen in seinem Therapieprogramm durchzuführen hat, die sich vielleicht sogar noch mit Hilfe einer Kamera überwachen lassen. Und ich kann ihm auch Gesundheitswissen multimedial zum Beispiel mit Videos zur Verfügung stellen, was ihm abgespielt wird, wenn ich merke, dass er an dieser Stelle Probleme mit seiner Medikations-Compliance hat.

Das Ganze muss konfigurierbar und personalisierbar sein und es muss auch remote zu managen sein, indem ich die Geräte, die angeschlossenen Sensoren aus der Entfernung manage, Softwareupdates darüber spielen und auch medizinische Inhalte immer wieder neu auf diese Plattform laden kann. Das ist aus unserer Sicht die Definition von einem Personal Health System, wie sie heute auch schon am Markt sind.

Zielgruppen/Märkte

- **DMP (Lungenkrankheiten, Herzinsuffizienz, Diabetes, Blutdruck, etc..)**
- **Integrierte Versorgungsprogramme**
- **Präventionsprogramme**
- **Klinische Studien**
- **Reha & Nachsorge**
- **Health & Wellness-Management**
- **Soziale Einbindung/Anbindung an Familienangehörige und Umfeld (Video-Conferencing, Independent-Living-Services)**
- **Betreute Wohnkonzepte**
- **Altersheime**
- **IGEL für Niedergelassene**

(intel)

Bild 14

Was für Zielgruppen und Märkte kann man damit adressieren (Bild 14)? Ganz oben die klassischen Disease Management Programme und integrierten Versorgungsprogramme, alle möglichen Arten von Präventionsprogrammen, aber auch Bereiche wie klinische Studien, wo ich Compliance überwachen kann, Reha und Nachsorge, also postoperative Begleitung des Patienten zuhause, vielleicht auch nur über einen kleineren Zeitraum und dann wieder Rücknahme der Geräte und Versand an weitere Patienten. Health und Wellness Management, soziale Einbindungen, wenn ich das Videoconferencing nutze, um zum Beispiel mit Familienangehörigen in Kontakt zu treten. Betreute Wohnkonzepte, Altersheime oder sogar individuelle Gesundheitsleistungen aus dem niedergelassenen Bereich. Das sind mögliche Zielgruppen und Märkte.

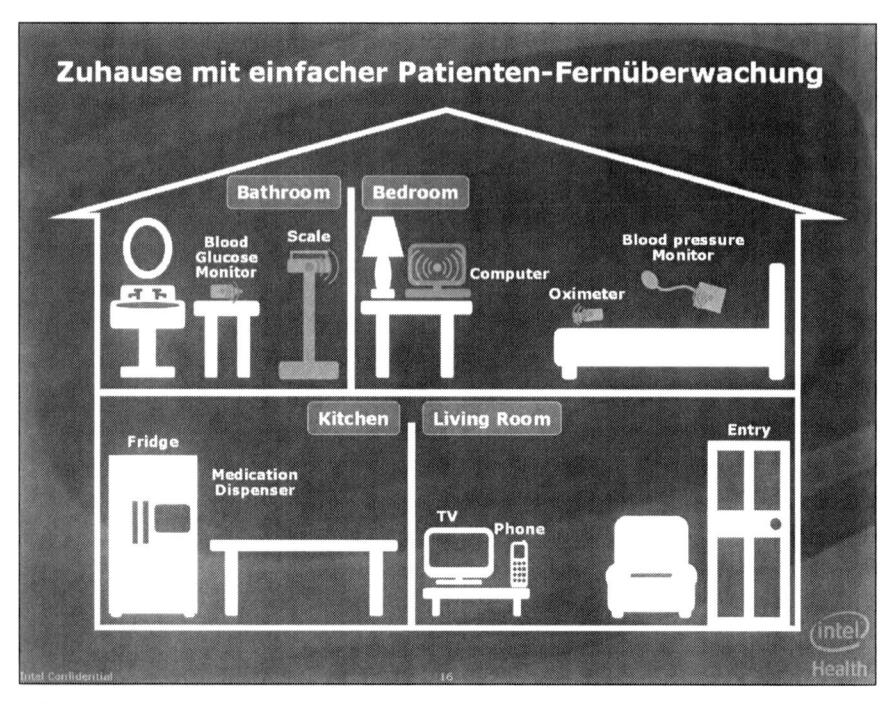

Bild 15

Wo sind wir heute (Bild 15, Bild 16)? Heute haben wir die Möglichkeit, Patienten per Fernüberwachung einfach mit ihren Sensoren von einer Sammelstation, dem Computer oder einem Personal Health System anzubinden und zu überwachen. Der nächste Schritt im Zuhause der Zukunft kommt dann in Richtung Ambient Assistent Living, d.h. ich habe den Kühlschrank angebunden als Smart Fridge. Ich habe meine Medikationsausgabe angebunden, habe vielleicht eine Kameraüberwachung von Bewegungsmustern im Zuhause. All das ist keine absolute Futuristik, sondern diese Lösungen gibt es, aber heute noch nicht integriert sondern von einzelnen Anbietern. Auch da wollen wir mit unseren Partnern helfen, diese Lösungen zusammenzuführen, so dass man irgendwann zu einem Anbieter von betreuten Wohnkonzepten eine ganzheitliche Lösung an die Hand geben kann und nicht nur die Einzelteile.

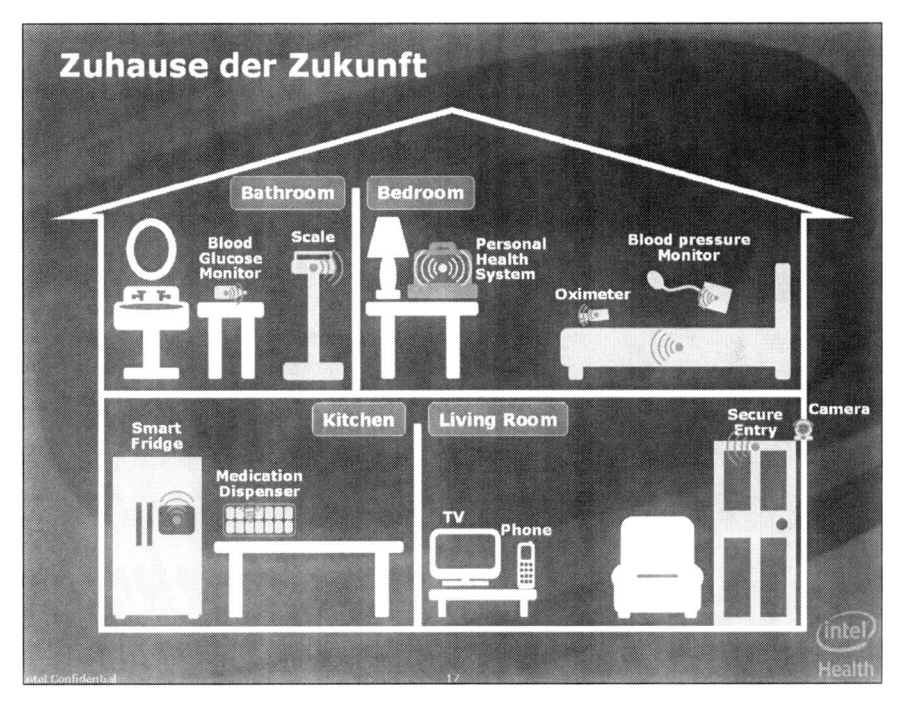

Bild 16

Noch ein Schritt weiter wäre dieser Blick hier (Bild 17): den Patienten mit seinem medizinischen Netzwerk, mit seinem sozialen Netzwerk auch mit allen anderen Beteiligten im Gesundheitswesen wiederum zu vernetzen, wofür zukünftig die Telematikinfrastruktur genutzt werden soll. Das ist das Ziel, Patienten mit Informationen und mit ihrem medizinischen Netzwerk für eine persönliche Gesundheitsversorgung zu verbinden.

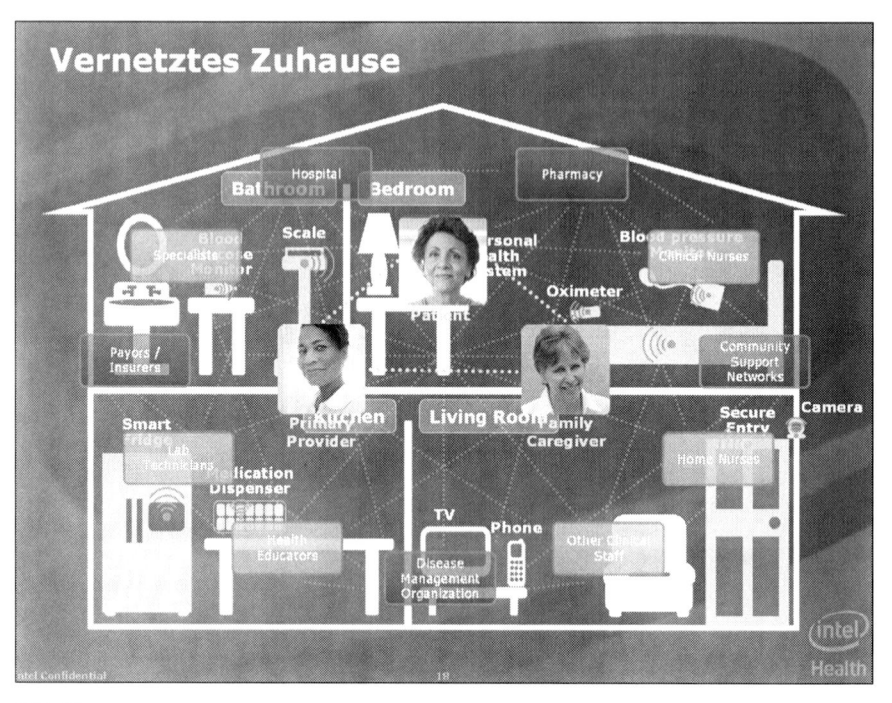

Bild 17

6 Telemonitoring und Ambient Assisted Living: Anforderungen und Visionen

Prof. Dr. med. Kerstin Wessig
Evangelische Fachhochschule Darmstadt

Ich bin Medizinerin und forsche im Fachbereich Gesundheitswissenschaften an der Evangelischen Fachhochschule Darmstadt zu innovativen Lösungsansätzen zur Gesundheitsvorsorge Älterer und zur Versorgung Älterer im eigenen Zuhause mit Gütern und Dienstleistungen des täglichen Bedarfs. Hierzu gehören selbstverständlich auch Gesundheitsdienstleistungen – insbesondere auch solche, die bereits jetzt und in Zukunft elektronisch erbracht werden können. Daher hole ich Sie nach dem INTEL Film jetzt wieder zurück in den Elfenbeinturm der Forschung zu AAL, und erlaube mir zu erläutern, inwieweit das Telemonitoring ebenfalls notwendiger Bestandteil der Dienstleistungen im Rahmen von Ambient Assisted Living (AAL) sein sollte. Das fällt mir nicht schwer, nachdem wir von Intel einen Film zur Unterstützung meiner Konzepte für das Ambient Assisted Living und zum Gesundheitsmanagement Älterer gesehen haben. Allerdings verfolge ich einen in großen Teilen nicht ausschließlich medizinischen Ansatz. Mein Team und ich denken darüber nach, wie wir Menschen im Alter, bei Gebrechlichkeit, Immobilität oder gesundheitlicher Einschränkung ganzheitlich und nicht nur von Seiten der Gesundheit und der Medizin in ihrer häuslichen Daseinsvorsorge stärken können (Bild 1).

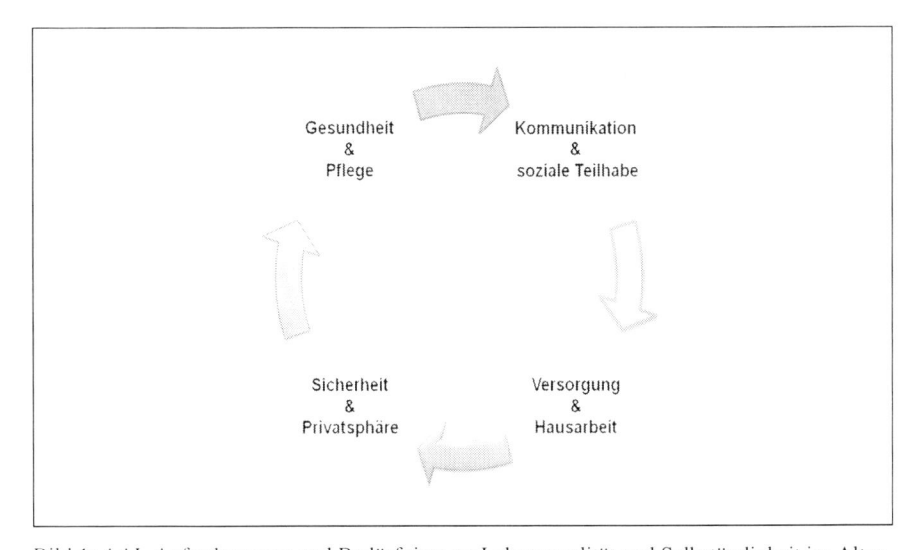

Bild 1: AAL Anforderungen und Bedürfnisse an Lebensqualität und Selbständigkeit im Alter

Die wenigsten Älteren erwarten durch das zunehmende Alter gesundheitliche oder Kompetenzeinbußen. Der Großteil der älteren Bevölkerung stellt sich auf mögliche geänderte Bedürfnisse im Alter durch Kompetenzeinbußen in der Mobilität oder durch Gebrechlichkeit nicht ein. Das bedeutet, dass derzeit die Bereitschaft bei älteren Menschen noch nicht sehr verbreitet ist, ihre häusliche Umgebung möglichen eigenen Einschränkungen anzupassen und die Weichen in Richtung Ambient Assisted Living zu stellen und über den Einsatz moderner Technologien nachzudenken. Auch wenn wir in einer zunehmd vernetzten Welt des allgegenwärtigen Rechners leben, des sogenannten ubiquitous computing oder mit integrierter Elektronik in Alltagsgegenständen leben, also dem pervasive computing – denken Sie nur an Ihre Waschmaschine – oder in einer zunehmend komplexen und intelligenter werdenden Umgebung mit Alarmanlagen, Zugangssystemen, RFID-Technologien im Krankenhaus oder in der Lebensmittelindustrie. All dies sind Technologien, die bereits jetzt entwickelt sind, sie werden für die alternde Gesellschaft aber noch nicht funktional und umfassend eingesetzt. Damit sind nicht nur Komponenten, wie der sich selbst nachfüllende elektronische Kühlschrank gemeint, sondern vollständige, sich selbst steuernde, und ältere Menschen unterstützende technische Systeme. Wir sitzen auch nicht mehr vor dem Computer, sondern bewegen uns in der vernetzten Welt aus Objekten und Dingen, die ihre eigene Identität haben und miteinander interagieren, also im Internet der Dinge, im internet of things. Auch wir selbst werden zunehmend Teil dieses komplexen Netzwerks, beispielsweise durch Herzimplantate, fernsteuerbare Schrittmacher, künstliche Retinas, sensorgesteuerte Prothesen oder die internetbasierte interdisziplinäre Diagnostik mit Hilfe bildgebender Verfahren mit denen ganz neue Geschäftsmodelle wie das der Portalklinik erst möglich wurden. Denken Sie z.B. an internetbasierte Fernwartung von Medizintechnik, die Videokapselendoskopie, fernsteuerbare Defibrillatoren usw. (Bild 2).

6 Telemonitoring und Ambient Assisted Living

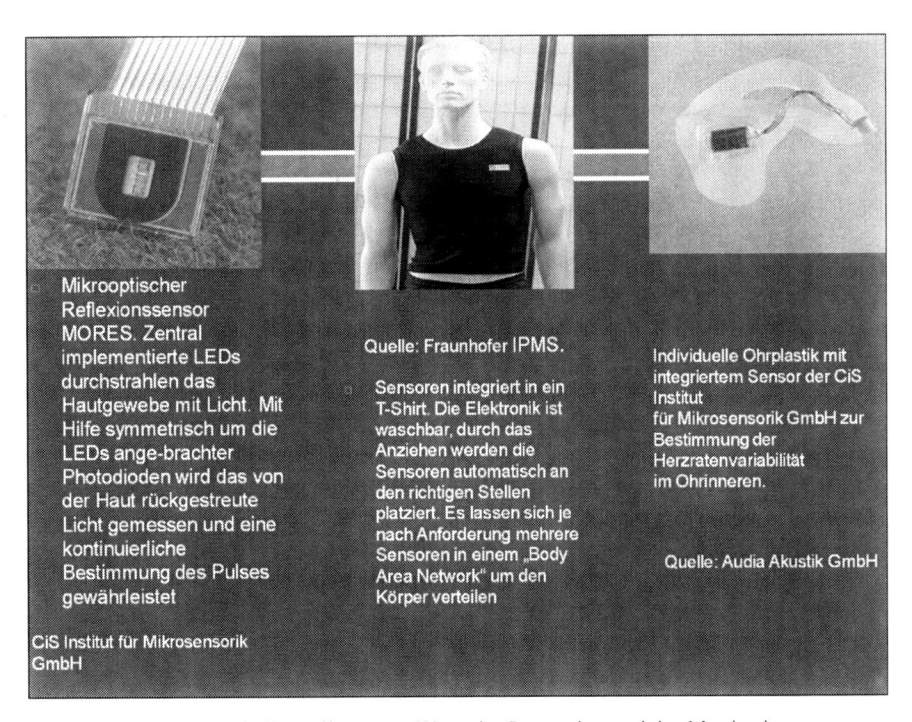

Mikrooptischer Reflexionssensor MORES. Zentral implementierte LEDs durchstrahlen das Hautgewebe mit Licht. Mit Hilfe symmetrisch um die LEDs ange-brachter Photodioden wird das von der Haut rückgestreute Licht gemessen und eine kontinuierliche Bestimmung des Pulses gewährleistet

CiS Institut für Mikrosensorik GmbH

Quelle: Fraunhofer IPMS.

Sensoren integriert in ein T-Shirt. Die Elektronik ist waschbar, durch das Anziehen werden die Sensoren automatisch an den richtigen Stellen platziert. Es lassen sich je nach Anforderung mehrere Sensoren in einem „Body Area Network" um den Körper verteilen

Individuelle Ohrplastik mit integriertem Sensor der CiS Institut für Mikrosensorik GmbH zur Bestimmung der Herzratenvariabilität im Ohrinneren.

Quelle: Audia Akustik GmbH

Bild 2: Mikrosystemtechnik eröffnet neue Wege der Prävention und des Monitorings

Seit Jahren wird versucht, intelligente elektronische Geräte als Objekte so zu konzipieren, dass wir sie direkt mit uns auf der Haut oder sogar unter der Haut tragen können, sie keiner äußeren Bedienung mehr unterliegen sondern sich selbststeuernd und selbstorganisierend nützlich machen. Dieser Aspekt der Selbstorganisation ist auch für das Ambient Assisted Living sehr wesentlich.

Was bedeutet nun Ambient Assisted Living? Zunächst haben wir keine gute deutsche Übersetzung. Man versteht darunter solche Systeme, die keiner Bedienung im engeren Sinne des Wortes bedürfen, sondern imstande sind, Menschen durch den Einsatz von Informations- und Kommunikationstechnik in vielen Lebenslagen aktiv und autonom zu unterstützen. Dazu braucht es notwendige Umgebungs- und Verarbeitungsintelligenzen für die Nutzer. Die Nutzer sind in dem Fall nicht nur ältere Menschen sondern auch Ärzte, Pflegekräfte und die Angehörigen, an die wir ganz wesentlich denken sollten, weil diese Technologien eine große Erleichterung für sie darstellen können. Hochgradig integrierte und gleichzeitig verteilte Anwendungen mit einer hohen Kommunikationsfähigkeit werden zukünftig benötigt. Wir beschäftigen uns mit outcome-orientierter Versorgungsforschung und ich möchte heute diesen outcome ausschließlich von der Nutzerseite betrachten. Wir fragen uns, wie groß der Nutzen dessen ist, was an AAL Komponenten gebaut, vernetzt, verkabelt, und in Alltagsdingen versteckt wird und bewerten AAL Konzepte nach dem größten Nutzen für den Endnutzer, da wir davon ausgehen, dass bei Entwicklung entsprechender Geschäftsmodelle sämtliche weiteren Interessen des 1. Gesundheitsmarkts, sowohl die der Leistungserbringer als auch die der Kostenträger befriedigt werden können.

Unsere Kernfrage lautet also: welche Systeme unterstützen die Autonomie älterer Menschen mit zunehmenden Kompetenzeinschränkungen dauerhaft und nachhaltig? Dient die Technologie tatsächlich den Hochbetagten, indem sie in der Lage ist, die Lebensqualität zu verbessern hin zu einem erfüllten Leben in Hochaltrigkeit, das ohne große subjektive Einschränkungen trotz Gesundheitseinbußen autonom und in häuslicher Umgebung gelebt werden kann? Hochbetagte benötigen solche Geräte, die die Verhaltensweisen und die Handlungen und Gewohnheiten ihrer älteren Nutzer erkennen, erlernen und aktiv unterstützen. Wir brauchen selbstlernende Systeme. Gängige Hilfsmittel versuchen, den geistigen Aufwand für unsere Sinnesleistungen und Bewegungen beispielsweise mithilfe von Gehwagen, Sturzprotektoren oder Fernbedienungen zu unterstützen oder zu reduzieren, um so freiwerdende Ressourcen für andere Leistungen einzusetzen. Da gibt es intelligente Sessel, intelligente Fernbedienungen, Vergrößerungen für den Fernseher, usw.

Dies aber meint Ambient Assisted Living nicht tatsächlich. Ambient Assisted Living meint tatsächlich das selbstlernende System, das sich an den Nutzer anpasst. Die Anwender sehen am wenigsten ihre Gesundheit gefährdet, sondern sie suchen wesentlich danach, Lebensqualität und Selbstständigkeit im Alter zu erhalten. Und wir möchten gern, dass der Ressourcenaufwand für kognitive Aufgaben durch den Einsatz moderner Techniken verringert wird, indem Hilfsmittel eingesetzt werden, die sich das Wissen der älteren Menschen über ihren Alltag aneignen. Was aber auf keinen Fall passieren darf ist, dass zwar Unregelmäßigkeiten in den Verhaltensweisen und der Umwelt durch solche Technologien erkannt werden, dass aber schon bereits eingeschränkte Kompetenzen älterer Menschen noch zusätzlich durch die komplizierte Bedienung eingeschränkt werden. Wir müssen uns darüber klar sein, dass die technologischen Neuerungen an den kognitiven Fähigkeiten im Alter orientiert sein müssen. Das bedeutet hohe Nutzerfreundlichkeit, einfache Bedienbarkeit, Verständnis und Einsicht in die kognitiven Prozesse und die Lernfähigkeit Älterer und nicht umgekehrt. Nicht der Nutzer muss das System verstehen, das System muss seine Nutzer verstehen.

Zunächst möchte ich Ihnen im Bild 3 die auch von der Fraunhofer Gesellschaft benutzten unterschiedlichen Szenarien und den möglichen Technologieeinsatz nicht nur zur Erkennung gesundheitlicher Probleme im Alter vorstellen – sondern – und hier findet sich ein weiterer wesentlicher Unterschied zu den Überlegungen anderer AAL Forschergruppen, auch ihren Einsatz zur Vorbeugung und Vermeidung der Verschlimmerung chronischer Erkrankungen im Alter erläutern.

6 Telemonitoring und Ambient Assisted Living

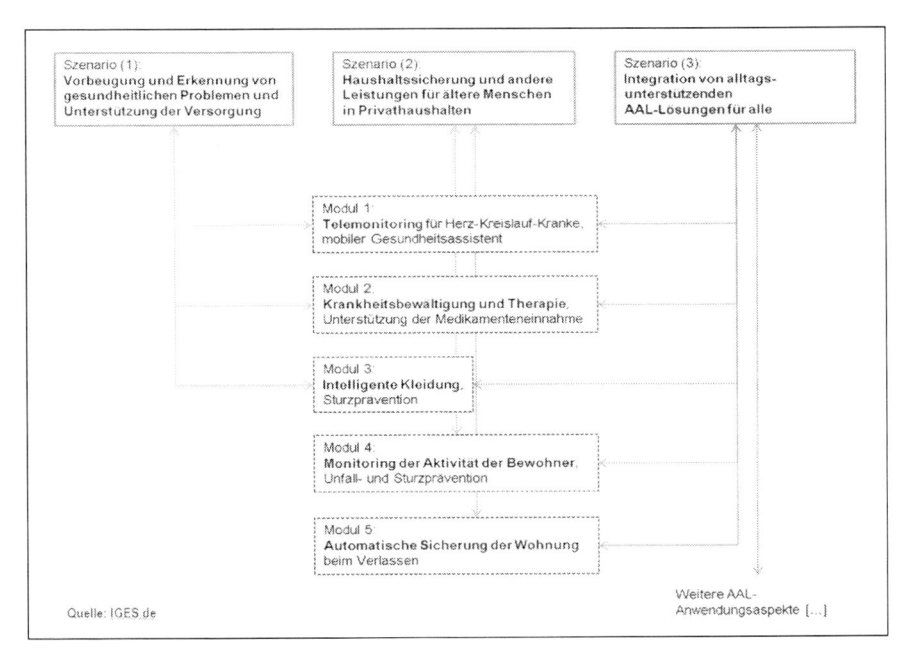

Bild 3: Mögliche Szenarien und Anwendungsfelder von AAL Systemen

AAL Systeme entstehen durch die intelligente Kombination von Sensorik, MST und IKT die sich systematisch auf spezifische Monitoring – und therapeutische Funktionen zur Unterstützung des alternden Menschen konzentrieren.

Wir betrachten wie alle anderen, die AAL Erfordernisse und die zu den Erfordernissen passenden Technologien und Geschäftsmodelle erforschen, zwar die Versorgungssicht, sehen und berücksichtigen aber auch die immensen Chancen der eingesetzten Technologien in der Prävention. Wir suchen nach dem bestmöglichen Weg für Ältere, erst gar nicht zu chronisch kranken Patienten zu werden, sondern mit möglichst hoher Lebensqualität möglichst gesund zu altern. Wir müssen bei der Gesundheitsförderung und der Prävention ansetzen und Systeme entwickeln und einsetzen, die vermeiden, chronisch krank zu werden. Wir möchten nicht erst beim Chronikerprogramm ansetzen, sondern halten diesen Ansatz aus Sicht der dann bereits verminderten Lebensqualität und auch aus Kostensicht für verspätet. Deshalb zum Beispiel die Vorbeugung und Erkennung von gesundheitlichen Problemen und die AAL Unterstützung der Versorgung im ersten Szenario. Parallel dazu sollten AAL Haushaltssicherungen und AAL Leistungen für ältere Menschen in Privathaushalten modular und ineinandergreifend geplant werden. Aus vielen Umfragen wissen wir, dass ca. 79% der älteren Menschen sich ungern in eine betreute Pflegeeinrichtung oder betreute Wohneinrichtung begeben, sondern lieber zuhause bleiben und in der häuslichen Umgebung von den Angehörigen versorgt werden möchten.

Die Aspekte der Module, die Sie aus den Chronikerprogrammen kennen, wie z.B. das Telemonitoring, dient für das Ambient Assisted Living eigentlich nur als Backbone, als Verteilungsplattform, als Informationsstrang zu den Medizinern, Pflegekräften und Angehörigen, stellt aber nicht die wesentliche Hauptkomponente der Systematik dar. Die Hauptkomponente liegt in der Integration von alltagsunterstützenden Ambient Assisted Living Lösungen. Für uns ist wichtig, dass es durch den intelligenten Einsatz dieser Technologien gelingt, ein möglichst langes selbstbestimmtes Leben zu Hause zu ermöglichen. Dann können die Belastungen, die der INTEL – Film gezeigt hat, die durch den demografischen Wandel, durch die kostentreibende stationäre Pflege und teure Aufenthalte in Akutkrankenhäusern entstehen, zugunsten von mehr Lebensqualität und Autonomie vermieden werden.

Welche Marktchancen haben AAL Technologien? INTEL hat bereits viel Geld in die Entwicklung von AAL Systemen investiert, gemeinsam mit GE die AAL Partnerschaft gegründet und mit 200 Mio. US $ das Geschäft mit AAL Technologien angeschoben.

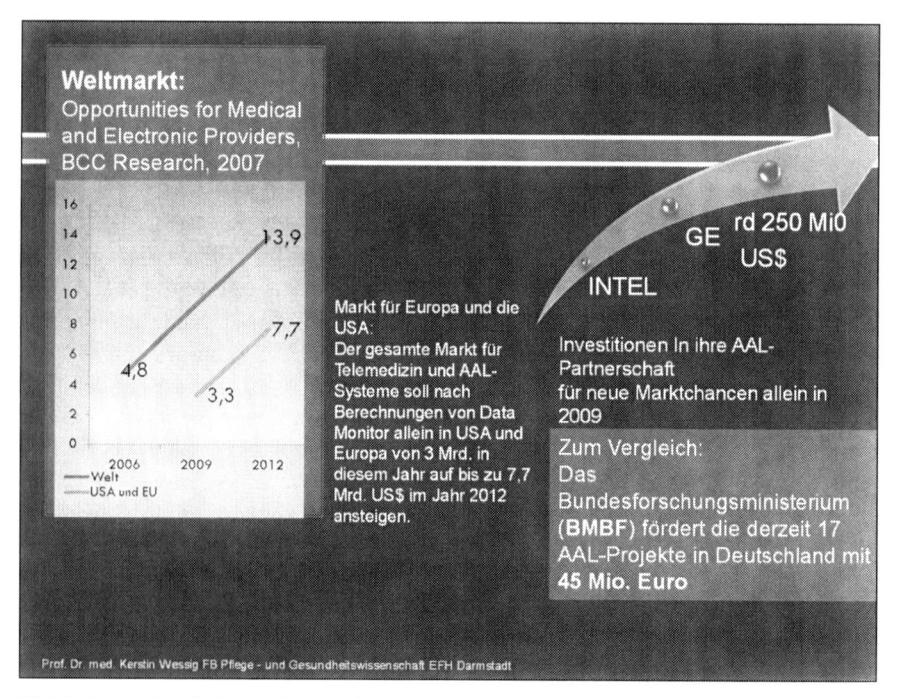

Bild 4: Internationale Marktchancen für deutsche Medizintechnik und Telemedizin bis 2012 in MRD US$

6 Telemonitoring und Ambient Assisted Living

Der Weltmarkt für medizinische Produkte und Medizingeräte hat sich in den letzten sechs Jahren verdreifacht, und bis 2012 wird auch in Europa mit einer Verdoppelung gerechnet (Bild 4). In Deutschland werden derzeit mit Hilfe von BMBF Förderprogrammen 17 AAL Projekte mit ca. 45 Mio. Euro zur Entwicklung von Ambient Assisted Living Technologien gefördert. Unsere Forschungsgruppe ist derzeit in zwei EU Projekten und einem BMBF Projekt zum Thema AAL aktiv und engagiert.

Akzeptanzstudien zeigen (Bild 5): Ältere wünschen eine sichere Wohnung und ein sicheres Lebensumfeld, das Telemonitoring von Herzkreislaufkrankheiten und Diabetes sind ihnen auch sehr wichtig. Dieses Ergebnis widerspricht den insgesamt niedrigen Zahlen derer, die bisher telemedizinisch betreut werden. Bei den telemedizinisch Betreuten zeigt sich eine weitere Auffälligkeit: viele Patienten verlassen nach kurzer Betreuungszeit telemedizinische Diabetesplattformen wieder.

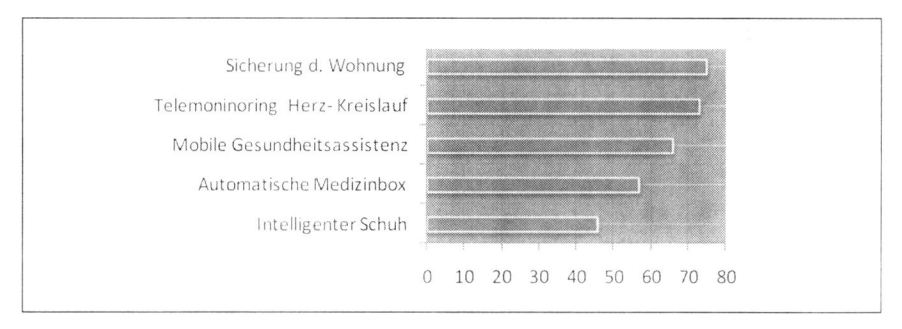

Bild 5: Akzeptanzstudie „Smart Home für ältere Menschen", BIS, 2008

Wir haben nachgefragt und herausgefunden, dass dies nicht an der fehlenden Technologieakzeptanz liegt, wie wir zunächst annahmen, sondern an der Mensch-Maschine-Mensch Interaktion. Das Callcenter, der Mensch auf der anderen Seite der Technologie, ist nicht ausreichend für die Bedürfnisse älterer Diabetespatienten geschult. Die Anforderungen der älteren Menschen nach Nähe und Verständnis, wie sie im Gespräch mit dem Hausarzt/-ärztin entstehen, werden nur unzureichend erfüllt. Berechtigte Ängste, z.B. bei krisenhaften Unterzuckerungszuständen, können Callcenter häufig nicht ausreichend kompensieren. Mitarbeiter medizinischer Callcenter benötigen neben medizinischen Kenntnissen hohe kommunikative Fertigkeiten und ein hohes Maß an Krankheitsverständnis, um Nutzer umfassend und nachhaltig gesundheitsförderlich zu beraten. Hier ist außerhalb des Einsatzes neuester Technologien noch sehr viel zu tun.

Häufig nachgefragt wird auch die mobile Gesundheitsassistenz. Die automatische Medizinbox, das Erinnern der Medikamenteneinnahme durch akustische oder optische Signale wird sinnvoll bewertet. Auf die Gruppe der über 60jährigen entfällt fast die Hälfte aller Medikamentenverordnungen in der Bundesrepublik – für diese scheint es sinnvoll, diese Erinnerung durch die automatische Medizinbox anzubieten. Schuhe zur Sturzprophylaxe wurden in der Studie wenig nachgefragt. Der gerade neu entwickelte intelligente Schuh von Nike zur Sturzprophylaxe fand in der Studie kaum Anhänger. Allerdings wurde in der Studie der Schuh auch nicht gezeigt, so dass hier Raum für Mutmaßungen bleibt.

Welche technologischen AAL Entwicklungen können auch außerhalb von AAL genutzt werden und werden zurzeit auf dem Markt stark nachgefragt? Smart Textiles – Sensorik, in die Fasern der Kleidung eingewebt.

Bild 6: Das AAL System im Anorak

Wenn man vor nicht allzu langer Zeit von tragbaren Computern oder wearable Computers gesprochen hat, verstand man hierunter eine neue Generation portabler Rechner, die am Handgelenk, am Gürtel oder im Rucksack getragen werden konnte. Heute sind wir einen ganz entscheidenden Schritt weiter: Wearable Electronics oder Smart Textiles sind intelligente Textilien (Bild 6). Nicht nur miniaturisierte Endgeräte werden in Textilien eingebaut, sondern Technologien mit den verschiedensten elektronischen Komponenten, Mikrochips, oder z.B. sehr kleine Sensoren, die mit Hilfe von Bluetooth in speziell eingewebten Leiterbahnen in waschbare Gewebe eingearbeitet untereinander kommunizieren und sich genau an der Stelle an den Körper anpassen, an dem zuvor geplant wurde, Sensoren selbständig valide und reliable Aussagen zum Gesundheitszustand machen zu lassen.

6 Telemonitoring und Ambient Assisted Living

Hier liegen die Vorteile im Wesentlichen in der Biometrie und in der Satellitennavigation über GPS – neben Blutdrucksensoren und Bewegungssensoren findet sich ganz selbstverständlich auch der MP3 Player, Telefonie und weitere Unterhaltungselektronik. Ganz wesentlich für die Akzeptanz ist die altersunabhängige Nachfrage nach Technologiekomponenten, die barrierefreie, kabel- und drahtlose Datenübertragung, die wartungsfreie und vor allen Dingen sicher funktionsfähige Nutzung.

Wir gehen davon aus, dass das Ziel, die Verbesserung der Lebensqualität und Erhalt der Autonomie auch im hohen Alter, nur durch die ineinandergreifende Verknüpfung sozialer Interventionen mit technologischen Innovationen erreicht werden kann.

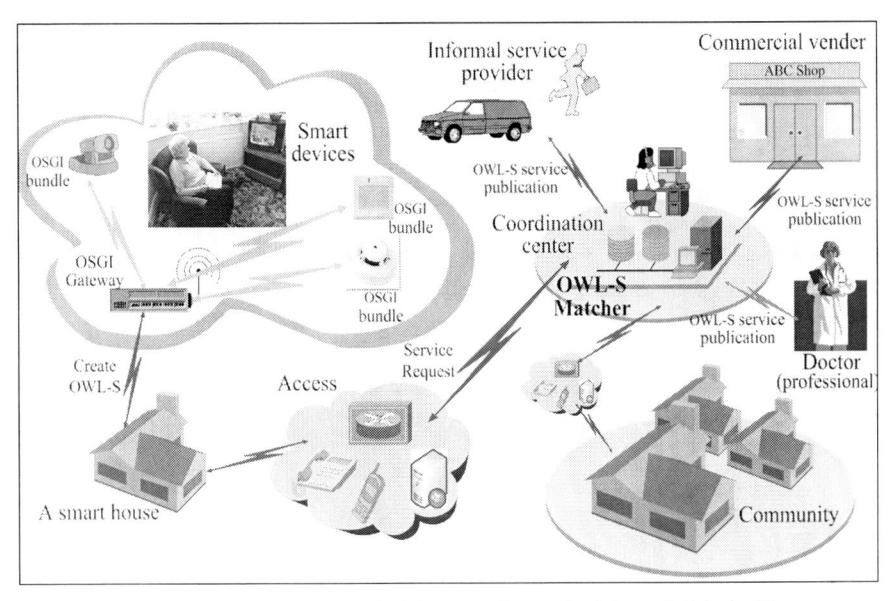

Bild 7: Intelligentes integriertes Gemeindekonzept das auch nichtmedizinische Versorgungskonzepte beinhaltet mit einem zum AAL Telemedizin Center ausgebauten Callcenter und wohnortnahen Dienstleistungen. Voraussetzung: Hybrides Geschäftsmodell

In Holland denken bereits ganze Kommunen darüber nach, wie sie ihre Services heute vernetzen und Ambient Assisted Technologien nutzen (Bild 7). Durch Abwanderung und Bevölkerungsalterung wegen fehlendem Nachwachsen von Kindern werden in vielen ländlich geprägten Regionen Dorfläden, Arztpraxen, Krankenhäuser und Apotheken geschlossen, die Infrastruktur verschlechtert sich. Insbesondere auch die Anbindung an den öffentlichen Nahverkehr, die die Versorgung der älteren ländlichen Bevölkerung bisher erleichtert hat, bricht in Zukunft noch weiter ab. In ländlichen Regionen vergrößert die rückläufige Bevölkerungszahl das geographische Gebiet, das von Ärzten und Pflegekräften versorgt werden muss. Es wird deshalb für Ärzte und Pflegekräfte immer schwieriger, ältere Patienten angemessen zu versorgen. Gleichzeitig wird die stetig ansteigende Lebenserwartung und der Rückgang der Geburtenrate in Zukunft zu einer erheblichen zusätzlichen Belastung der Sozialsysteme führen, da die notwendigen Beiträge von einem immer kleineren Teil der Bevölkerung aufgebracht werden müssen.

In Gegenden wie Oberfranken, Nordbayern, die Ostalb, Mittel- und Nordhessen, in denen sehr viele Ortschaften mit zwei-, drei-, viertausend Einwohnern keinen Zuzug mehr von jungen Leuten verzeichnen, bricht die Infrastruktur ab und es entsteht das volkswirtschaftliche Problem, dass Immobilien und Wohneigentum nicht mehr wie geplant verkauft werden können, um den Lebensabend finanziell zu sichern.

Deshalb haben wir aus Mitteln der EU und der BMBF Förderung im Rahmen des „Emotional Village" EU Projekts in der Region Mittel- und Nordhessen, in einer ländlichen Region in Finnland und in einem ländlichen Gebiet in Österreich Testfelder implementiert. Emotional Village ist ein Akronym, E steht für Electronic, Motion für Bewegung und al für ambient Living. Es beinhaltet ein Konzept der integrierten technischen und sozialen Gesundheitsförderung und -erhaltung und die Verbesserung der Versorgung mit täglichen Gütern. Dies soll älteren Menschen und insbesondere chronisch kranken Älteren in ländlichen Regionen Europas ermöglichen, krankmachende und chronifizierende sowie chronische Krankheiten verschlimmernde Risikofaktoren und Lebensbedingungen zu erkennen und mit Hilfe moderner, mit sozialen Dienstleistungen verknüpfter, Technologien zu bekämpfen (Bild 8).

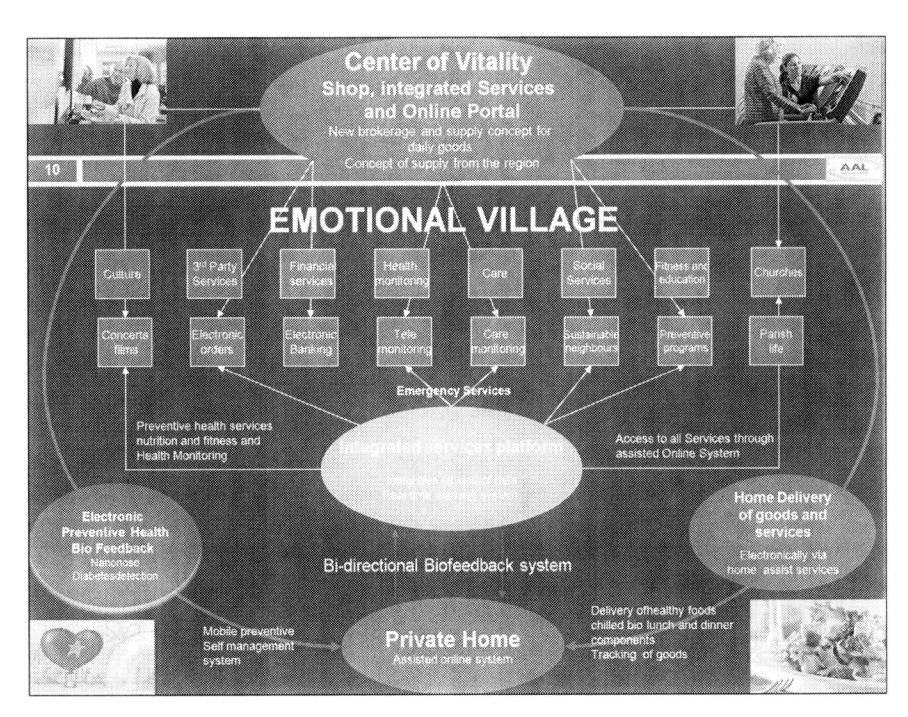

6 Telemonitoring und Ambient Assisted Living 79

Bild 8: EU AAL Projekt „Emotional Village"; Idee und Konzept: K Wessig, EFHD, Konsortium: BBraun Melsungen AG; DIAK University Finnland, Vitaphone Austria, Universität Kassel, Universität Marburg, Einzelhandelsverband Hessen, DLR Köln.

Durch die Nutzung einer IT unterstützten regionalen Versorgungsstruktur, der Telemedizin und dem Biofeedback zur Veränderung des Gesundheitsverhaltens durch Monitoring kritischer Biomarker und Unterstützung zur gesundheitsfördernden positiven Verhaltensänderung, insbesondere der diabetischen Stoffwechsellage, soll ein gemeinschaftliches und individuell verbessertes Gesundheitsverhalten und die Stärkung der sozialen Teilhabe generiert werden, um der ländlichen älteren Bevölkerung ein möglichst langes unabhängiges Leben in der eigenen häuslichen Umgebung zu ermöglichen.

Das internationale Konsortium ist nun dabei ein System zu entwickeln, das eine integrierte Serviceplattform bietet für alle Dienstleistungen, die in einer alternden Bevölkerung in ländlicher Umgebung notwendig sind. Wir haben berücksichtigt, dass wir weder im Jahr 2020 oder 2025 – das sagen uns jetzt schon die Prognosen – ausreichende Pflegeressourcen noch Mediziner für die Versorgung der älteren Bevölkerung in diesen ländlichen Gegenden haben werden. Sie wissen, dass die Anreizsysteme zur Deckung des medizinischen Versorgungsbedarfs nicht wirken – auch in anderen ländlichen Gebieten wie Mecklenburg-Vorpommern sind sie nicht erfolgreich – in naher Zukunft werden in ländlichen Gebieten nicht mehr ausreichend medizinische und pflegerische Ressourcen zur Verfügung sein. Daher nutzen wir AAL Technologien auch, um z.B. über den Einsatz von Bio-Feedbacksystemen sonst unterversorgten Patienten Selbstmanagementstrategien zu vermitteln.

Die Mikrosystemtechnik trägt hierzu sehr viel bei. Man kann Patienten schulen und ausstatten. Die Patientenakzeptanz zu diesen Systematiken ist sehr hoch. Wie Sie wissen, haben wir alle einen hohen Informationsbedarf, den wir im Wesentlichen über Medien und das Internet befriedigen. Auch die zweite Meinung in der Medizin und in der Pflege wird heute bereits häufig über das Internet eingeholt und Studien zeigen, dass Selbstmanagementstrategien in Kombination mit Belohnungssystemen hohe nachhaltige Erfolgsquoten in der Patientenschulung aufweisen. Andere europäische Länder sind in der Entwicklung von Konzepten und Umsetzungen zur Nutzung von Selbstmanagementstrategien im Rahmen der Stärkung der Selbstverantwortung des Patienten schon sehr viel weiter. Hier sagen wir immer noch: Sprechen Sie mit Ihrem Arzt oder Apotheker. Insbesondere die ländliche Bevölkerung wird dies in Zukunft so uneingeschränkt wie dies bis vor kurzem noch möglich war, nicht mehr tun können. Wir stehen vor der dringenden Notwendigkeit, zusätzliche Hilfen, soziale Innovationen und unterstützende Technologien anzubieten, die mithelfen, die Verschlimmerung chronischer Erkrankungen und eine einschneidende Verschlechterung der Lebensqualität Älterer in ländlichen Umgebungen zu vermeiden.

Hierzu müssen tehnologische Komponenten miteinander sinnvoll verbunden und systematisch verknüpft werden. Gleichzeitig sollten politische Entscheidungsgremien zur Stärkung von AAL Technologien entstehen, die gemeinsam mit der Industrie und der Gesundheitswirtschaft nutzerorientierte Geschäftsmodelle entwickeln, die sektorenübergreifend vom stationären zum ambulanten Pflegesektor einschließlich haushaltsnaher Dienstleistungen den Nutzer in seinem Wunsch und Bemühen selbstbestimmt möglichst gesund zu altern, unterstützen. Wir brauchen nicht nur vereinzelt neue Regelungen, wie z.B. zur Hilfsmittelverordnung oder vereinzelte Neuregelungen zum Medikamentenmonitoring im SGB XI. Wir brauchen die Unterstützung und Förderung durch Landkreise und Kommunen, die ärztliche Einsicht für ein gemeinsames Miteinander von AAL Technologien, Telemonitoring und ärztlicher Fürsorge, die Bereitschaft der Krankenkassen für ein integriertes mit Technologien angereichertes Versorgungskonzept, mitsprachefähige Patienten und Angehörige sowie ein breites Freiwilligenengagement, um eine nachhaltige Versorgung der ländlichen alternden Bevölkerung zu garantieren.

Als Vertriebsstrukturen für AAL Systeme bieten sich viele Strukturen von den Apotheken bis hin zur Wohnungswirtschaft an. Viele AAL Interessenten, nicht nur innerhalb der Medizin und der Pflege, sondern auch innerhalb der Wohnungswirtschaft, der Haushaltsgeräteindustrie, der Altenverbände, der Kirchen, der Sozialdienstleister, der Kranken- und Rentenversicherungsvertreter, die sich heute auch auf Plattformen, die der VDI anbietet, zusammentun, denken gemeinsam über ein Geschäftsmodell nach, das für alte Menschen nutzbar und ressourcensparend einsetzbar und daher bezahlbar sein wird. Ziel ist die vollständige Durchgängigkeit sowohl technologisch als auch versorgungsbezogen.

7 Ambient Medicine® – Sensorik, Schnittstellen und Auswertung für telematische Diagnose und Therapie

B. Wolf[1,4], P. Friedrich[1], T. Spittler[1], J. Clauss[2], A. Scholz[3], S. Tübinger[4], W. Tiedge[5]

Wir haben in den vorhergegangenen Beiträgen sehr viel über Systeme, Visionen und entsprechende Geschäftsmodelle gehört. Ich möchte Ihnen jetzt zeigen, wo die Probleme dahinter liegen und wie die Sensorik eine ganz große Rolle zur Realisierung dieser Dinge spielt.

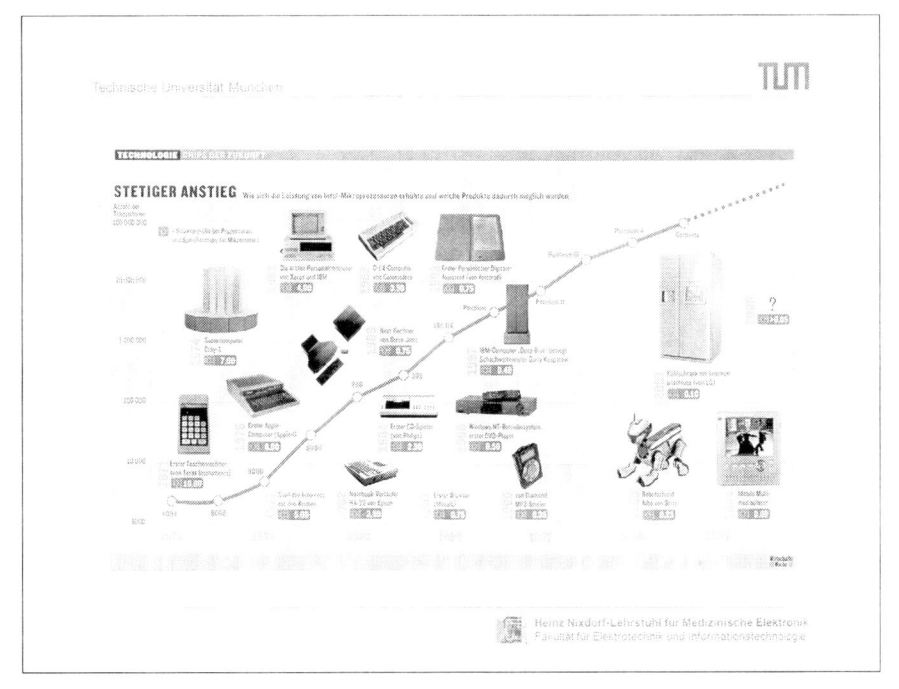

Bild 1

---

[1] Heinz-Nixdorf Lehrstuhl für Medizinische Elektronik, Technische Universität München
[2] Sense Inside GmbH im Innovationszentrum Medizinische Elektronik, München
[3] Sendsor GmbH im Innovationszentrum Medizinische Elektronik, München
[4] Zentralinstitut für Medizintechnik der Technischen Universität München (IMETUM)
[5] PASIFE GmbH, München

In den vergangenen Jahrzehnten haben wir eine gewaltige technologische Evolution hinter uns (Bild 1). Eine ganze Reihe von Geräten wurde zur Verfügung gestellt, die letztendlich jeden einzelnen von uns emanzipiert haben. Betrachtet man allein das Emanzipationspotenzial eines Handys, wodurch überall sofort Hilfe, Unterstützung und Daten abgerufen werden können, ist das natürlich eine Schlüsseltechnologie, die unbedingt in der Medizin eingesetzt werden sollte. Es setzt aber voraus, dass wir auch über die entsprechenden Sensoren verfügen.

Bild 2

Im Wesentlichen ist es so, dass der zugelassenste und geprüfteste Sensor immer noch das Fieberthermometer ist (Bild 2). Sie werden an meinem Beitrag sehen, wie schwierig es bei den komplexeren Sensoren ist, wenn Sie es unter dem Gesichtspunkt der Sicherheit für den Patienten und auch der Daten betrachten. Das Fieberthermometer ist heute immer noch das, was eigentlich die Schnittstelle zur ärztlichen Intervention darstellt. Ist es Ihnen zu heiß, merken Sie, dass etwas nicht stimmt. Sie rufen Ihren Arzt an und die medizinische Interventionskette wird in Gang gesetzt.

Das Älterwerden der Bevölkerung stellt zudem eine große Herausforderung für die kommenden Generationen dar, nicht nur hinsichtlich der demographischen Verschiebung und des wahrscheinlich dünner werdenden Ärztenetzes. Dennoch wird

7 Ambient Medicine®

das Älterwerden auf Grund des technischen Vermögens, das heute und in Zukunft zur Verfügung steht, mit Sicherheit leichter.

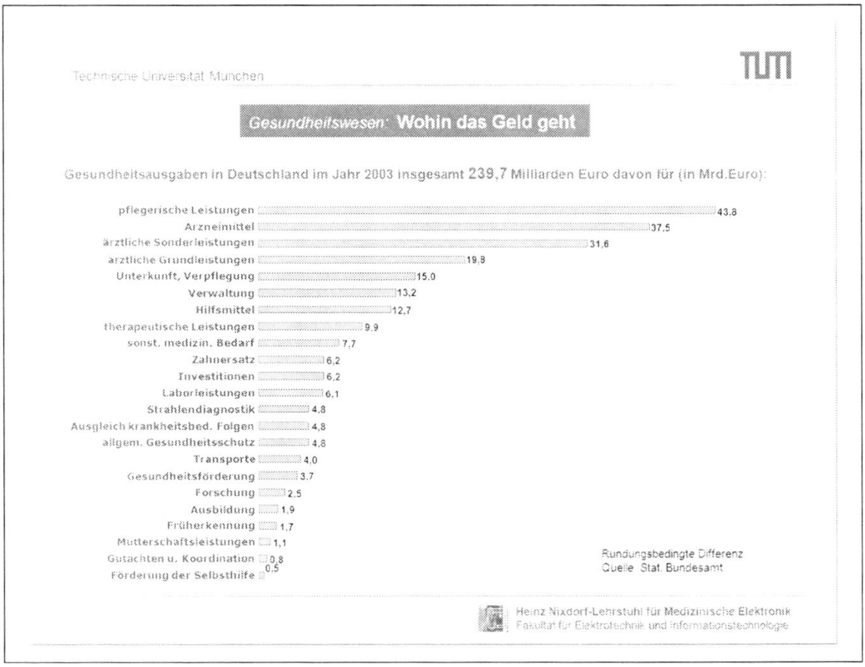

Gesundheitswesen: Wohin das Geld geht

Gesundheitsausgaben in Deutschland im Jahr 2003 insgesamt 239,7 Milliarden Euro davon für (in Mrd.Euro):

Position	Mrd. Euro
pflegerische Leistungen	43,8
Arzneimittel	37,5
ärztliche Sonderleistungen	31,6
ärztliche Grundleistungen	19,9
Unterkunft, Verpflegung	15,0
Verwaltung	13,2
Hilfsmittel	12,7
therapeutische Leistungen	9,9
sonst. medizin. Bedarf	7,7
Zahnersatz	6,2
Investitionen	6,2
Laborleistungen	6,1
Strahlendiagnostik	4,8
Ausgleich krankheitsbed. Folgen	4,8
allgem. Gesundheitsschutz	4,8
Transporte	4,0
Gesundheitsförderung	3,7
Forschung	2,5
Ausbildung	1,9
Früherkennung	1,7
Mutterschaftsleistungen	1,1
Gutachten u. Koordination	0,8
Förderung der Selbsthilfe	0,5

Rundungsbedingte Differenz
Quelle: Stat. Bundesamt

Heinz Nixdorf-Lehrstuhl für Medizinische Elektronik
Fakultät für Elektrotechnik und Informationstechnologie

Bild 3

Ein weiterer, viel diskutierter Aspekt ist die Kostensituation im Gesundheitswesen. Nicht nur die Pflegekosten und die Medikationskosten, sondern auch die Kosten für Übertherapie und Mehrfachversorgung haben in diesem Zusammenhang einige Bedeutung, wie die Bilder 3 und 4 zeigen.

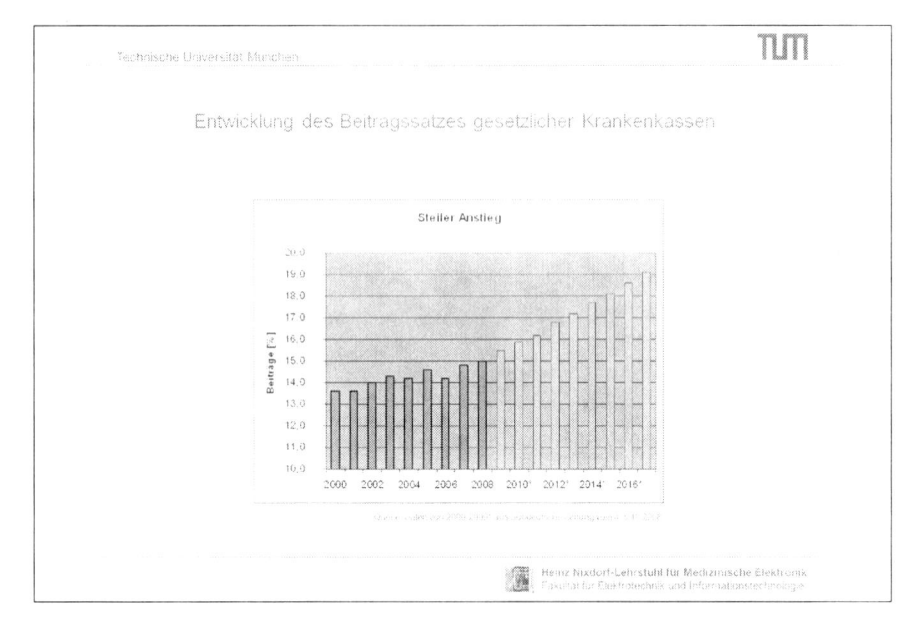

Bild 4

Im Laufe des Vortrages werden Sie sehen, dass diese Kosten drastisch reduziert werden können und es schon Bereiche gibt, in denen das erfolgreich gemacht worden ist.

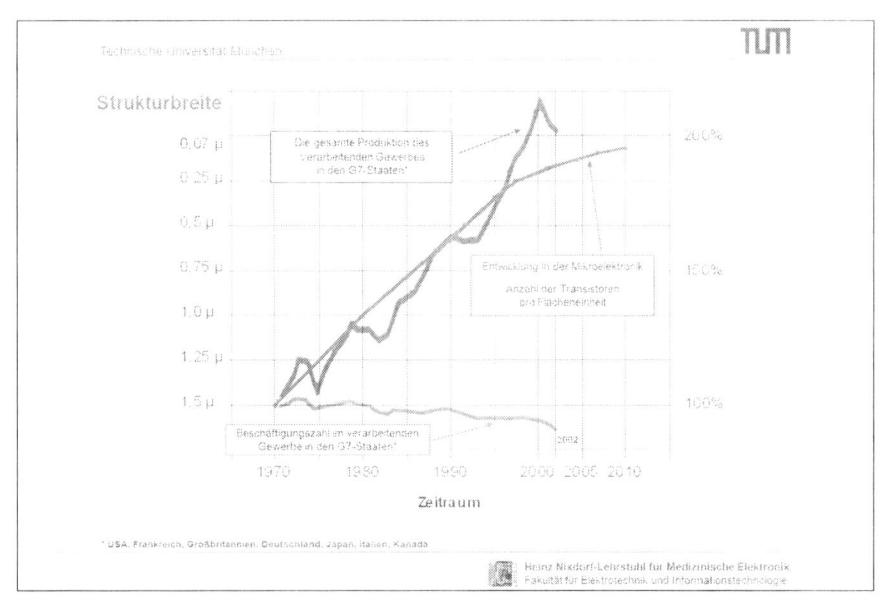

Bild 5

7 Ambient Medicine®

Das produzierende Gewerbe hat seit 1974 durch Mikroelektronik und Sensorik systematisch seine Effizienz verbessert (Bild 5). Einen Gegenstand herzustellen ist ein beschreibbarer Prozess. Einen Menschen gesund zu machen, ist auch ein beschreibbarer Prozess. Es müsste demzufolge möglich sein, mit den gleichen Techniken und Kriterien, die hier im verarbeitenden Gewerbe erfolgreich eingesetzt werden, die Kosten senken zu können. Sie sehen, was hier für ein Effizienzpotenzial vorhanden ist. Und das ist nicht zulasten der Qualität gegangen, wenn Sie bedenken, dass heute mit einem Auto mühelos 10 und 15 Jahre gefahren werden kann. Vor Jahren war dies noch nicht möglich.

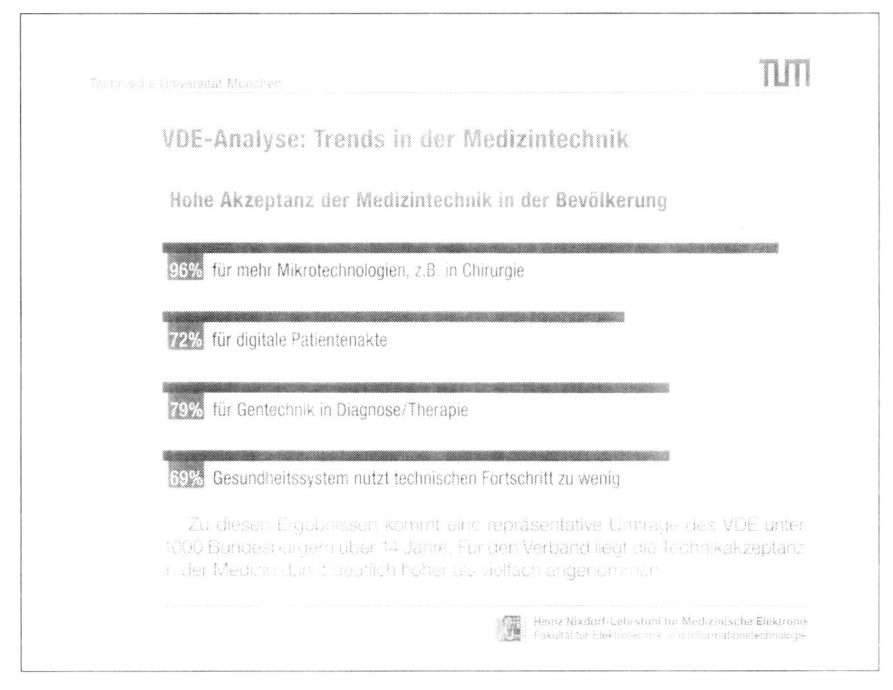

Bild 6

Wie Bild 6 zeigt, steht die Bevölkerung dem technischen Fortschritt in der Medizin sehr positiv gegenüber. Knapp 70% der Befragten finden, dass neue Technologien zu wenig im Gesundheitssystem genutzt werden. Jeder kann das selbst erfahren, wenn er in ein Krankenhaus eingeliefert wird, und sieht, wie rückständig die Prozesse organisiert sind. In diesem Bereich ist allein mit einer Verbesserung der Prozessorganisation durch entsprechende Techniken ein großer Beitrag durch telematische Systeme möglich.

Mehr Medizin ist nicht mehr Gesundheit

Zitat Thomas Michels, Mitglied im Vorstand der Axa Krankenversicherung

Bild 7

Auch die Gesundheitswelt hat erkannt, dass mehr Medizin nicht mehr Gesundheit heißt – ein Thema, über das angesichts der Kosten eigentlich diskutiert werden müsste (Bild 7). Auf der einen Seite steht das Ziel, die Kosten mit technischen Mitteln zu minimieren, auf der anderen Seite, die Kosten erst gar nicht entstehen zu lassen. Es kann darüber diskutiert werden, ob beispielsweise die ganzen Bereiche, wie die In-vitro-Fertilisation unbedingt etwas mit Krankheit zu tun haben und aus der Allgemeinversorgung bezahlt werden müssen.

7 Ambient Medicine®

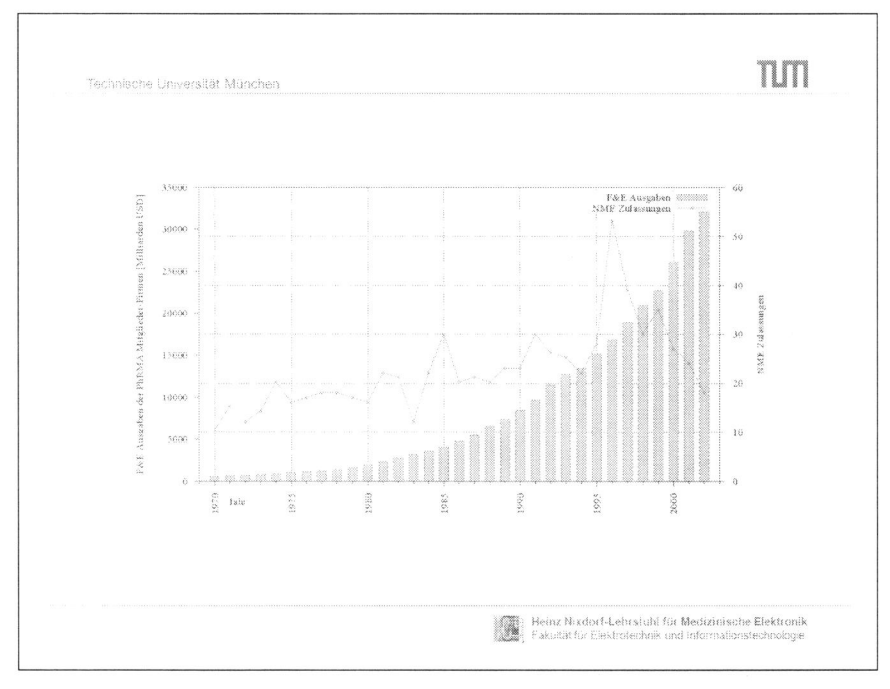

Bild 8

Auf der anderen Seite haben wir eine Industrie, die uns gegenwärtig vormacht, wie Kostenzuwachs und Anzahl und Qualität der Neuentwicklungen immer weiter auseinander driften. Exemplarisch soll dies an der Pharmaindustrie verdeutlicht werden (Bild 8). Die Ausgaben bis zur Zulassung neuer Präparate sind in den letzten 15 Jahren drastisch gestiegen, wohingegen die Anzahl der Zulassungen zurückgeht. Die Halbwertszeit zugelassener Präparate wird immer kürzer. An diesem Beispiel lässt sich ganz gut verdeutlichen, wie es ist, wenn im Gesundheitswesen die falschen Weichen gestellt werden. Ein weiteres Beispiel sind Großtechnologien mit immer mehr teuren, großen bildgebenden Verfahren, die dann etwas zeigen, was ggf. oder mit hoher Wahrscheinlichkeit nicht zu kurieren ist. Ob mit diesem großen Aufwand wirklich Gesundheit gemacht werden kann und ob die Smart Systems nicht einen größeren Beitrag leisten könnten, ist mehr als diskussionswürdig.

Bild 9

Vor genau 16 Jahren wurde von uns der Versuch gestartet, mit einem Kooperationspartner solche Konzepte zu entwickeln (Bild 9). Dieser hat sich jedoch damals aus den Konzepten wieder verabschiedet, weil es zur damaligen Zeit schwierig war, Förderungen zu bekommen. Heute ist Ambient Assisted Living in aller Munde. Diese Thematik wurde schließlich am Heinz Nixdorf-Lehrstuhl für Medizinische Elektronik weiter verfolgt (Bild 10).

7 Ambient Medicine®

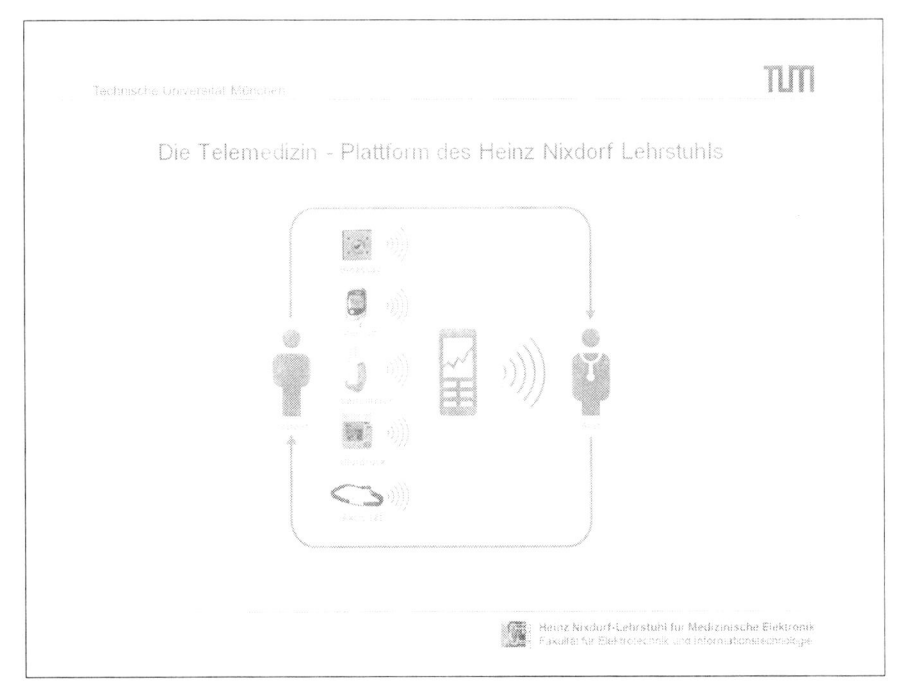

Bild 10

Ich möchte Ihnen jetzt berichten, was an unserem Institut zu diesem Thema entstanden ist. Voraussetzung aller Visionen für eine telematische Medizin ist eine funktionierende Messtechnik. Ist diese nicht vorhanden, kann es nicht nur zu einem juristischen, sondern auch zu einem finanziellen Problem führen.

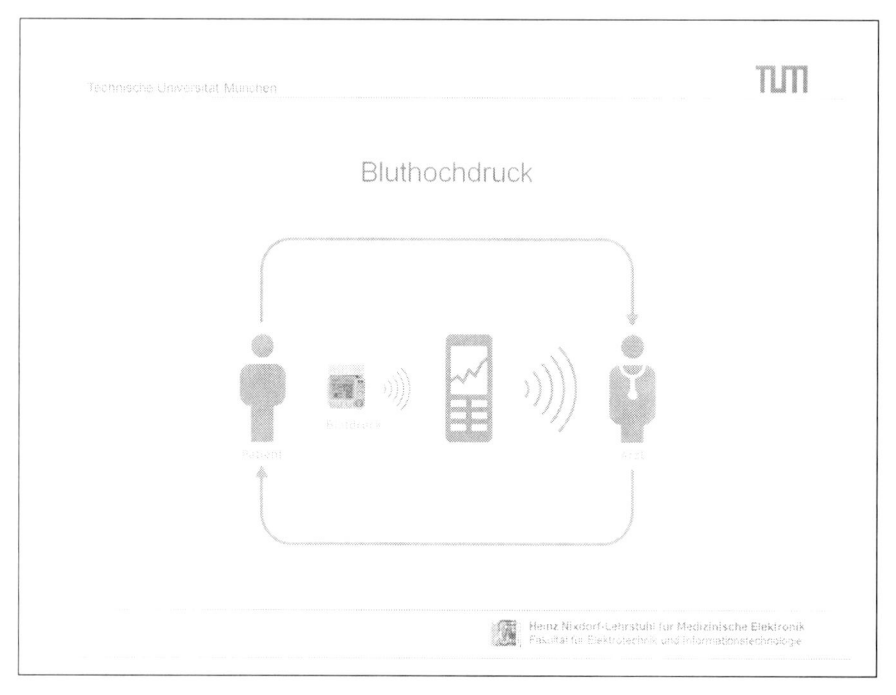

Bild 11

Betrachten wir den Bluthochdruck, so scheint eine intuitive Technik leicht implementierbar zu sein (Bild 11). Aber eine solche Technik gegenwärtig mit Handys auf die Beine zu stellen, ist eine ziemlich große Herausforderung. Am Lehrstuhl für Medizinische Elektronik wurde dieses Ziel erreicht und das System in zwei Kliniken etabliert und getestet. Das Erstaunen war groß darüber, wie hoch die Akzeptanz bei den Patienten und den Medizinern war.

7 Ambient Medicine®

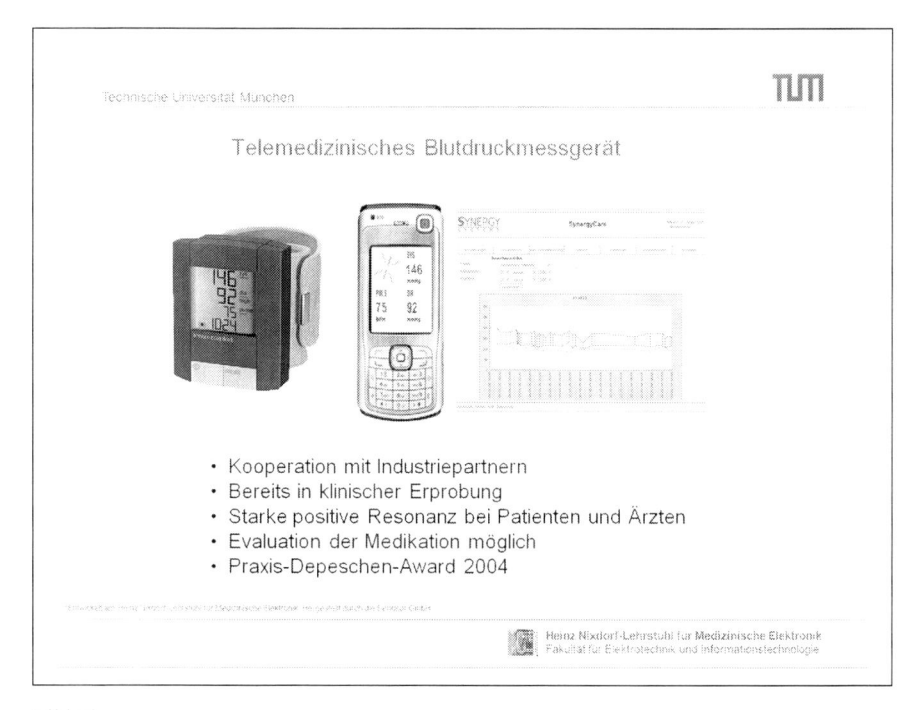

Bild 12

Das Kernstück des Systems ist die Integration eines Bluetooth Moduls, das mit einem Handy sehr intuitiv kommuniziert, d.h. es ist keine zusätzliche Bedienung am Mobiltelefon nötig (Bild 12). Der Blutdruck wird mit dem Blutdruckmessgerät gemessen und die Messdaten werden automatisch an das Mobilfunkgerät gesendet.

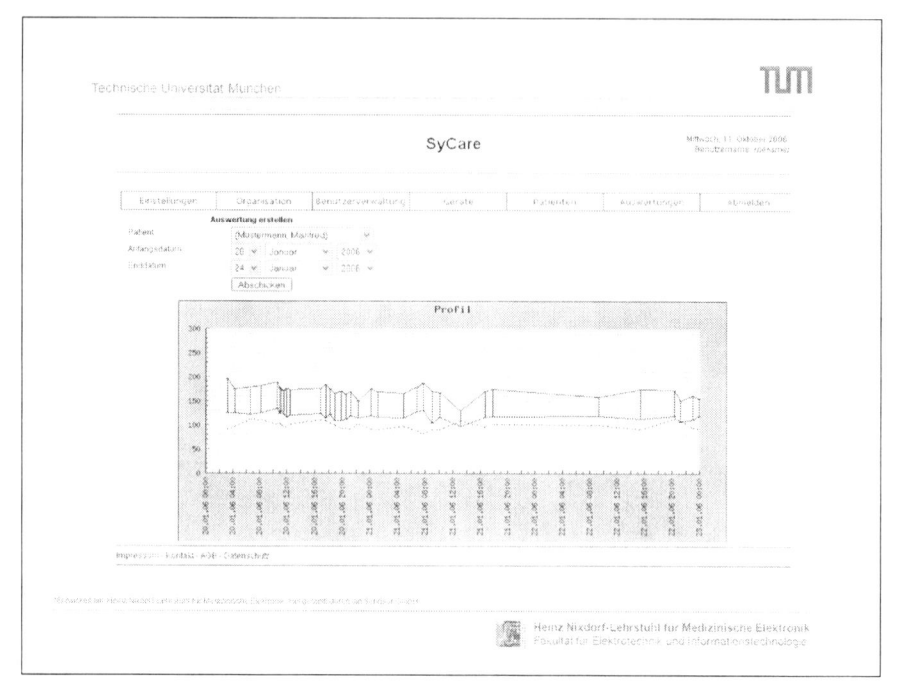

Bild 13

Anschließend werden die Daten in einer Datenbank gespeichert (Bild 13). Der Vorteil einer solchen Messung ist, dass der Arzt in der Klinik erstmals sehen kann, wie sich der Blutdruck über die Zeit entwickelt. Zudem kann er beobachten, ob der Blutdruck immer nur dann steigt, wenn der Patient den Arzt sieht, was ein bekannter Effekt ist, oder ob der Blutdruck steigt, wenn der Patient in irgendwelche Lebensumstände kommt, die zwar für ihn nicht angenehm, aber trotzdem medizinisch unbedeutend sind. Sie können aus einer solchen Datenbankanalyse ganz gut sehen, auf Grund welcher Effekte der Patient zum Messzeitpunkt einen erhöhten Blutdruckwert hat. Bei einem Vergleich dieser Werte mit anhand von bestimmten Vorgaben zu erwartenden Werten stellte sich in einer großen Reha Klinik heraus, dass über 40% der damals von uns mitbetreuten Bluthochdruckpatienten keine Hochdruckpatienten waren und auch unnötigerweise blutdrucksenkende Medikamente genommen haben. Es handelte sich um situative Hochdruckpatienten, die im Wesentlichen gar keiner Medikation bedurften. Dies zeigt, dass durch ein richtiges Monitoring eine Kostenersparnis von tatsächlich bis zu 40% erreicht werden kann.

7 Ambient Medicine® 95

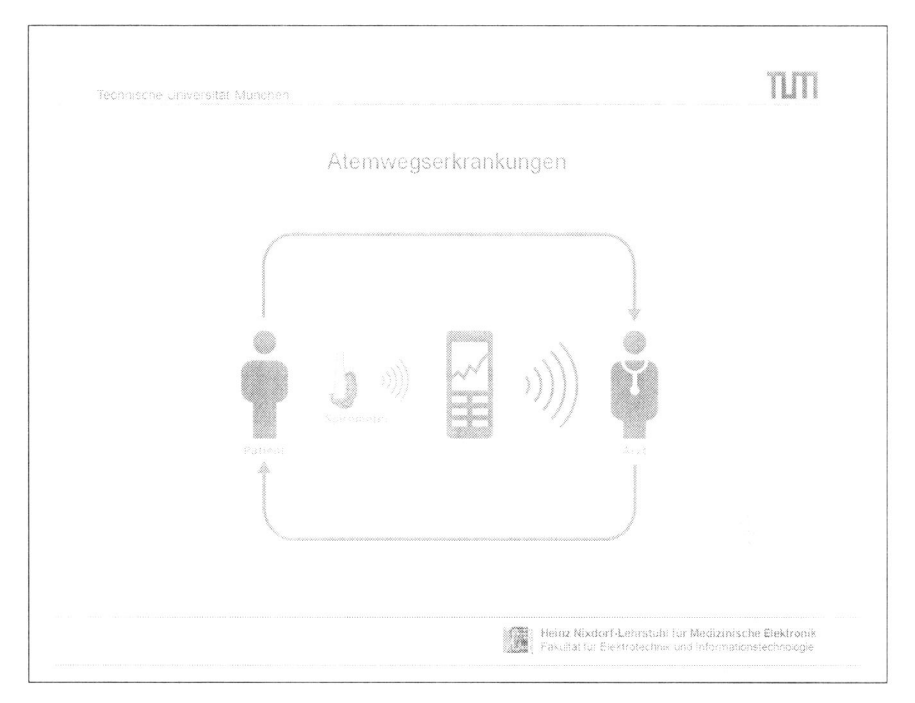

Bild 14

Atemwegserkrankungen wie Asthma und chronisch obstruktive Lungenerkrankung (COPD) nehmen immer mehr zu, auch aufgrund des erhöhten Feinstaubs in der Luft (Bild 14). Ein weiterer Aspekt ist aber auch die psychische Belastung der Menschen.

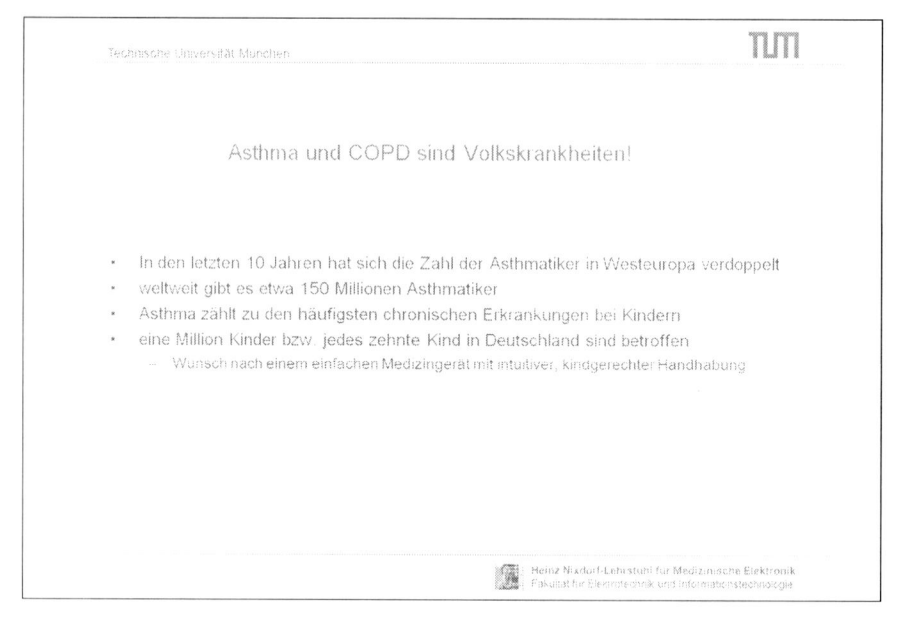

Bild 15

Auf politischer Ebene wird versucht, dem mit Feinstaubverordnungen entgegenzuwirken (Bild 15).

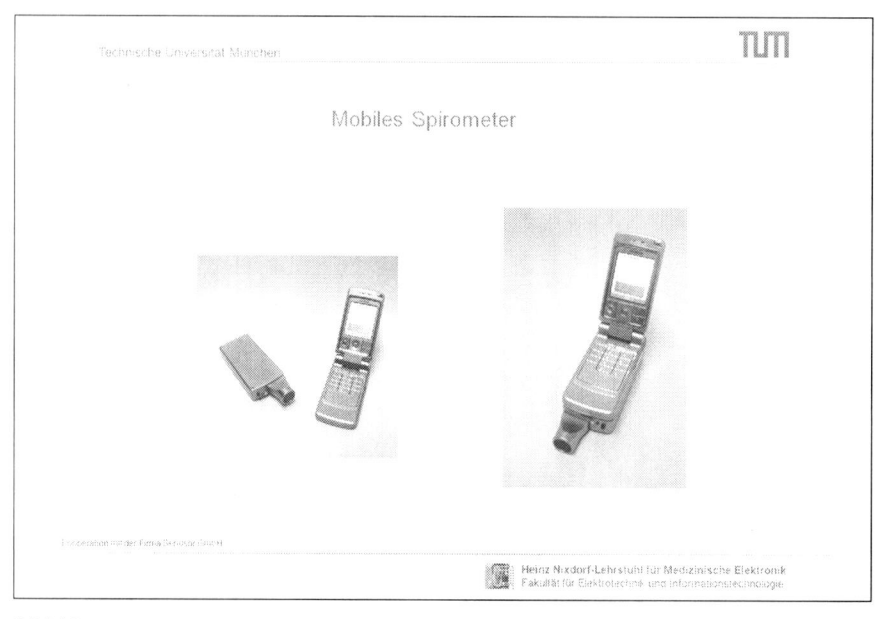

Bild 16

7 Ambient Medicine® 97

Als Therapiehilfe wurde am Heinz Nixdorf-Lehrstuhl ein mobiles Spirometer entwickelt (Bild 16).

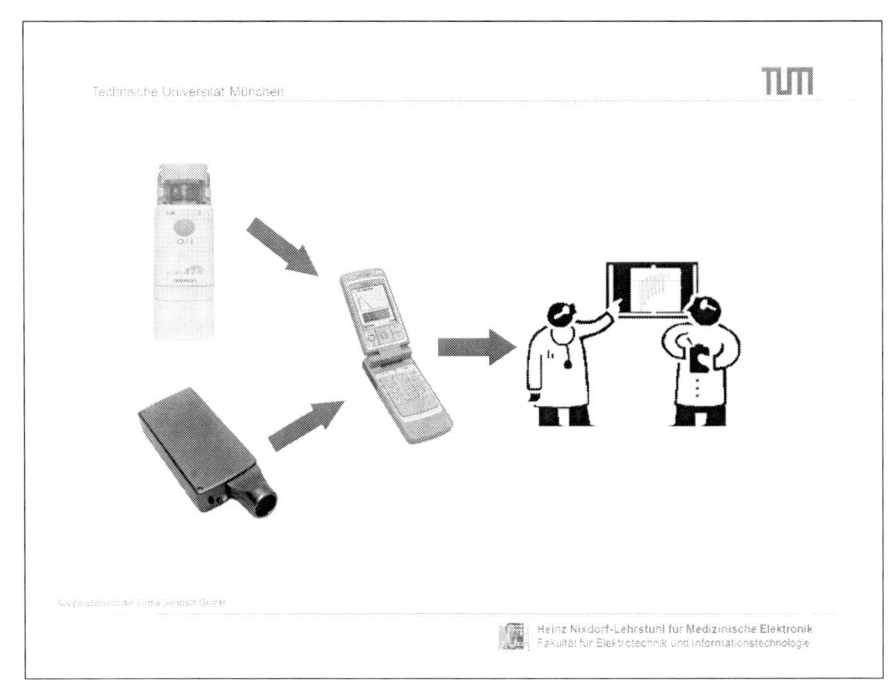

Bild 17

Dieses kann zum einen dem Patienten sagen, wie hoch seine Belastungsfähigkeit ist. Zum anderen kann mit einem mobilen Spirometer eine direkte Closed Loop Therapie gemacht werden (Bild 17). Auch hier konnte festgestellt werden, dass bei Korrelation direkt gemessener Daten mit der Medikamentenabgabe viel weniger Medikamente benötigt werden. Das ist besonders bedeutend für Asthmapatienten, weil dort eigentlich oft eine Übermedikation vorliegt, die zum Auslösen von Asthmaanfällen führen kann. Das Einstellen des optimalen therapeutischen Fensters mit einer telematischen Maßnahme ist ohne weiteres möglich, wenn die Daten aus dem Spirometer an das Applikationsgerät in bewerteter Form weitergegeben werden. Eine Überdosierung ist dann praktisch nicht mehr möglich.

Bild 18

Auch Messungen des Blutzuckergehaltes lassen sich mittels einer Bluetooth-Schnittstelle an ein Handy übertragen (Bild 18). Bei Versuchen in einer Reha Klinik wurde festgestellt, dass eine große Einsparmöglichkeit mit diesem System besteht, weil sehr viele Diabetiker unnötigerweise zu hohe Dosen an Insulin bekommen. Wird das mit ihrer sonstigen Mobilität korreliert, kann eine wesentlich bessere Einstellung erfolgen.

Wir haben versucht, mit einem großen Elektronikkonzern ein Blutzuckermessgerät herzustellen, das direkt im Handy steckt, was jedoch leider scheiterte. LG hat ein solches Gerät in Korea eingeführt. In Deutschland gibt es noch einige prüfrechtliche Bestimmungen, die einer Einführung im Wege stehen. Das ist aber nur eine Frage von Monaten, bis hier die prüfrechtlichen Bestimmungen abgeschlossen sind, ehe mit einem solchen Handygerät mittels Streifenmethode der Blutzucker sehr viel wirklichkeitsnaher gemessen werden kann.

7 Ambient Medicine®

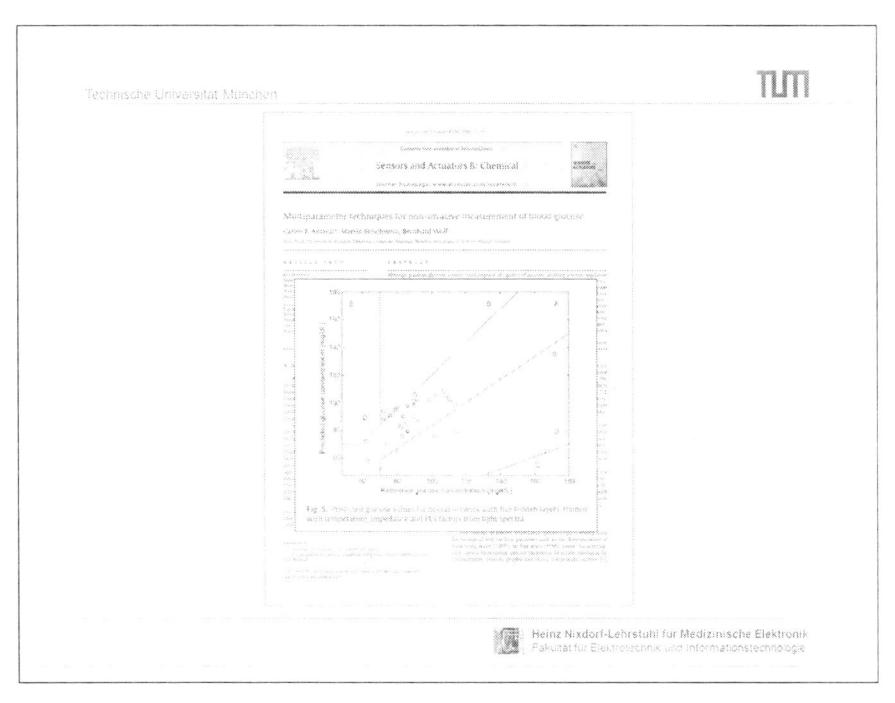

Bild 19

Ein Durchbruch wäre natürlich ein transkutanes Blutzuckermessgerät, d.h. ein Blutzuckermessgerät, bei dem sich der Patient nicht mehr anstechen muss, sondern in das er den Finger hineinlegt, der ein bis zwei Minuten gehalten und etwas gewärmt wird. Über verschiedene Sensorparameter, die mit der blutigen Messung sehr gut korrelierbar sind, erhält der Patient die Werte (Bild 19). Für über 90% der Diabetiker reicht das vollkommen aus. Ein solches transkutanes Blutzuckermessgerät haben wir schon entwickelt. Jetzt muss daraus durch entsprechende Investitionen ein Smartsystem entstehen, das sich ggf. in das Handy integrieren lässt. Die unblutige Glucosemessung wäre ein enormer Durchbruch für die Diabetiker und beispielsweise auch für die weitere Einstellung von Grenzdiabetikern.

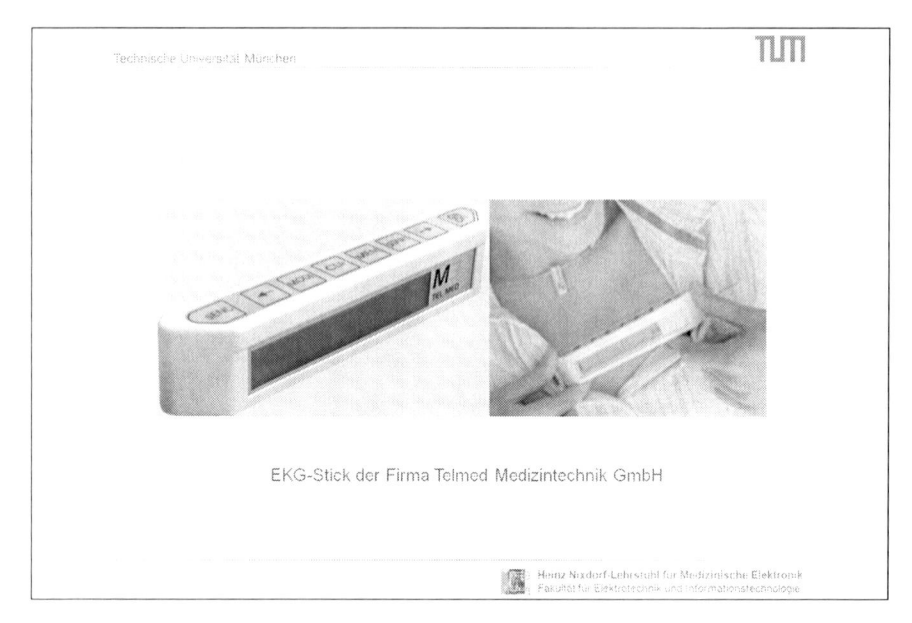

Bild 20

Des Weiteren steht durch Kooperation mit einer Münchener Firma ein EKG Stick zur Verfügung, um Herzratenvariabilität, EKG usw. zu messen (Bild 20). Diese Messdaten werden ebenfalls in der Datenbank gespeichert.

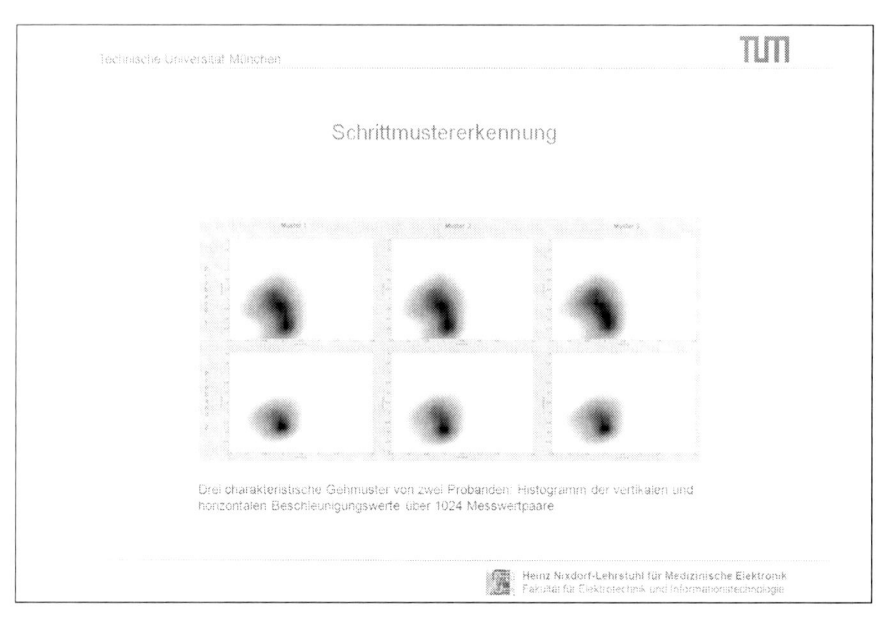

Bild 21

7 Ambient Medicine®

Eines der größeren Probleme für ältere Menschen sind Sturzfolgen, die enorm hohe Kosten erzeugen (Bild 21). Mit einem relativ einfachen System kann dem vorgebeugt werden. Die Person trägt ein scheckkarten-großes Gerät in der Hosen- oder Brusttasche und macht damit eine so genannte Ganganalyse.

Somit lässt sich feststellen, ob diese Person sich normal bewegt oder zum Taumeln neigt. Dementsprechend kann sie vorgewarnt werden, indem ihr das mitgeteilt wird. Ohne irgendwelche großen Einbauten in Gebäuden kann somit relativ leicht eine Sturzprophylaxe realisiert werden.

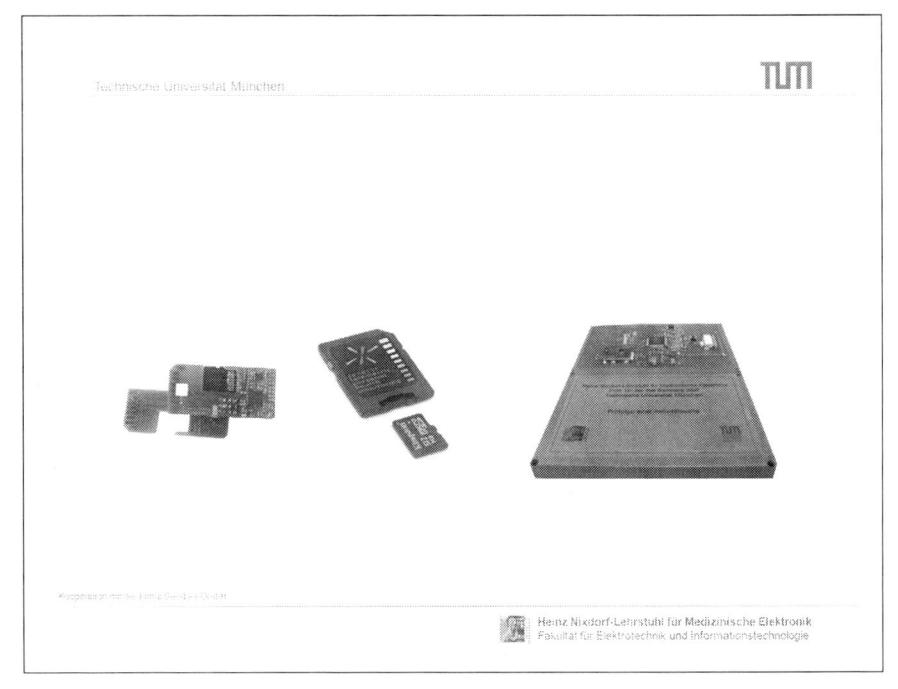

Bild 22

Das Gerät selbst sehen Sie auf Bild 22. Das ist ein kleines System, mit dem auch in einer Reha Klinik gearbeitet wurde. Bei Versuchsreihen stellte sich heraus, dass es einen Zusammenhang zwischen Bewegung und Blutzuckergehalt gibt. Durch einen Nebeneffekt wurde erkannt, dass bei den Leuten, die sich mindestens 10.000 Schritte am Tag bewegt haben, ungefähr 30% aus der Insulinmedikation herauskommen konnten, d.h. diese Personen haben durch Bewegung noch so viel eigene Stoffwechselbereitschaft zum Zuckerabbau gezeigt, dass sie kein Insulin mehr benötigen. Wird ein solches System systematisiert, indem es mit einer Datenbank verbunden wird, kann den Patienten mitgeteilt werden, wie viel Schritte sie schon gelaufen sind, und sie können dazu motiviert werden, das vorgegebene Soll an

Schritten zu erfüllen. Dies ist ein probates Mittel, um Insulin zu reduzieren. Denn Insulin hat natürlich auch wie jedes Medikament Langzeitfolgen.

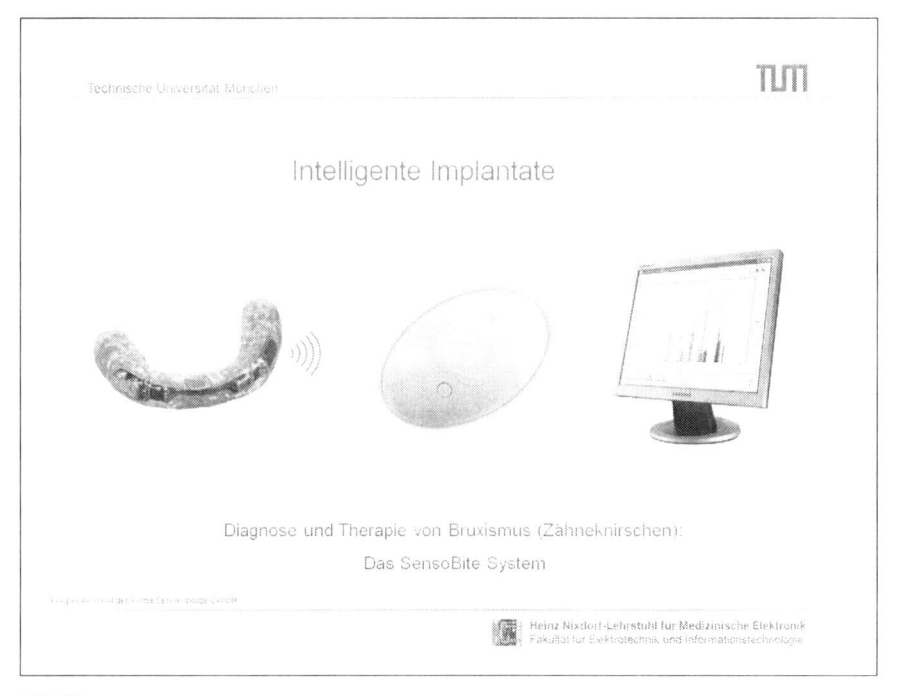

Bild 23

Ein bekanntes Problem in der Therapie ist die Medikation. Bei uns wurde ein System entwickelt, bei dem die ganze Elektronik, die beispielsweise für die Therapie von Bruxismus benötigt wird, in eine Zahnschiene integriert ist (Bild 23). Es hat sich gezeigt – und da sind wir wieder bei ökonomischen Überlegungen –, dass für ein solches System ein Markt vorhanden ist. Diese Zahnschiene wird wie eine Spange im Mund getragen und bei auftretendem Knirschen spüren Sie eine Vibration über einen Empfänger, der beispielsweise in der Hosentasche getragen werden kann. Sie erhalten damit ein Feedback und hören mit dem Knirschen auf. Bei den bisher gelaufenen Untersuchungen hat sich gezeigt, dass bei Bruxismuspatienten nach ungefähr drei bis vier Monaten das Knirschen sehr stark zurückgeht und das situativ bedingte Knirschen, z.B. an roten Ampeln unter Stress usw., sehr schnell behoben werden kann. Für die Patienten ist das ein großer Erfolg. Die Zahnschienen-Elektronik lässt sich für zahlreiche andere Implantate einsetzen.

7 Ambient Medicine®

Intelligente Implantate

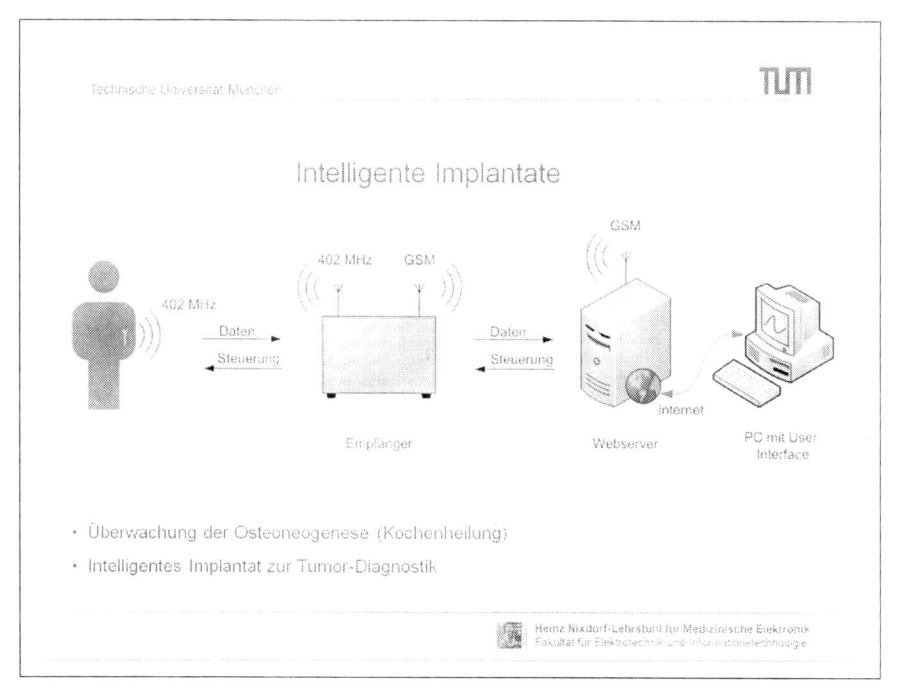

- Überwachung der Osteoneogenese (Kochenheilung)
- Intelligentes Implantat zur Tumor-Diagnostik

Bild 24

Aus der Tumormedizin ist bekannt, dass am besten nachts über Langzeitdosen medikamentiert werden sollte. Tatsächlich erhalten Patienten aber immer noch tagsüber ihre Infusionen. Mit Hilfe unserer Vorarbeiten ist es möglich, in Personen, die einen Tumor an einer unzugänglichen oder schlecht operablen Stelle haben, Implantate mit entsprechender Elektronik einzusetzen, die immer dann den Wirkstoff abgeben, wenn die Zellen wachsen (Bild 24). Glücklicherweise wachsen bei den meisten Patienten die Zellen sehr langsam. Sie wachsen auch in Schüben. Reduziert man sich in einer Therapie darauf, immer nur während der Schübe zu therapieren, bekommt der Patient wesentlich weniger Nebenwirkungen und erhält eine bessere Lebensqualität.

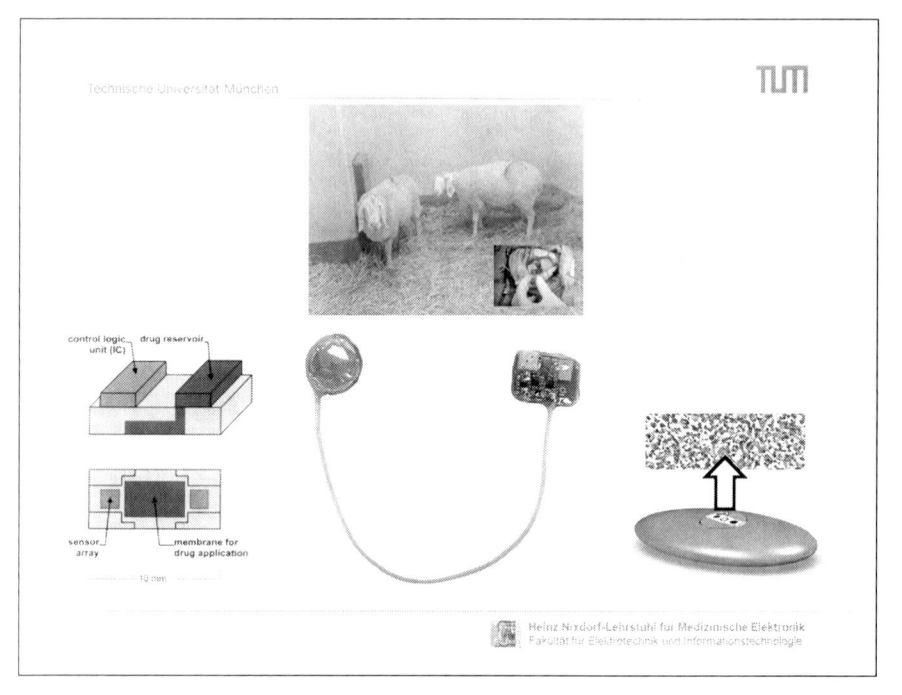

Bild 25

Die Entwicklung solcher therapeutischer Implantate, wie sie auf Bild 25 zu sehen sind, ist natürlich ein langer und schwieriger Weg. Wird ein System entwickelt, das in Menschen eingebaut wird, sind sehr viele Zulassungshürden zu überwinden. Zusammen mit einem Wiener Krankenhaus wurde ein solches therapeutisches Implantat bereits beim Schaf getestet. Dieses Implantat hat ein halbes Jahr erfolgreich funktioniert. Anwendungsziel dieses Systems war die Steuerung des Knochenwachstums, was bei komplizierten Brüchen wichtig ist. Im Bereich der intelligenten Implantate, die durch Datenbanken gesteuert werden, liegt ein enormes Potenzial, das dann tatsächlich auch für die älter werdende Bevölkerung ziemlich große Durchbrüche in der Medikation generieren kann.

7 Ambient Medicine®

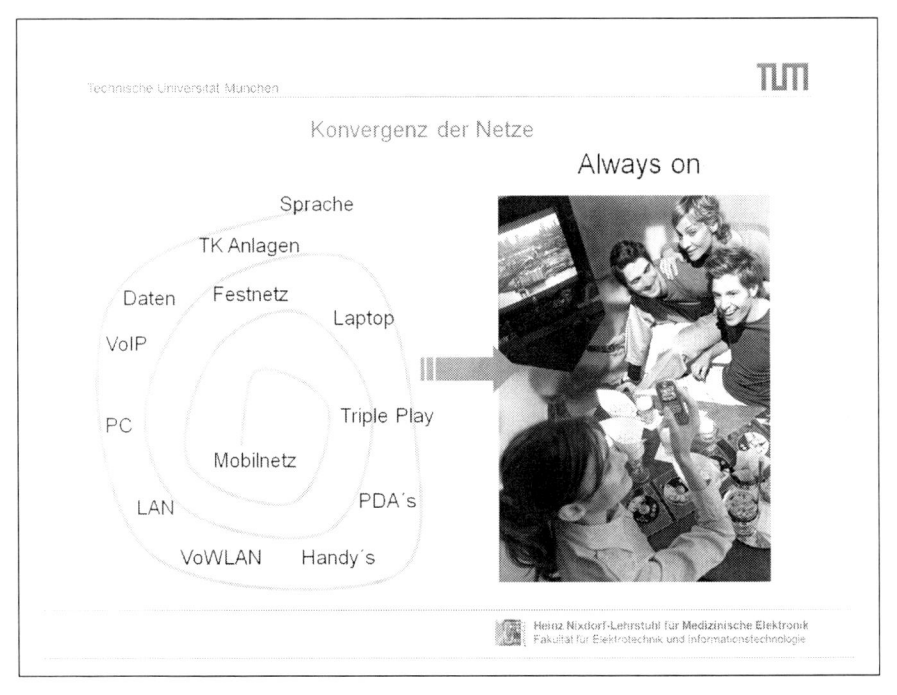

Bild 26

Ein oft diskutiertes Problem ist die Schnittstellensicherheit. Jedoch gibt es genügend Möglichkeiten, das System so auszulegen, dass es auf Festnetz, WLAN oder sonstige Übertragungsmedien wechselt, wenn es eine bestimmte Schnittstelle verliert (Bild 26). Dieses technische Problem ist von der Schaltungstechnik her ganz gut in den Griff zu bekommen.

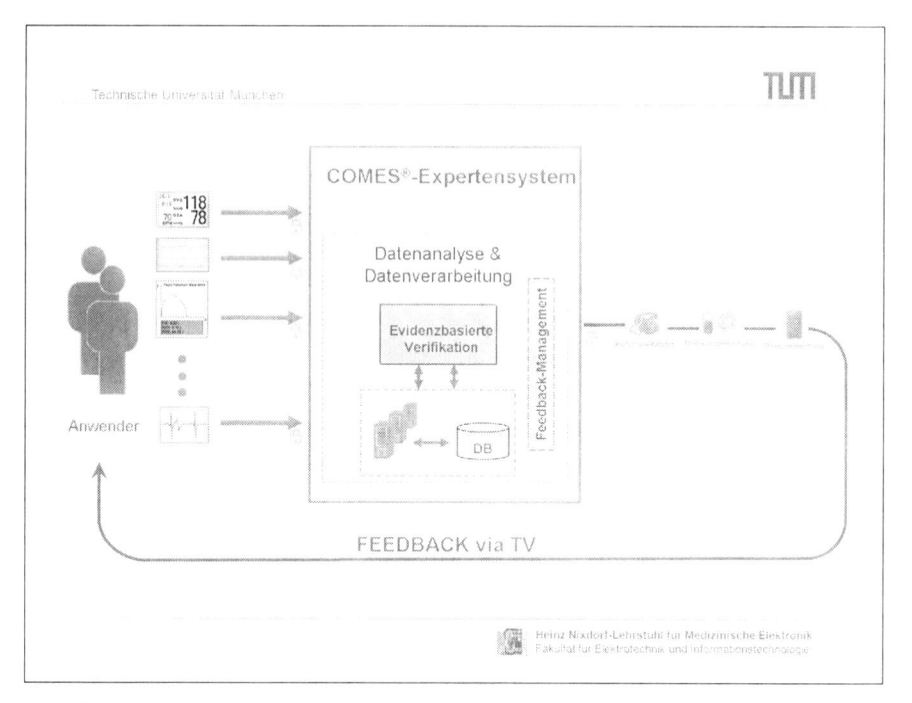

Bild 27

Das hat dazu geführt, dass wir mit einem Anbieter von Datenbanken ein Konzept namens COMES® entwickelt haben, bei dem all diese Sensoren zusammengeführt werden (Bild 27). Alle Sensoren, die gerade aufgezeigt wurden, können in einer Datenbank zusammenlaufen, deren Daten dort bearbeitet und interpretiert werden. Sie können mit evidenzbasierten Daten gegengeprüft und dann entweder direkt an den Patienten zurückgegeben oder nur dem Arzt zur Verfügung gestellt werden.

Gegenwärtig ist bei all unseren Projekten ganz interessant, dass im Gegensatz zu Erfahrungen anderer Institutionen und Firmen der Medizintechnikbranche die Mediziner begeistert und aufgeschlossen sind. Die einzige Kritik ist immer die, dass ein niedergelassener Arzt ein Gerät ganz intuitiv bedienen möchte, genauso wie er z.B. Auto fährt. Außerdem möchte er nicht in die Details der Datenverarbeitung usw. eingearbeitet werden. D.h. eine intuitive Oberfläche ist zwingend erforderlich, damit es später auch eine Umsetzung in der Praxis gibt.

7 Ambient Medicine®

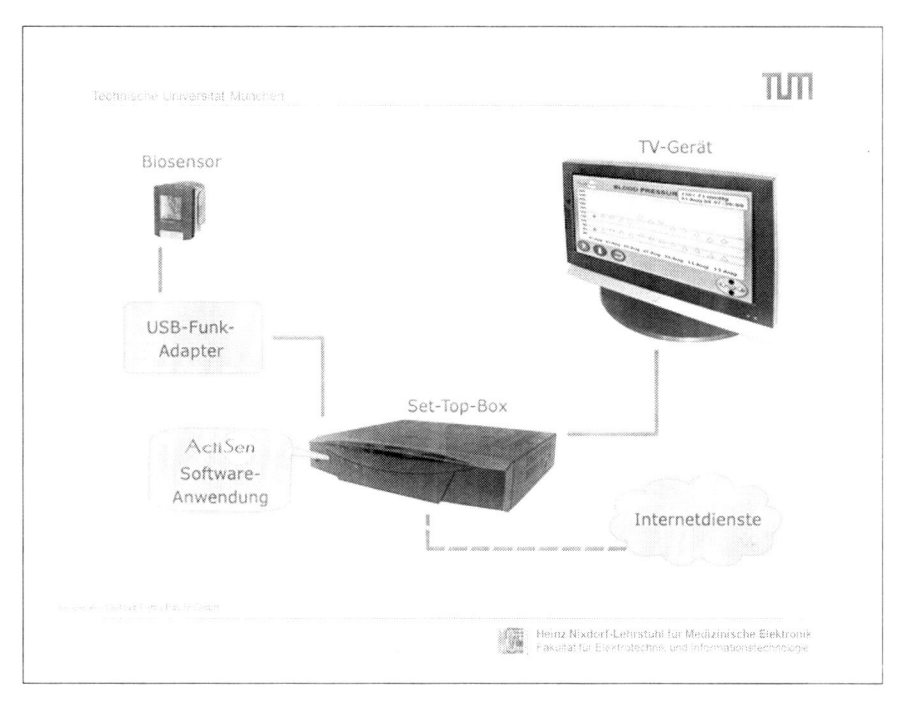

Bild 28

Eine weitere Schnittstelle zwischen der Datenbank, dem Sensor und dem Patient kann eine so genannte Set-Top Box sein (Bild 28). Warum ist das Fernsehgerät als Endgerät besonders interessant? Es besteht die Möglichkeit, dass zusätzliche Informationen eingeblendet werden können, wie Verhaltens-, Therapie- oder Bewegungsmaßnahmen. Das kann mühelos auch in Spielfilme eingeblendet werden, wenn jemand z.B. die ganze Zeit unbewegt vor dem Gerät sitzt, was natürlich bei älteren Menschen z.B. Thrombosen und andere negative Begleiterscheinungen ziemlich stark fördert. So kann eine Information eingegeben werden, dass der Anwender die Beine bewegen soll, einmal kurz aufstehen soll usw. Das ist sehr wichtig, weil mit zunehmendem Alter der Platz vor dem Fernsehgerät immer häufiger ist, wenn die Bevölkerung immobiler wird. Als Trainings- und Steuerungsmaßnahme ist ein solches datenbankgestütztes Feedback-Interventionssystem sehr interessant.

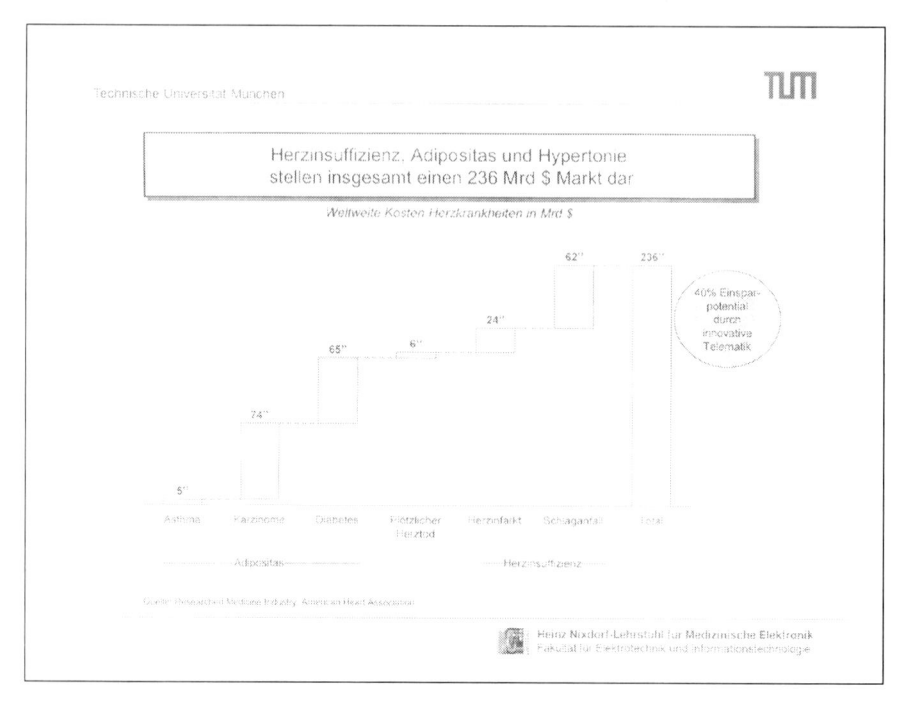

Bild 29

Wie eine Studie der American Heart Association zeigt, belaufen sich die Kosten von Herzkrankheiten weltweit auf 236 Mrd. $ (Bild 29). Allein durch innovative Telematik, wie sie soeben vorgestellt wurde, sind bis zu 40% Einsparpotential möglich. Nicht inbegriffen ist – dies wurde erst vor einigen Wochen in einer Statistik festgestellt –, dass bei einer intelligenten Blutdruckführung auch ein viel geringeres Apoplexrisiko besteht. Heute ist an den Blutdruckwellen und an der Blutdruckdynamik sehr gut abzuschätzen, wann ein Patient in das Risiko eines Gehirnschlags kommt. Sehr viele Gehirnschläge sind tatsächlich auch situativ bedingt, d.h. dass sich ein älterer Mensch überfordert hat. Da kann mit solchen telematischen Systemen interveniert werden.

> Die Verknüpfung biomedizinischer Sensorik
> mit elektronischen Medien dient der informationellen
> Selbstbestimmung des Bürgers im medizinischen Umfeld,
> und kann die gegenwärtigen Kosten des Gesundheitssystems
> nahezu halbieren.

Bild 30

Im Allgemeinen können solche netzwerkgestützten, telematik-gestützten, medizinischen Sensorsysteme im Verbund mit entsprechenden Datenbanken, in denen die Daten nicht nur gespeichert, sondern auch Informationen an den Patienten weitergegeben werden, ganz sinnvolle Materialien für ein besseres Leben sein (Bild 30).

Die ältere Bevölkerung benötigt tatsächlich einen verbesserten Arztkontakt. Auf der einen Seite sind viele aufgrund der Immobilisierung stärker auf den häuslichen Bereich angewiesen. Auf der anderen Seite ist man im Urlaub bzw. auf Reisen von seinem Arzt räumlich getrennt. Mit Hilfe der gezeigten Systeme kann der Kontakt zu dem jeweiligen Hausarzt aufrecht erhalten und ein medizinischer Versorgungsbezug gesichert werden. Durch telematische Konsultationen und Interventionen können in der Praxis ähnliche Effizienzeffekte erzielt werden, wie wir sie aus der technischen Welt bereits kennen.

8 Sichere Kommunikations-Infrastruktur

Kurt Lösch
Alcatel-Lucent Deutschland AG, Stuttgart

Die Bedeutung der Mobilfunkanbindungen im Gesundheitswesen wird erheblich steigen, weil jeder gern unterwegs ist, auch wenn er nicht mehr ganz gesund ist. Alle Standards und Richtlinien für Telemonitoring sollten dies mit in Betracht ziehen. Wie später aufgezeigt wird, können die Sicherheitsanforderungen für Telemonitoring mit den gängigen Verfahren der Kryptografie erfüllt werden. Sie müssen nur konsequent und nahtlos umgesetzt werden. Es gibt, wie heute schon erwähnt, die Empfehlung der EU, dass die eHealth-Systeme bis Ende 2015 voll interoperabel sein sollen. Das setzt voraus, dass wir durchgehend einheitliche Standards einsetzen.

Ein Telemonitoring-System muss ein Baustein in einer gesamten Gesundheitsarchitektur sein. Es sollte nach Bedarf hinzugefügt oder durch andere Funktionsmodule ersetzt werden können, ohne dass das, was im Hintergrund auf der Netzwerkseite und in den Datenbankensystemen läuft, völlig neu konfiguriert werden muss. Insbesondere kann Telemonitoring ein sehr interessanter Ansatz bei Ambient-Assisted-Living-Lösungen werden. Die Alcatel-Lucent Bell Labs sehen in der sicheren Kommunikations-Infrastruktur eine Grundvoraussetzung für Telemonitoring. Ich möchte betonen, dass es um eine durchgängige Ende-zu-Ende-Sicherheit geht, die vom Patient bis zum Arzt, zum medizinischen Dienstleister oder dem Sozialdienst reichen muss.

Wie man in Bild 1 sieht, sind beim Telemonitoring eine große Zahl von Geräten und Stellen involviert. Die Kette umfasst Messgeräte zur Erfassung der Vitaldaten, Telekommunikationsgeräte, wobei mobile Endgeräte immer wichtiger werden, die zugehörigen Netze (Mobilfunk, Festnetze, Internet), Anwendungen, Call Center, Datensammlung und Datenaufbereitung. Hier lassen sich viele Schritte automatisieren, wie wir im vorhergehenden Vortrag gehört haben.

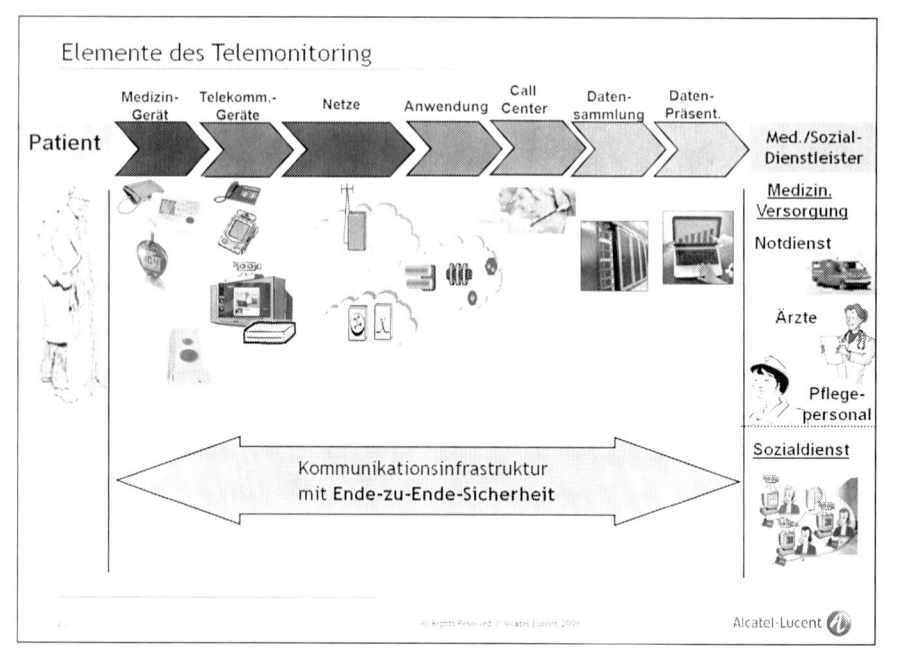

Bild 1: Elemente des Telemonitoring

Mein Vortrag wird sich wie folgt untergliedern. Ich werde mit allgemeinen Anforderungen an die Informations- und Kommunikations-Infrastruktur beginnen und mich dabei auf den Bereich der nichtregulierten Anwendungen konzentrieren. Anschließend werde ich einige Beispiele zur Umsetzung der Anforderungen bringen, kurz auf zugehörige Standards eingehen und am Schluss einen Ausblick auf das SmartSenior-Projekt geben.

Natürlich müssen auch bei den nicht-regulierten Telemonitoring-Lösungen alle Bestimmungen des Datenschutzgesetzes beachtet werden, nämlich Zweckgebundenheit, Datensparsamkeit und Erlaubnisvorbehalt, das heißt die Erhebung, Verarbeitung und Nutzung personenbezogener Daten ist nur nach Einwilligung der betreffenden Person und nur für einen bestimmten Zweck zulässig. Eine Vorratsdatenerhebung nach dem Motto erst einmal „Alles" sammeln und später überlegen, wie und was daraus abgeleitet werden kann, ist nicht erlaubt und muss damit auch von den Systemen unterbunden werden. Wenn es sich im konkreten Fall um Dienstleistungen handelt, die vom Sozialgesetzbuch abgedeckt werden, müssen auch die dortigen Regelungen (SGB 1 §35: Sozialgeheimnis, §36a: Elektronische Kommunikation), hinsichtlich Geheimhaltung und Zugangsbeschränkungen erfüllt werden. Analoges gilt für Krankenhausgesetze. Aber Telemonitoring ermöglicht auch im nichtregulierten Bereich in vielen Fällen eine Verbesserung der Situation für den Patienten oder Pflegebedürftigen.

8 Sichere Kommunikations-Infrastruktur

Die Kommunikations-Infrastruktur muss auch Regularien zur Wahrung der ärztlichen Schweigepflicht umsetzen. So müssen beispielsweise für Diagnosen, Bewertungen oder Befunde wesentlich höhere Sicherheitsstufen eingesetzt werden als für Vitaldaten und sonstige Sensordaten. Die Rechte des Patienten auf Benachrichtigung über Einträge, die in seine elektronische Gesundheitsakte erfolgen, auf Einsichtnahme in alle über ihn gespeicherten Daten sowie auf Löschungsansprüche für bestimmte Einträge sind unbedingt sicherzustellen.

Die Forderungen nach Authentizität, Integrität und Vertraulichkeit der Daten sind selbstverständlich und müssen durch geeignete Maßnahmen sowohl bei der Übertragung als auch bei der Abspeicherung sichergestellt werden. Die beteiligten Kommunikationspartner müssen sich eindeutig authentisieren. Die personenbezogenen Daten sind zu pseudonymisieren, und natürlich müssen alle übertragenen Daten auch auf Integrität überprüft werden. Dazu gibt es bewährte technologische Lösungen, die ich später noch aufzeigen werde. Für den Notfall sollte auch ein bestimmter Teil der Patientendaten (der Notfall-Datensatz) einsehbar sein, um schnelle und zielgerichtete Hilfe zu ermöglichen.

Beim Zugriff auf gespeicherte Daten ist sicherzustellen, dass die Daten nur von den Personen gelesen werden dürfen, die für den konkreten Behandlungsfall eine Zugriffsberechtigung haben. Hierzu sind Profile mit unterschiedlichen Zugangsberechtigungen einzurichten, wie beispielsweise behandelnder Krankenhausarzt, Hausarzt, Notarzt, Pflegepersonal, Patient, Angehörige des Patienten bei entsprechender Verfügung des Patienten, usw. Grundsätzlich sind erfolgreiche und erfolglose Zugriffe auf gespeicherte Daten zu protokollieren und beweisfähig abzulegen.

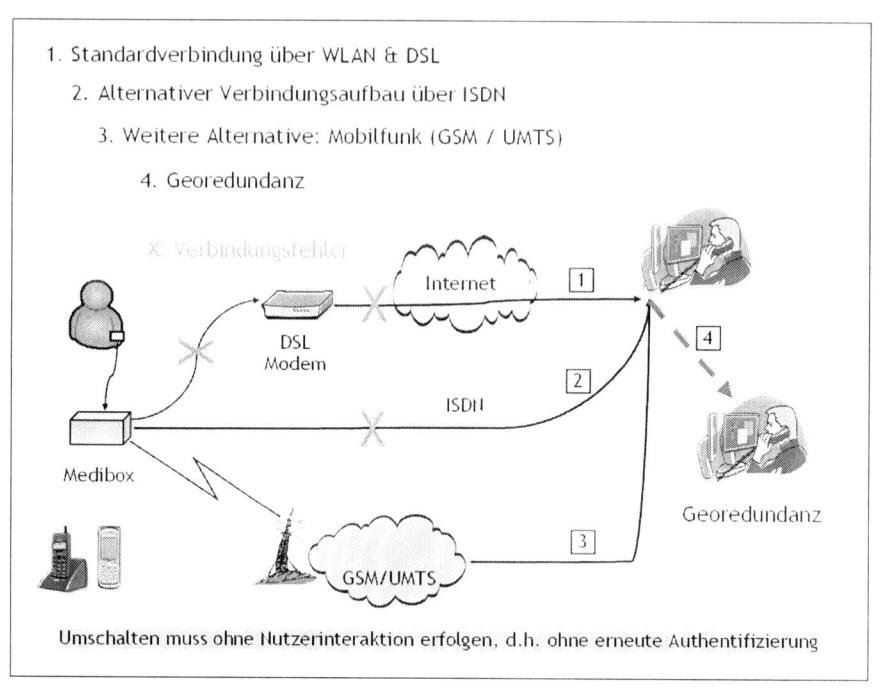

Bild 2: Sicherstellung der permanenten Verfügbarkeit

Das Themenfeld Umsetzung der Anforderungen möchte ich mit dem Punkt „permanente Verfügbarkeit" beginnen (Bild 2). Die meisten Anwendungen benutzen typischerweise DSL-Modems mit LAN oder WLAN. In diesem Bereich sind Störungen nicht ganz zu vermeiden, sei es durch benachbarte WLAN-Router oder durch Störungen des Internetverkehrs. Wenn Sie die allgemeinen Geschäftsbedingungen Ihres DSL-Providers genau durchsehen, können Sie feststellen, dass nur 97% Verfügbarkeit garantiert wird, d.h. 3% der Tage, also ungefähr zehn Tage im Jahr, könnte das System gestört sein, ohne dass Sie Anspruch auf Behebung des Schadens haben. Das ist natürlich für eine permanente Überwachung medizinischer Daten nicht ausreichend. Wir müssen also einen zweiten Pfad zur Verfügung stellen. Das kann beispielsweise ISDN sein. Es gibt Router, die selbsttätig eine ISDN-Wählverbindung aufbauen, wenn die DSL-Verbindung ausfällt, und diese dann beenden, sobald DSL wieder zur Verfügung steht. Dies bringt bereits eine deutliche Erhöhung der Verfügbarkeit. Da aber ISDN und DSL auf der gleichen physikalischen Kupferdoppelader laufen, fallen bei einer Kabelunterbrechung beide gleichzeitig aus. Dann bleibt uns letztendlich nur noch der Mobilfunk übrig, der dann eventuell mit eingeschränkter Datenrate, die Verbindung aufrechterhalten kann. Auf der Netzwerkseite gibt es die Möglichkeit, das System redundant auszulegen, möglichst auch an einem anderen Ort, so dass dann auch bei Auftreten eines größeren Problems der Betrieb gewährleistet ist. Dabei ist ganz wichtig, dass diese Umschaltprozesse ohne Nutzer-Interaktion erfolgen und insbesondere auch ohne erneute Authentifizierung, weil dieser Prozess viel zu schwerfällig wäre und oftmals unterbleiben würde.

Für den Datentransport hat sich die Verwendung von Virtual Private Networks (VPN) schon in vielen Bereichen eingespielt, zum Beispiel für Email-Abrufe aus Ihrem Firmennetz. Beide Seiten müssen sich zunächst authentifizieren. Dann wird eine sichere, weil verschlüsselte Punkt-zu-Punkt-Verbindung zwischen den beiden Endpunkten aufgebaut. Empfangsbestätigungen sind auch möglich. Dennoch sollten bei Telemonitoring personenbezogene Daten pseudonymisiert und möglichst getrennt von den Messdaten übertragen werden.

Wie die Verschlüsselung im Einzelnen abläuft, möchte ich anhand des so genannten hybriden Verschlüsselungsverfahrens erläutern, das davon ausgeht, dass der Empfänger von Daten zunächst einen öffentlichen Schlüssel $Ö_E$ und einen privaten Schlüssel P_E generiert. Der private Schlüssel P_E bleibt bei ihm, der öffentliche Schlüssel $Ö_E$ wird zum Sender geschickt und dort wird das zu versendende Dokument mit einem neu erzeugten Schlüssel S verschlüsselt, der nur einmalig verwendet wird. Dieser Schlüssel S wird mit dem öffentlichen Schlüssel des Empfängers $Ö_E$ verschlüsselt, und beide Resultate gehen über die Leitung. Ein potentieller Lauscher (man in the middle) kann zwar alle Informationen abfangen, aber er kann sie nicht entschlüsseln, da er den privaten Schlüssel des Empfängers P_E nicht kennt. Der Empfänger nimmt seinen privaten Schlüssel P_E, entschlüsselt damit den Schlüssel des Senders S und kann dann damit das empfangene Dokument entschlüsseln und einsehen. Dieses Verfahren ist recht effizient und braucht relativ wenig Rechenzeit, so dass es auch mit mobilen Endgeräten implementiert werden kann.

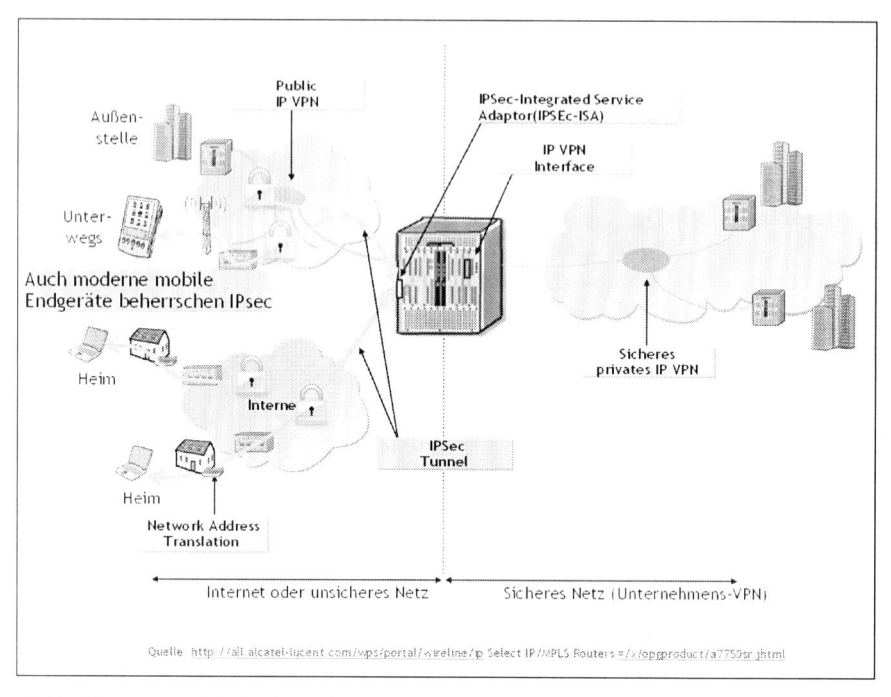

Bild 3: Umsetzungsbeispiel für gesicherte Verbindung (IPsec Tunnels und IPsec Konzentrator)

Der Übertragungsweg kann über eine Vielzahl verschiedener Netze führen (Bild 3). In unsicheren Netzen, wie zum Beispiel dem Internet, sind gesicherte Verbindungen gemäß Internet Protocol Security (abgekürzt IPsec) erforderlich (Tunnels). Als Verschlüsselungsverfahren werden AES-128, AES-192 und AES-256 (AES steht für Advanced Encryption Security, die Zahl gibt die die Länge des Schlüssels in bit an) eingesetzt. Längere Schlüssel bieten mehr Sicherheit, da die Zahl der Versuche zum Auffinden eines unbekannten Schlüssels gemäß $2^{n/2}$ exponentiell mit der bit-Zahl n ansteigt. Bei AES-256 wären demnach im Mittel 2^{128} also $3{,}4 \times 10^{38}$ Versuche erforderlich, was bei einer angenommenen Rechenleistung von 10^9 Versuchen/s einer Zeit von 10^{22} Jahren entspräche.

Da für jeden einzelnen Teilnehmer eine Entschlüsselung durchgeführt werden muss, haben sich bestimmte Geräte etabliert, die eine große Anzahl von solchen Kanälen gleichzeitig verarbeiten können und die Daten dann in ein gesichertes Netz, beispielsweise eines Krankenhauses oder eines Gesundheitsdienstleisters einspeisen können. Es gibt Geräte, die beispielsweise 32.000 solcher Entschlüsselungs-Sessions gleichzeitig abarbeiten können, und die bis zu 100 neue gesicherte Verbindungen pro Sekunde aufbauen können. Das ist heute Stand der Technik und wird für Onlinebanking und ähnliche Anwendungsgebiete eingesetzt. Zusätzlich werden die Daten mit so genannten Prüfsummen (Hashing HMAC-MD5 oder

HMAC-SHA1) versehen, so dass die Unversehrtheit am Ankunftsort festgestellt werden kann. Wichtig ist auch, dass die Sicherheit nicht auf netzbetriebene Endgeräte und Festnetzverbindungen zuhause beschränkt ist, sondern heute auch für unterwegs auf leistungsfähigen mobilen Endgeräten implementiert werden kann. Moderne Smartphone-Betriebssysteme und –Browser unterstützen die Verschlüsselung mit ausreichender Schlüssellänge (128 bit) sowie asymmetrische und symmetrische Verfahren.

Ich hatte schon gesagt, dass personenbezogene Daten pseudonymisiert und verschlüsselt abgelegt werden müssen. Die Vitaldaten dagegen müssen nicht unbedingt verschlüsselt abgelegt werden. Das hängt davon ab, wie es im Einzelfall von der Applikation und den Rahmenbedingungen geregelt wird. Andere Daten, wie z.B. Videokommunikation brauchen wir zur Übertragung nicht zu verschlüsseln. Wichtig ist, dass in der Datenbank alle Vorgänge protokolliert werden, so dass jederzeit ein Nachweis erbracht werden kann, wer welchen Eintrag eingefügt, geändert oder gelöscht hat.

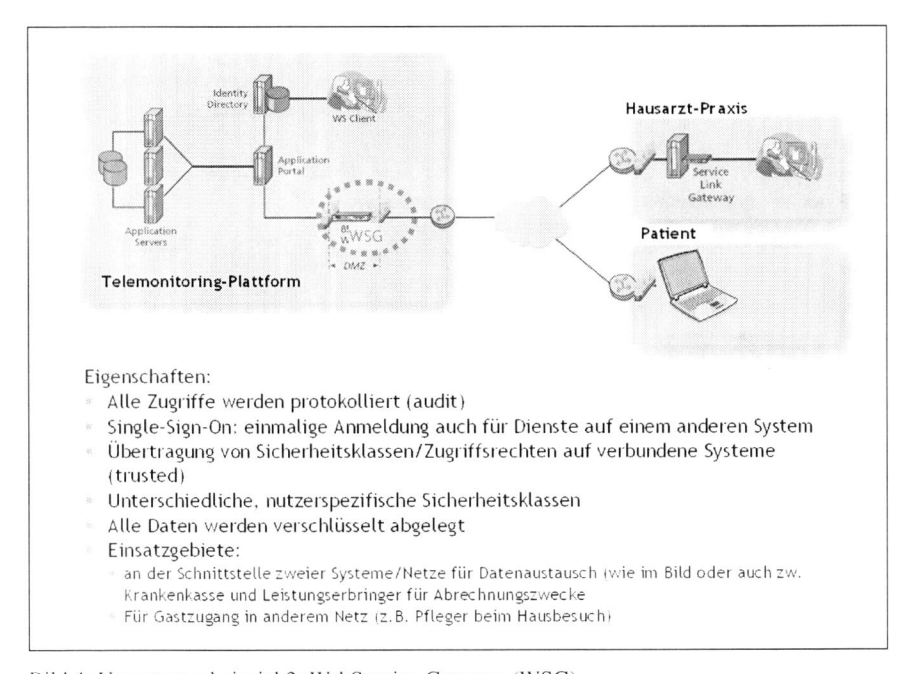

Bild 4: Umsetzungsbeispiel 2: WebService Gateway (WSG)

Wie sieht nun die technische Umsetzung aus, wenn mehrere System oder Plattformen beteiligt sind? Hierfür gibt so genannte Webservice Gateways, siehe Bild 4. Sie werden z.B. am Ende einer Telemonitoring-Plattform zwischen zwei Firewalls, in die so genannte entmilitarisierte Zone, eingebaut und ermöglichen dann beispielsweise Hausarztpraxen, Patienten oder auch Angehörigen des Patienten (natürlich nur, wenn der Patient dies ausdrücklich wünscht) Zugriff auf die Daten, die im gesicherten System (zum Beispiel des Betreibers) gespeichert sind. Das Web Service Gateway protokolliert alle Zugriffe. Es ermöglicht auch ein Single-Sign-On, eine Anmeldung an einer Stelle, um auch Dienste auf einem anderen System nutzen zu können. Dazu werden die Zugriffsrechte und Sicherheitsklassen zwischen den beteiligten Systemen ausgetauscht.

Solche Gateways können an verschiedenen Stellen eingesetzt werden, zum einen wie in Bild 4 dargestellt. Sie können aber auch verwendet werden, um Krankenkassen und Leistungserbringer zu verbinden oder einen Gastzugang einzurichten, z.B. für eine Pflegerin, damit diese während sie sich im Haus der kranken Person befindet, auf „ihre" Daten im Dienstleistungszentrum zugreifen kann.

Lassen Sie mich noch einige weitere wichtige Sicherheitsaspekte erwähnen: Temporäre Dateien sind nach Abschluss einer Transaktion zu löschen. Wichtig ist, dass alle Personen, die solche Systeme administrieren, auch entsprechend geschult werden, um einen unsachgemäßen Umgang mit ihren Zugangsberechtigungen zu vermeiden. Ebenso wichtig ist, dass die Verwaltung aller Accounts an einer Stelle erfolgt und dass Passwortregeln entsprechend der heute gültigen Sicherheitsanforderungen ausgeführt werden.

- Allgemeine Sicherheit (siehe Wikipedia Transport Layer Security)
  - IPSec Internet Protocol Security (für IPv6 obligatorisch) mit
    - ESP: Encapsulating Security Payload
    - AH: Authentication Header
    - IKE: Internet Key Exchange, MobIKE (Wechsel der IP-Adr. während Session)
  - TLS (Transport Layer Security, IETF RFC 2246 (1999) → RFC 5246 (2008)) oder alte Bezeichnung SSL (Secure Sockets La
  - PFS: Perfect Forward Secrecy (Wikipedia deutsch: Folgenlosigkeit)
  - AES: Advanced Encryption Security (IETF RFC 3686, Jan. 2004)

- eHealth
  - Continua Health Alliance: global agierende Unternehmen; Ziel: Interoperabilität für zweiten und dritten Gesundheitsmarkt
  - HL7 (Health Level; Standards für Datenaustausch in OSI-Schicht 7 (Applikationsebene),
    VITAL (ISO11073) (Dateiformat), DICOM (Dig. Imaging & Commun.in Medicine)
  - Bluetooth Medical Device Protocol (und IEEE-11073 Personal Health Data (PHD))
  - Imprimo Plattform für Vitaldatenerfassung über mobile Endgeräte (BMWi Projekt)
  - XACML (eXtensible Access Control Markup Language) der Organization for the Advancement of Structured Information Standards (OASIS) für Beschreibung von Zugriffsrichtlinien
  - SOAP: Protokoll für Datenaustausch zwischen Systemen und Fernaufruf von Prozeduren
    früher Simple Object Access Protocol oder Service Oriented Architecture Protocol genannt, jetzt Eigenname

- Endgeräte
  - UPnP: Universal Plug and Play Protokoll
  - USB: Universal Serial Bus (Schnittstelle und Protokoll)
  - Bluetooth; ZigBee; UWB (Ultra Wide Band) für low power Wireless Body Area Networks (WBAN)
  - URC: Universal Remote Control (Middleware)

Bild 5: Relevante Standards und Allianzen

Als letztes Themenfeld möchte noch kurz auf Standards und Allianzen eingehen, die für Telemonitoring wichtig sind (Bild 5). Die entsprechenden Richtlinien zur Sicherheit im IP-Datenverkehr haben wir bereits behandelt. Weitergehende Informationen sind beispielsweise in Wikipedia unter dem Stichwort „Transport Layer Security" zu finden. Im eHealth-Bereich gibt es eine Vielzahl von Standards und Allianzen. Die Continua Health Alliance wurde bereits im vorigen Beitrag vorgestellt. Neben Standards für den Austausch von medizinischen Daten, gibt es standardisierte Beschreibungssprachen, die auch Zugriffsrechte regeln. Für die Verbindung von medizinischen Geräten wird derzeit das Bluetooth-Protokoll um das Bluetooth Medical Device Protokoll erweitert, um spezifische Anforderungen aus dem Gesundheitsbereich abzudecken. Wichtig sind die Möglichkeiten, Prozeduren aus der Ferne über das so genannte SOAP-Protokoll aufzurufen, und - last but not least - braucht man natürlich bei den Endgeräten auch entsprechende Schnittstellen. Auch die Vitaldatenerfassung sollte das Universal-Plug-and-Play-Konzept verwenden, wie es im Multimediabereich eingesetzt wird: man schließt ein neues Gerät an und es „weiß selbst", wie es mit den Anwendungen im Netzwerk kommunizieren kann. Neben der drahtgebunden USB-Schnittstelle sind die Funkstandards Bluetooth, ZigBee und in Zukunft vielleicht auch Ultra Wideband-Verfahren mit sehr geringem Energieverbrauch für Body Area Networks von großer Bedeutung. Grundsätzlich halte ich es für wichtig, dass die Entwickler von Telemonitoring-Lösungen nicht proprietäre Standards erarbeiten, sondern Standards einsetzen, die in sehr viel größeren Stückzahlen bereits an anderer Stelle verwendet werden. Dies reduziert die Kosten der Produkte und erleichtert die Einbindung der Geräte in bestehende Netzwerke.

Lassen Sie mich nun kurz zusammenfassen: die Sicherheitsanforderungen für Telemonitoring-Aufgaben können mit den bestehenden Verfahren der Kryptografie erfüllt werden. Sie müssen nur konsequent und nahtlos umgesetzt werden. Das ist der wesentliche Punkt. Mobilfunkanbindungen werden immer wichtiger werden, weil jeder gern unterwegs ist, auch wenn er nicht mehr ganz gesund ist. Alle Standards und Richtlinien sollten dies mit in Betracht ziehen. Die Empfehlung der EU zur Interoperabilität der eHealth-Systeme bis Ende 2015 ist ohne den frühzeitigen Einsatz einheitlicher und durchgängiger Standards nicht zu erfüllen.

Wie bereits in den vorausgegangenen Beiträgen ausgeführt wurde, sollte ein Telemonitoring-System eigentlich ein Baustein in einer gesamten Gesundheitsarchitektur sein. Es sollte nach Bedarf hinzugefügt oder durch andere Funktionsmodule ersetzt werden können, ohne dass das, was im Hintergrund auf der Netzwerkseite und in den Datenbankensystemen läuft, völlig neu konfiguriert werden muss. Insbesondere kann Telemonitoring ein sehr interessanter Ansatz bei Ambient-Assisted-Living-Lösungen werden. Man kann zunächst mit Komfortfunktionen beginnen (beispielsweise eine Vernetzung der Unterhaltungselektronik oder eine Sicherheitslösung für Haus bzw. Wohnung implementieren) und bei Bedarf Telemonitoringlösungen hinzufügen, ohne dass man die Bedienung völlig neu erlernen muss. Das bringt mich zum Projekt SmartSenior, das kürzlich im Rahmen der AAL-Ausschreibung vom BMBF bewilligt worden ist. Bild 6 zeigt drei Anwendungsszenarien, die eng mit dem Themenkreis Telemonitoring verbunden sind.

Ⓐ Sicher unterwegs sein
- Erhöhung von objektiver und subjektiver Sicherheit
- *Erweiterte Notfall-Assistenz mit Vitaldatenübertragung*
- Sichere Nothalte-Funktion
- Erweiterte Ortungssysteme

Ⓑ Gesund werden und bleiben
- *Telemedizinische Nachsorge und Betreuung zu Hause*
- *Standardisierte Übermittlung von Vitalparametern*
- Integration von Pflege- und Versorgungsdiensten

Erhaltung des Lebensstandards alter Menschen aus ökonomischer, gesundheitlicher und sozialer Sicht

Ⓒ
- Unterstützung im häuslichen Alltag, Einbindung sozialer und quartiersbezogener Dienste
- *Sicherheit zu Hause, Notfallvermeidung und -erkennung*
- Einfache integrierte Kommunikationsmöglichkeiten mit sozialem Umfeld und Dienstleistern
- Länger selbstständig im häuslichen Umfeld leben

Integration der Lösungen in ein Gesamtkonzept durch einheitliche Informationslogistik und organisationsübergreifende Datenvernetzung

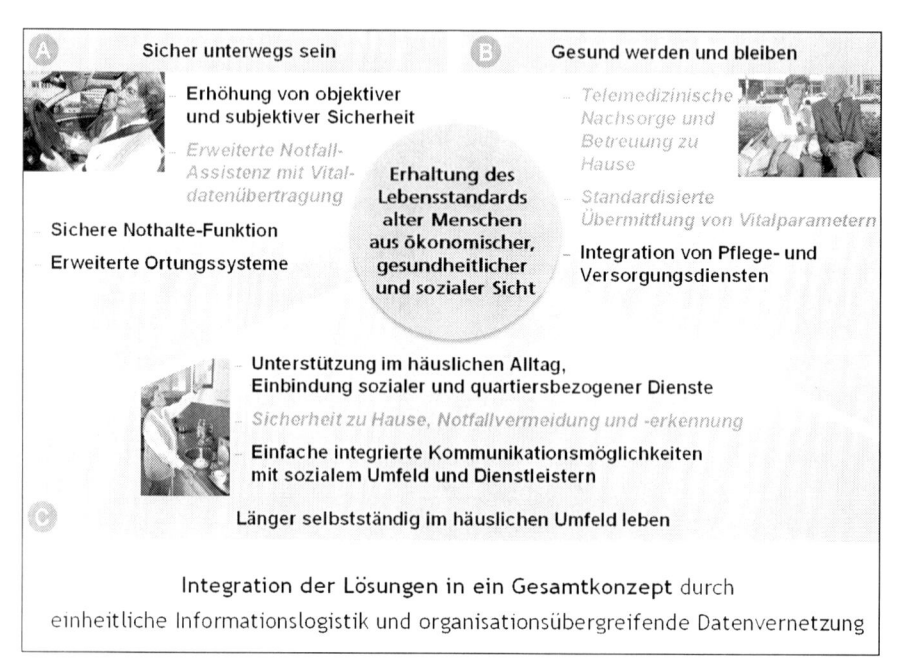

Bild 6: Bespiel für integriertes Telemonitoring: SmartSenior Allianz
(*xxx = Bezug zu Telemonitoring*)

Das Szenario „Sicher unterwegs" strebt die Übertragung von kritischen Vitalparametern auch aus dem Fahrzeug heraus an, um rechtzeitig eine Warnung an den Fahrer abzugeben oder gar einen automatischen Stopp des Fahrzeuges einzuleiten. Im Szenario: „Gesund werden und gesund bleiben" geht es um telemedizinische Nachsorge und Betreuung zuhause. Das Konsortium hat vor, eine standardisierte Übermittlung der Vitalparameter auszuarbeiten sowie Pflege- und Versorgungsdienstleistungen zu integrieren Der dritte Bereich: „Länger selbstständig zuhause" ist ein Musterfall für Telemonitoring. Hier geht es um Unterstützung im häuslichen Alltag, gegebenenfalls bis zu gewissen Überwachungsfunktionen, die frühzeitig potentielle gesundheitliche Probleme erkennen können und so eine schnelle Hilfe ermöglichen. Eine wichtige Zielsetzung des SmartSenior-Konsortiums besteht darin, dass alle Einzellösungen in ein Gesamtkonzept eingebunden sind, eine einheitliche Bedienlogik und -oberfläche aufweisen und die Daten organisationsübergreifend vernetzt werden. Alcatel-Lucent ist Mitglied in einem Konsortium von 29 Partnern aus den unterschiedlichsten Bereichen. Es wird also spannend werden, denn neben einer Evaluierung der Lösungen in realen Wohnungen sollen neuartige Geschäftsmodelle erarbeitet werden, die eine deutliche Verbesserung insbesondere der häuslichen Pflege in Anbetracht des demographischen Wandels ermöglichen werden.

Quellenangaben:

Virtuelles Privates Netz (ISi-VPN); BSI-Leitlinie zur Internet-Sicherheit (ISi-L), 2009;
  http://www.bsi.bund.de
  oder http://www.isi-reihe.de

Sicherheit auf der Transportschicht:

http://de.wikipedia.org/wiki/Transport_Layer_Security

http://de.wikipedia.org/wiki/IPsec

http://de.wikipedia.org/wiki/RSA-Kryptosystem

http://en.wikipedia.org/wiki/HMAC-MD5

http://en.wikipedia.org/wiki/Birthday_attack

http://en.wikipedia.org/wiki/Cryptographic_hash_function

http://de.wikipedia.org/wiki/Hash

Standardisierung:

Health Level 7: http://en.wikipedia.org/wiki/HL7

CEN TC251 Health Informatics: http://en.wikipedia.org/wiki/CEN/TC_251

ISO TC215 Health Informatics: http://en.wikipedia.org/wiki/ISO_TC_215

Deutsches Institut für Normung e. V. (DIN) , Fachbereich NA 063-07 Medizinische Informatik,
  Arbeitsausschuss NA 063-07-02 Interoperabilität (Kommunikationsstandards in der Medizin):
  http://www.named.din.de/gremien/NA+063-07-02+AA/de/54777412.html

Deutsche Gesellschaft für Medizinische Informatik, Biometrie und Epidemiologie e.V. (GMDS): http://www.gmds.de/

SmartSenior: Pressemitteilung 25.5.09: http://www.bmbf.de/press/2557.php

9 Was ist für den Erfolg von Telemonitoring nötig?

Dr. Günter Braun
Aristo Telemed AG, Oberhaching

Kommunikationslösungen in verschiedenen Branchen erfordern ganz unterschiedliche Herangehensweisen. Während in der Raumfahrt die Technik an sich schon fasziniert und oft nur für eine einzige spektakuläre Anwendung entwickelt wird, ist der Anspruch von Kommunikation und IT in Gesundheitssystemen ein ganz anderer. Technik soll, möglichst ohne groß bemerkt zu werden, den Arzt bei Diagnose, Therapie und administrativen Aufgaben effektiv unterstützen. Im Ergebnis soll ihr Einsatz die Qualität der Behandlung verbessern und sie effektiver machen. Und das für Hunderttausende Ärzte und Millionen Menschen allein in Deutschland.

Damit sind wir auch schon beim Thema Telemonitoring. Es hat das Potenzial, die Behandlungsqualität z.B. chronisch kranker Menschen deutlich zu verbessern – zum Nutzen der Patienten, aber auch zur Erhaltung einer guten und bezahlbaren Gesundheitsversorgung für Alle.

Was ich Ihnen heute berichte, ist zum Teil das Ergebnis der Arbeit unserer interdisziplinären Projektgruppe ProTelemonitoring beim VDE. Die Projektgruppe hat ermittelt was für den Erfolg von Telemonitoring nötig ist und kümmert sich nun darum, diesen Erfolg auch herbeizuführen. In meinem Vortrag beschreibe ich im Wesentlichen auch unsere Vorgehensweise.

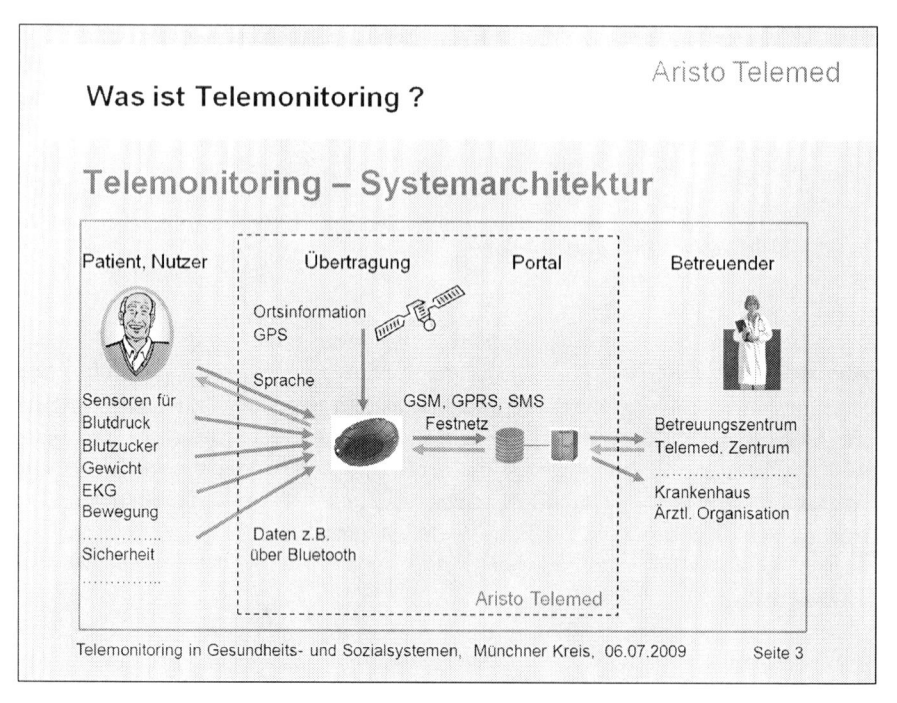

Bild 1

Was ist Telemonitoring überhaupt? Bild 1 zeigt die Systemarchitektur von Telemonitoring. Sie entspricht inhaltlich der, die Herr Dr. Goetz von der KV Bayerns heute Morgen schon gezeigt hat. Auf der linken Seite sehen Sie die Sensorik. Telemonitoring wird heute vorrangig bei chronisch Kranken eingesetzt, um z.B. deren Krankheitsverlauf täglich zu kontrollieren. Dazu werden je nach Erkrankung unterschiedliche Vitaldaten wie z.B. Blutdruck, Blutzucker und Gewicht gemessen. In bestimmten Fällen kann auch ein EKG angezeigt sein. Die manuelle Auslösung eines Notrufs sollte immer möglich sein.

Der Einsatz von Telemonitoring kann aber auch unabhängig von einer Erkrankung ältere Menschen bei ihrer Lebensführung unterstützen. Wie heute schon erwähnt, hat gerade für ältere Menschen das Thema Sicherheit höchste Priorität. Hierzu gehören ggf. Sensoren, die auf einen Sturz hinweisen, z.B. Bewegungssensoren, oder Sensoren für die physikalische Sicherheit der Wohnung. Besonders wichtig ist auch hier der manuelle Notruf. Im Gegensatz zum Einsatz von Telemonitoring bei der Behandlung chronisch Kranker gibt es allerdings für die sogenannten AAL-Anwendungen kein „Geschäftsmodell" – der Nutzer muss hierbei für die Kosten von Infrastruktur und Betrieb selbst aufkommen.

Alle Funktionen lassen sich mit der gleichen Infrastruktur bewältigen. Wichtig dabei ist die in Pilotprojekten gewonnene Erkenntnis, dass auch alte und sehr kranke Menschen oft noch ziemlich mobil sind, sei es beim Einkaufen, bei Spaziergängen und auch auf Reisen. Wenn sie täglich Vitaldaten übertragen müssen und zudem unterwegs den Schutz eines manuell auszulösenden Notrufs haben möchten, kann dies nur über Mobilfunk erfolgen. Die Mobilfunk-Infrastruktur samt Endgeräten und deren Betrieb bietet deshalb Aristo Telemed komplett als Service Provider in Form einer „Rundum-sorglos-Lösung" an.

Wichtig dabei ist eine sehr einfache, ergonomische und intuitive Bedienung. Sie muss auch für über 80jährige, die oft an gewissen Einschränkungen visueller und motorischer Art leiden, problemlos möglich sein – zumal sich solche Einschränkungen im Notfall noch verstärken und auch bei jüngeren Menschen auftreten. Normale Handys oder Smartphones sind damit als Mobilfunk-Endgeräte für Telemonitoring oder den mobilen Notruf nicht geeignet.

Die Infrastruktur sorgt für eine zuverlässige Übertragung von Daten und Alarmen, ggf. auch über verschiedene Medien an ein Betreuungszentrum. Das kann ein privates, ein von ärztlichen Organisationen oder von einem Krankenhaus betriebenes telemedizinisches Zentrum, oder im Fall eines Notrufs auch eine Notrufzentrale sein. Wir rechnen damit, dass es in Zukunft eine ganze Reihe unterschiedlicher Betreiber hierfür geben wird. Soweit zur Telemonitoring-Systemarchitektur.

Jetzt kommen wir zur sogenannten Regelversorgung (Bild 2). Sie ist dadurch gekennzeichnet, dass jedes Mitglied einer gesetzlichen Krankenkasse Anspruch auf eine Behandlung hat, die in die Regelversorgung aufgenommen wurde. Für z.B. neue Behandlungsmethoden, Medikamente oder Medizinprodukte ist es deshalb äußerst wichtig, die Zulassung für die Regelversorgung zu erhalten. Diese wird bisher erteilt, wenn deren medizinischer und ökonomischer Nutzen in aufwändigen und langen Vergleichsstudien nachgewiesen ist und sie einen mehrjährigen Zertifizierungs- und Zulassungsprozess erfolgreich durchlaufen haben.

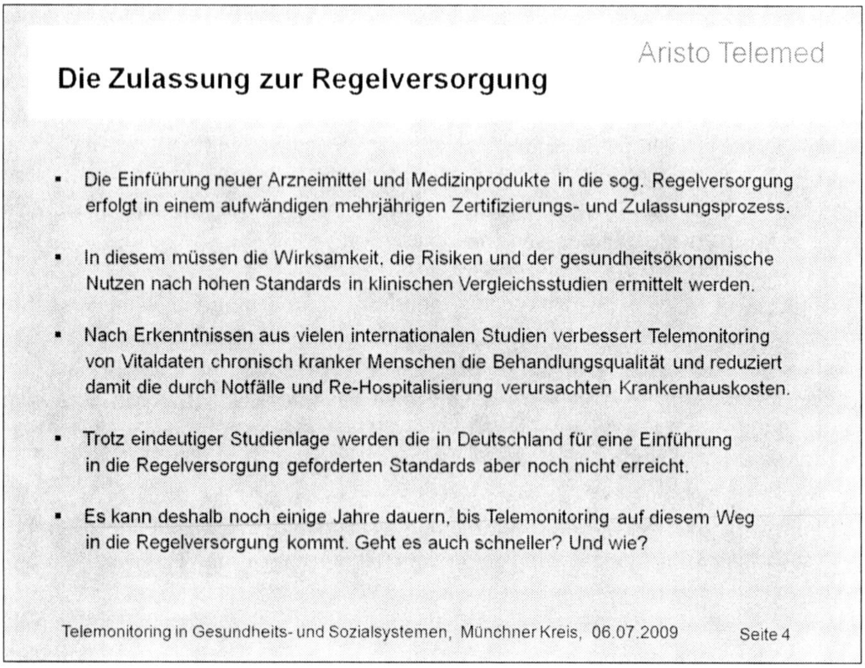

> **Die Zulassung zur Regelversorgung** Aristo Telemed
>
> - Die Einführung neuer Arzneimittel und Medizinprodukte in die sog. Regelversorgung erfolgt in einem aufwändigen mehrjährigen Zertifizierungs- und Zulassungsprozess.
>
> - In diesem müssen die Wirksamkeit, die Risiken und der gesundheitsökonomische Nutzen nach hohen Standards in klinischen Vergleichsstudien ermittelt werden.
>
> - Nach Erkenntnissen aus vielen internationalen Studien verbessert Telemonitoring von Vitaldaten chronisch kranker Menschen die Behandlungsqualität und reduziert damit die durch Notfälle und Re-Hospitalisierung verursachten Krankenhauskosten.
>
> - Trotz eindeutiger Studienlage werden die in Deutschland für eine Einführung in die Regelversorgung geforderten Standards aber noch nicht erreicht.
>
> - Es kann deshalb noch einige Jahre dauern, bis Telemonitoring auf diesem Weg in die Regelversorgung kommt. Geht es auch schneller? Und wie?
>
> Telemonitoring in Gesundheits- und Sozialsystemen, Münchner Kreis, 06.07.2009   Seite 4

Bild 2

Nun ist es durchaus verständlich, dass die Wirksamkeit eines Produktes oder Arzneimittels und das Risiko, das mit seinem Einsatz verbunden ist, nach hohen Standards ermittelt und nachgewiesen werden muss. Schließlich müssen die Patienten sicher sein können, dass sie bei der Anwendung einen Nutzen haben und keinen Schaden erleiden. Damit verbundene neue ärztliche Leistungen werden bei deren Zulassung mit einer sogenannten Abrechnungsziffer in den Leistungskatalog aufgenommen und können vom Arzt durch Anklicken auf seinem PC abgerechnet werden.

Bei Telemonitoring ist das alles nicht ganz so einfach. So handelt es sich dabei nicht um eine einzelne ärztliche Leistung, sondern um ein je nach Indikation mehr oder weniger komplexes Behandlungsverfahren, das nicht nur von einem Arzt, sondern meist mehreren Beteiligten gemeinsam durchgeführt wird und dessen Qualität laufend gemessen werden sollte – auch in einer Regelversorgung.

Heute ist schon gesagt worden, dass es viele, auch internationale Studien zu Telemonitoring gibt. Das ist in der Tat so. Es gibt insbesondere zur Behandlung von Herzinsuffizienz mit Telemonitoring viele Studien, die alle einen gesundheitsökonomischen Nutzen von 20% bis 50% ermittelt haben. Alle Studien unterscheiden sich zwar im Detail, aber eine Aussage findet man überall: der Patient profitiert von der qualitativ besseren Behandlung in Form einer höheren Lebensqualität, von weniger Notfällen und weniger Krankenhauseinweisungen. Auch die Mortalitätsrate sinkt. Gleichzeitig sinken in Folge der bis zu 70% geringeren Krankenhaus- und Notfallkosten auch die Gesamtkosten der Behandlung drastisch. Der zusätzliche Aufwand für Telemonitoring und die intensivere ambulante Versorgung wiegen die geringeren Krankenhaus- und Notfallkosten bei weitem nicht auf. Am Ende bleibt also noch ein erheblicher wirtschaftlicher Nutzen für die Krankenkasse und damit auch für den Beitragszahler übrig.

Trotz eindeutiger Studienlage bei einer Reihe von Indikationen können die zu Recht hohen Anforderungen an Vergleichsstudien, die in Deutschland für die Zulassung von Medikamenten für die Regelversorgung gelten, bei Telemonitoring bisher nicht erreicht werden. Nachdem die Sensoren ohnehin als Medizinprodukte zugelassen sind, geht es bei Telemonitoring aber nicht um den Nachweis der medizinischen Wirksamkeit oder von Risken und Nebenwirkungen, sondern lediglich um gesundheitsökonomische Ergebnisse einer intensiveren ambulanten Versorgung mit noch höheren Probandenzahlen als bisher.

Können wir aber heute Patienten zumuten, noch jahrelang auf eine Behandlung verzichten zu müssen, die Ihnen nachweislich eine erheblich bessere Lebensqualität bietet, nur weil sich ein paar Qualitätsmanager noch nicht einig sind, ob der gesundheitsökonomische Nutzen eher bei 30% oder bei 50% liegt? Das wäre und das ist unethisch. Und macht es wirklich Sinn, auf den offensichtlichen, jetzt schon realisierbaren wirtschaftlichen Nutzen von Telemonitoring nur deshalb zu verzichten? Natürlich nicht.

Nachdem der Zulassungsprozess zur Regelversorgung aber für Telemonitoring – anders als beim Impfstoff für die Schweinegrippe – bisher keine Ausnahme zulässt, muss zur Einführung von Telemonitoring in eine de-facto Regelversorgung auf andere gesetzliche Möglichkeiten zurückgegriffen werden. Nachdem bei vielen Telemonitoring-Anwendungen eine Abrechnungsziffer für die Vergütung ohnehin nicht sinnvoll und ausreichend ist, ist dies umso wichtiger.

Mit den Gesundheitsreformen der vergangenen Jahre wurden einige Bestimmungen in das für die gesetzliche Krankenversicherung maßgebliche Sozialgesetzbuch V aufgenommen, die eine flexiblere Nutzung und Vergütung neuer effizienterer Versorgungsformen möglich machen. Einige aktuelle Rahmenbedingungen sind in Bild 3 zusammengestellt.

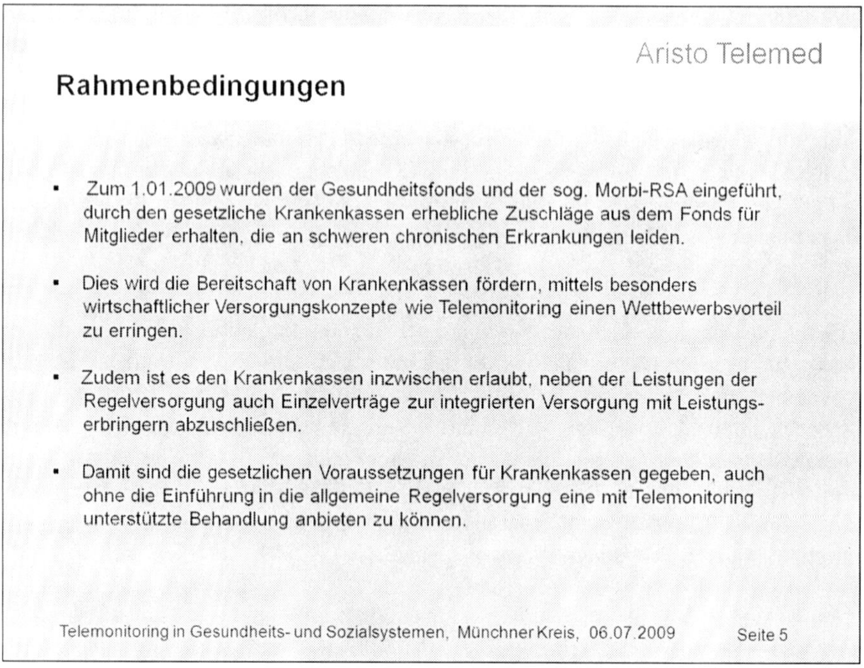

> **Rahmenbedingungen** — Aristo Telemed
>
> - Zum 1.01.2009 wurden der Gesundheitsfonds und der sog. Morbi-RSA eingeführt, durch den gesetzliche Krankenkassen erhebliche Zuschläge aus dem Fonds für Mitglieder erhalten, die an schweren chronischen Erkrankungen leiden.
>
> - Dies wird die Bereitschaft von Krankenkassen fördern, mittels besonders wirtschaftlicher Versorgungskonzepte wie Telemonitoring einen Wettbewerbsvorteil zu erringen.
>
> - Zudem ist es den Krankenkassen inzwischen erlaubt, neben der Leistungen der Regelversorgung auch Einzelverträge zur integrierten Versorgung mit Leistungserbringern abzuschließen.
>
> - Damit sind die gesetzlichen Voraussetzungen für Krankenkassen gegeben, auch ohne die Einführung in die allgemeine Regelversorgung eine mit Telemonitoring unterstützte Behandlung anbieten zu können.
>
> Telemonitoring in Gesundheits- und Sozialsystemen, Münchner Kreis, 06.07.2009 — Seite 5

Bild 3

So wurde zum 1.01.2009 der Gesundheitsfonds eingeführt, d.h. jede Krankenkasse bekommt pro Kopf ihrer Mitglieder einen bestimmten pauschalen Betrag aus dem Beitragsaufkommen, das im Gesundheitsfonds gesammelt wird. Dazu gibt es den sogenannten Morbi-RSA, also einen Morbiditäts-Risikostrukturausgleich. Die gesetzlichen Krankenkassen erhalten damit erhebliche Zuschläge zur Kopfpauschale für Mitglieder, die an schweren Erkrankungen leiden. Es gibt derzeit über 80 Erkrankungen, die in einem Katalog mit Zuschlägen versehen sind, und schwere chronische Erkrankungen sind dabei am wichtigsten.

Das bedeutet nicht mehr wie früher, dass die Krankenkasse für ihren finanziellen Erfolg möglichst junge, gesunde und gut verdienende Mitglieder haben muss. Die Krankenkasse kann unter Nutzung neuer effizienter Versorgungsformen jetzt auch ein Geschäftsmodell betreiben, in dem sie etwa durch den Einsatz von Telemonitoring bei Chronikern weniger für die Versorgung aufwenden muss, als sie über die Kopfpauschale und den Morbi-RSA für den Patienten aus dem Gesundheitsfonds bekommt. Das haben einige Krankenkassen auch schon verstanden. Die Krankenkasse kann sich damit einen Wettbewerbsvorteil gegenüber anderen sichern, die das nicht tun. Außerdem dürfen die Krankenkassen neben den ganz normalen Leistungen in der Regelversorgung auch Einzelverträge zur integrierten Versorgung mit den Leistungserbringern abschließen.

9 Was ist für den Erfolg von Telemonitoring nötig?

Damit haben die gesetzlichen Krankenkassen heute den nötigen Spielraum, Ihren Mitgliedern eine mit Telemonitoring unterstützte Behandlung chronischer Erkrankungen anzubieten – auch ohne dass diese zur gesetzlichen Regelversorgung gehört.

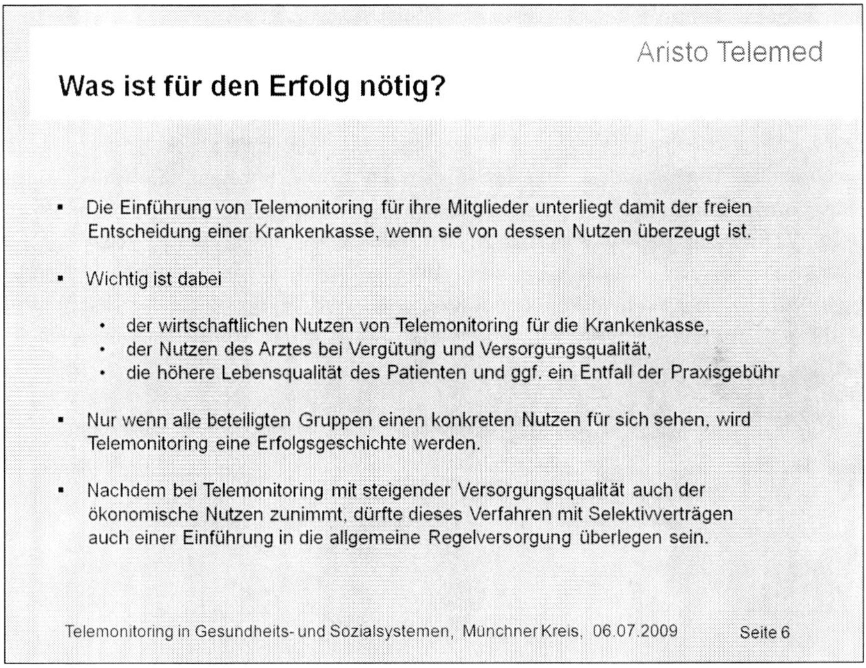

Aristo Telemed

Was ist für den Erfolg nötig?

- Die Einführung von Telemonitoring für ihre Mitglieder unterliegt damit der freien Entscheidung einer Krankenkasse, wenn sie von dessen Nutzen überzeugt ist.
- Wichtig ist dabei
    - der wirtschaftlichen Nutzen von Telemonitoring für die Krankenkasse,
    - der Nutzen des Arztes bei Vergütung und Versorgungsqualität,
    - die höhere Lebensqualität des Patienten und ggf. ein Entfall der Praxisgebühr
- Nur wenn alle beteiligten Gruppen einen konkreten Nutzen für sich sehen, wird Telemonitoring eine Erfolgsgeschichte werden.
- Nachdem bei Telemonitoring mit steigender Versorgungsqualität auch der ökonomische Nutzen zunimmt, dürfte dieses Verfahren mit Selektivverträgen auch einer Einführung in die allgemeine Regelversorgung überlegen sein.

Telemonitoring in Gesundheits- und Sozialsystemen, Münchner Kreis, 06.07.2009   Seite 6

Bild 4

Was ist nun dafür nötig, dass Telemonitoring rasch eine Erfolgsgeschichte wird? Es ist noch einmal festzuhalten, dass die Krankenkassen gemäß freier Entscheidung Telemonitoring anbieten können (Bild 4). Sie werden das auch tun, wenn sie vom Nutzen von Telemonitoring überzeugt sind. Aber der Nutzen für die Krankenkasse ist noch nicht alles.

Patienten müssen sich in Telemonitoring-Programme freiwillig einschreiben, weshalb sie auch einen Nutzen für sich sehen müssen. Der liegt in der Vermeidung von Krankenhaus-Aufenthalten und einer besseren Lebensqualität. Das scheint aber oft nicht zu genügen. Für den Patienten ist der Entfall der Praxisgebühr von EUR 10,00 pro Quartal häufig wichtiger als eine gute Gesundheitsversorgung, die ihm zu einer besseren Lebensqualität verhilft. Auch damit kann man also locken, wenn es sein muss – es wird auch schon gemacht.

Der Patient wird bei der Einschreibung meist von seinem Haus- oder Facharzt beraten, der auch seine chronische Erkrankung versorgt. Mit Telemonitoring wird der Patient intensiver ärztlich betreut, was für den Arzt einen zusätzlichen Aufwand bedeutet, der vergütet werden muss – und zwar mit einer separaten außerbudgetären Vergütung, die mit der Krankenkasse über den Behandlungsvertrag direkt vereinbart wird. Damit hat auch der behandelnde Arzt einen wirtschaftlichen Nutzen und wird mitmachen, wie Beispiele zeigen.

Wenn alle drei beteiligten Gruppen einen konkreten Nutzen haben und ihn auch wahrnehmen, bin ich sicher, dass Telemonitoring eine Erfolgsgeschichte werden wird. Da bei Telemonitoring mit der steigenden Versorgungsqualität der ökonomische Nutzen zunimmt, ist sich die interdisziplinäre Projektgruppe Telemonitoring beim VDE einig, dass das Verfahren mit Selektivverträgen, wie es schon in der Pilotphase von der Taunus BKK und anderen Krankenkassen eingesetzt wurde, einer Einführung in die Regelversorgung mit Abrechnungsziffer überlegen sein wird. Nur so kann – abgesehen von anderen praktischen Gründen – sichergestellt werden, dass die Qualität der Versorgung wirklich maximiert wird.

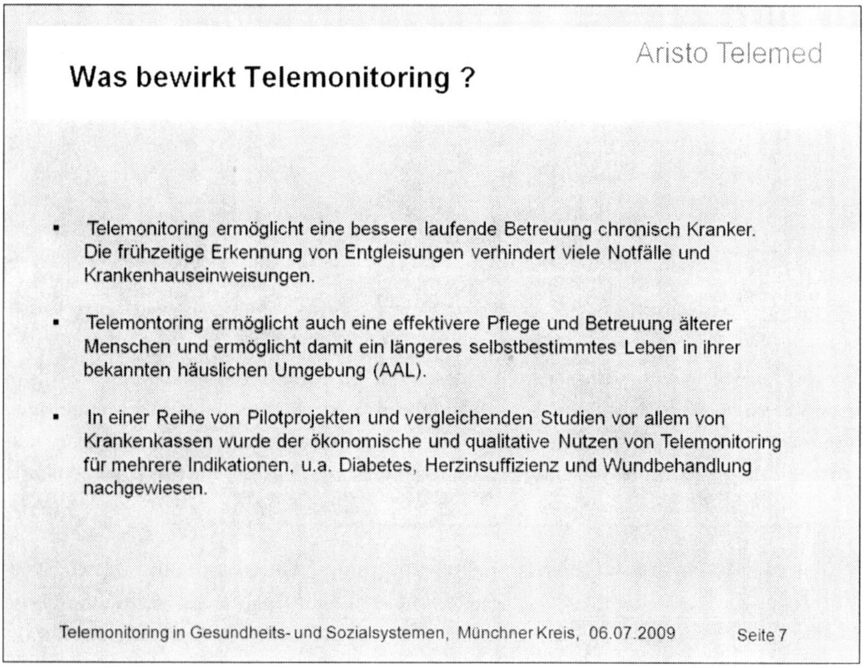

Bild 5

Was bewirkt Telemonitoring? Eine bessere laufende Versorgung chronisch Kranker, die frühzeitige Erkennung von Entgleisungen, eine effektivere Pflege und nicht zuletzt auch einen ökonomischen Nutzen (Bild 5). Wir haben in der Projektgruppe ProTelemonitoring eine ganze Reihe von vergleichenden Studien zu Telemonitoring ausgewertet und haben in allen Studien einen ökonomischen und qualitativen Nutzen von Telemonitoring vorgefunden.

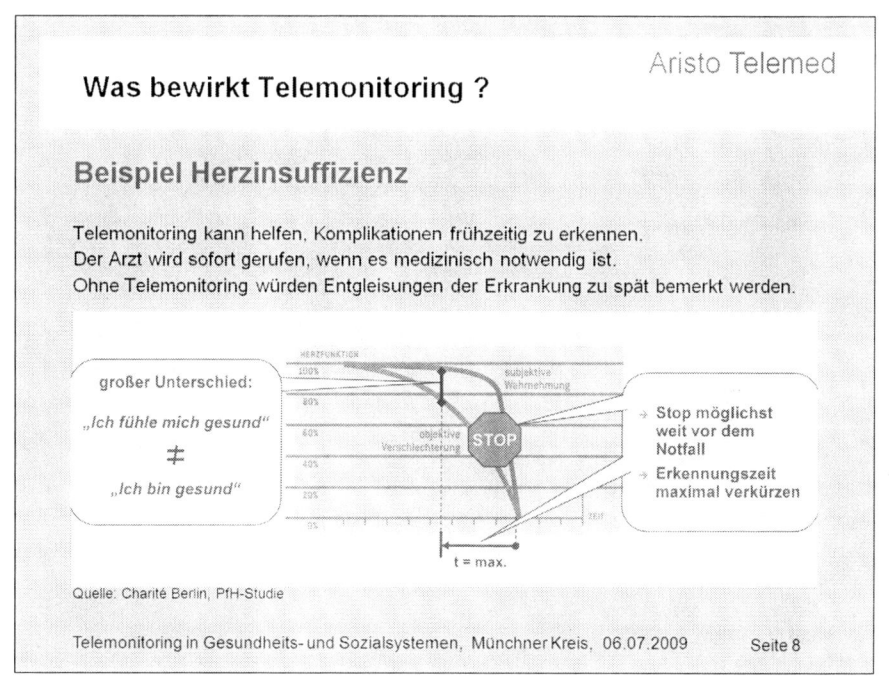

Bild 6

Bild 6 aus dem Charité Projekt „Partnership for the Heart" zeigt ganz deutlich, worum es dabei geht. Die untere Kurve zeigt den abnehmenden Verlauf der Pumpleistung des Herzens über die Zeit. Der Abfall ist zunächst etwas langsamer und wird dann immer schneller. Die obere Kurve zeigt die subjektive Wahrnehmung des Patienten zu seinem eigenen Gesundheitsstand. Der merkt zunächst einmal gar nichts. Die subjektive Wahrnehmung des Gesundheitsproblems entsteht beim Patienten erst, wenn die Pumpleistung schon auf 40% des normalen Werts abgefallen ist und er sich kurz vor dem Notfall befindet.

Hier kann Telemonitoring ganz objektiv helfen, denn allein durch die Messung des Gewichts und des Blutdrucks kann die beginnende Entgleisung des Krankheitsbildes Herzinsuffizienz wesentlich früher bemerkt werden. Dann genügt es, wenn der Patient am nächsten Tag seinen Arzt aufsucht und z.B. seine Medikation angepasst wird. Nutzt er Telemonitoring nicht und verlässt er sich ganz auf seine subjektive Wahrnehmung, so hat er gute Chancen vom Notarzt ins Krankenhaus gefahren zu werden.

Auf Bild 7 stelle ich Ihnen für drei häufige Indikationen tabellarisch Ergebnisse aus Vergleichsstudien vor, aus denen Sie die Wirkung von Telemonitoring entnehmen können.

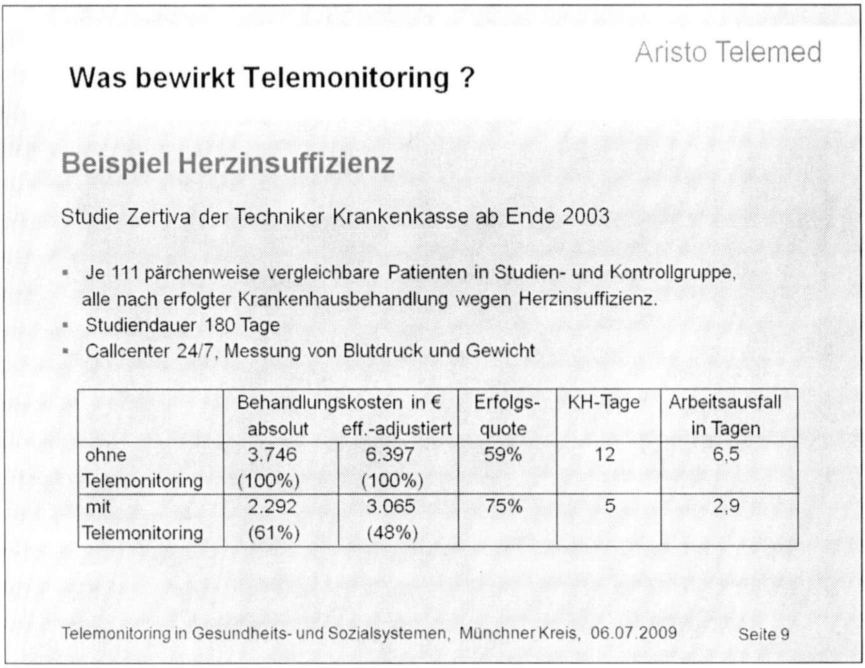

Was bewirkt Telemonitoring ?   Aristo Telemed

Beispiel Herzinsuffizienz

Studie Zertiva der Techniker Krankenkasse ab Ende 2003

- Je 111 pärchenweise vergleichbare Patienten in Studien- und Kontrollgruppe, alle nach erfolgter Krankenhausbehandlung wegen Herzinsuffizienz.
- Studiendauer 180 Tage
- Callcenter 24/7, Messung von Blutdruck und Gewicht

	Behandlungskosten in €		Erfolgs-quote	KH-Tage	Arbeitsausfall in Tagen
	absolut	eff.-adjustiert			
ohne Telemonitoring	3.746 (100%)	6.397 (100%)	59%	12	6,5
mit Telemonitoring	2.292 (61%)	3.065 (48%)	75%	5	2,9

Telemonitoring in Gesundheits- und Sozialsystemen, Münchner Kreis, 06.07.2009   Seite 9

Bild 7

Hier sehen Sie die Ergebnisse einer Vergleichsstudie der Techniker Krankenkasse (TK) zur Herzinsuffizienz, die schon vor einigen Jahren durchgeführt worden ist. Die Behandlungskosten über ein halbes Jahr – so lang lief die Studie – gingen durch den Einsatz von Telemonitoring von 3.746 € auf 2.292 € zurück. Das sind etwa 40% weniger. Bei den Kosten mit Telemonitoring sind sowohl die Telemonitoring-Ausstattung als auch die Honorierung der ambulanten Ärzteschaft bereits enthalten.

Wenn Sie die effektivitätsadjustierten Behandlungskosten betrachten, d.h. die Kosten unter Einberechnung der Erfolgsquote, die ja mit Telemonitoring deutlich höher ist, dann liegt der Kostenunterschied bei über 50%. Als Erfolg gilt, wenn in der Studiendauer kein Notfall und keine Krankenhauseinweisung erfolgt. Die Erfolgsquote mit Telemonitoring ist höher, die Zahl der Krankenhaustage deutlich niedriger. Das ist die Quelle der Einsparung. Den Arbeitsausfall hat die TK auch noch ermittelt bei den Patienten, die noch nicht im Rentenalter waren. Auch hier ergibt sich eine deutliche Verbesserung.

9 Was ist für den Erfolg von Telemonitoring nötig?

Gemessen wurden Blutdruck und Gewicht. Seinerzeit wurden die Werte noch nicht elektronisch übertragen, sondern telefonisch durchgegeben. Mit einer elektronischen Übertragung der Vitaldaten werden die Ergebnisse übrigens noch besser – das zeigen jüngere Vergleichsstudien, die ich Ihnen aber heute noch nicht vorlegen kann weil sie noch nicht veröffentlicht sind.

Was bewirkt Telemonitoring ?   Aristo Telemed

Beispiel Diabetes

Studie Diabetiva der Taunus BKK und PHTS 2008

- Interventionsgruppe 94, Kontrollgruppe mit Standardbehandlung 300 Patienten
- Studiendauer 6 Monate
- 72 Stunden Messung Blutzucker-Profil und Einstellung (1x jährlich), Facharzt-Check (1x jährlich), Blutzuckermessung HbA1c durch Hausarzt (4x jährlich)

	Behandlungskosten absolut in €	KH-Einweisungen pro Patient	KH-Tage	Risiko für Spätschäden
ohne Telemonitoring	6.125 (100%)	85%	9	normal
mit Telemonitoring	5.485 (89%)	68%	6	++ [1] (HbA1c: -0,9%)

[1] Risiko für Spätschäden lt. Langzeitstudien in USA und UK deutlich geringer.

Telemonitoring in Gesundheits- und Sozialsystemen, Münchner Kreis, 06.07.2009   Seite 10

Bild 8

In Bild 8 sehen Sie die Ergebnisse einer Vergleichsstudie der Taunus BKK zur Versorgung von Diabetespatienten mit und ohne Telemonitoring. Primäres Ziel war es, mit Telemonitoring einen möglichst konstanten, niedrigen Blutzuckerwert einzustellen. Dafür wurde zunächst mit erheblichem Aufwand ein Blutzuckerprofil über 72 Stunden im Takt von wenigen Minuten ermittelt. Unter Berücksichtigung von Nahrungsaufnahme und Bewegung wurde dann über eine Optimierungs-Software die für den Patienten optimale Medikation errechnet. Dies wird einmal jährlich durchgeführt.

Trotz dieses hohen Aufwands für die Blutzucker-Einstellung ergibt sich sofort eine Reduzierung der Behandlungskosten mit Telemonitoring um mehr als 10%. Dazu wird wegen der deutlich besseren Blutzuckereinstellung gemäß Langzeitstudien in den USA und Großbritannien das Risiko von Spätschäden um etwa 50% reduziert. Dabei handelt es sich um Herzinsuffizienz und andere Herz-/Kreislaufereignisse,

Erblindung, Amputationen und Niereninsuffizienz, die dann mit Dialyse behandelt werden muss. Das sind schlimme Erkrankungen für die betroffenen Patienten, die zudem viel Geld kosten. Mit Telemonitoring bei Diabetespatienten lässt sich also für den Patienten eine erheblich höhere Lebensqualität erreichen und gleichzeitig auch die Systemkosten deutlich reduzieren. Das heißt in Zahlen: 30 Mrd. Euro werden in Deutschland heute jährlich für Folgeerkrankungen von Diabetes ausgegeben, zusätzlich 28 Mrd. für Diabetes Behandlungen selbst. Das sind zusammen fast 60 Mrd., was ein Viertel des gesamten Gesundheitsbudgets der gesetzlichen und privaten Krankenkassen ausmacht. Mit Telemonitoring bei Diabetespatienten ließe sich ein großer Teil davon einsparen.

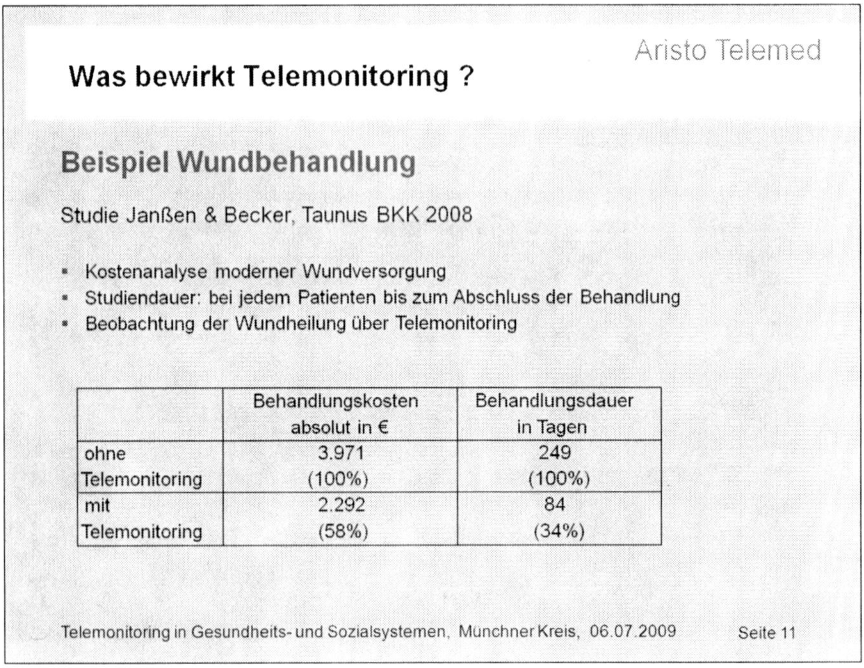

Was bewirkt Telemonitoring?

Aristo Telemed

Beispiel Wundbehandlung

Studie Janßen & Becker, Taunus BKK 2008

- Kostenanalyse moderner Wundversorgung
- Studiendauer: bei jedem Patienten bis zum Abschluss der Behandlung
- Beobachtung der Wundheilung über Telemonitoring

	Behandlungskosten absolut in €	Behandlungsdauer in Tagen
ohne Telemonitoring	3.971 (100%)	249 (100%)
mit Telemonitoring	2.292 (58%)	84 (34%)

Telemonitoring in Gesundheits- und Sozialsystemen, Münchner Kreis, 06.07.2009 — Seite 11

Bild 9

Als dritte Indikation sehen Sie in Bild 9 die Ergebnisse einer Vergleichsstudie zur Wundbehandlung mit und ohne Telemonitoring. Ohne Telemonitoring betragen die Behandlungskosten 3.971 €, mit Telemonitoring nur 2.292 €. Die Zeit bis zur Abheilung der Wunde und damit die Behandlungsdauer ist mit Telemonitoring um 2/3 kürzer.

Dies lässt sich erreichen, weil der Arzt die Heilung der Wunde mittels Telemonitoring täglich überwacht und seine Behandlung besser auf den Heilungsprozess einstellen kann. In den Behandlungskosten ist auch hier wieder der Zusatzaufwand im ambulanten ärztlichen Bereich enthalten und auch die bessere Qualität des Verbandsmaterials, die bei der intensiveren Wundversorgung mit Telemonitoring eingesetzt werden konnte. Der Zusatzaufwand wird aber durch die erhebliche Verkürzung der Behandlungsdauer weit überkompensiert.

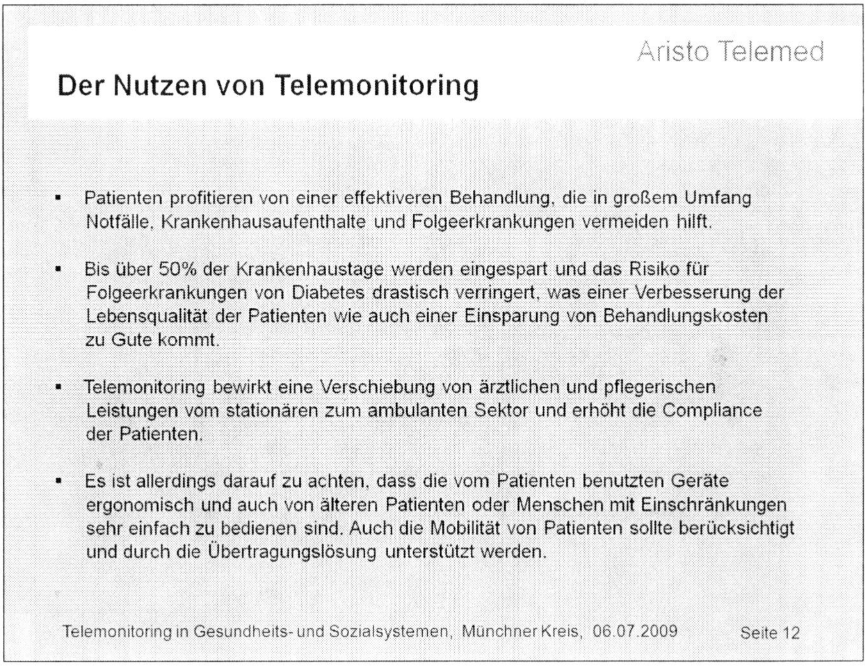

> Aristo Telemed
>
> **Der Nutzen von Telemonitoring**
>
> - Patienten profitieren von einer effektiveren Behandlung, die in großem Umfang Notfälle, Krankenhausaufenthalte und Folgeerkrankungen vermeiden hilft.
> - Bis über 50% der Krankenhaustage werden eingespart und das Risiko für Folgeerkrankungen von Diabetes drastisch verringert, was einer Verbesserung der Lebensqualität der Patienten wie auch einer Einsparung von Behandlungskosten zu Gute kommt.
> - Telemonitoring bewirkt eine Verschiebung von ärztlichen und pflegerischen Leistungen vom stationären zum ambulanten Sektor und erhöht die Compliance der Patienten.
> - Es ist allerdings darauf zu achten, dass die vom Patienten benutzten Geräte ergonomisch und auch von älteren Patienten oder Menschen mit Einschränkungen sehr einfach zu bedienen sind. Auch die Mobilität von Patienten sollte berücksichtigt und durch die Übertragungslösung unterstützt werden.
>
> Telemonitoring in Gesundheits- und Sozialsystemen, Münchner Kreis, 06.07.2009   Seite 12

Bild 10

Lassen Sie mich den Nutzen von Telemonitoring noch einmal zusammenfassen (Bild 10). Sie haben schon gehört, dass die Patienten von der effektiveren Behandlung profitieren, die in einem großen Umfang Notfälle und Krankenhauseinweisungen vermeiden hilft. Darauf basiert die Einsparung von über 50% der Krankenhaustage und die Vermeidung von Folgeerkrankungen bei Diabetes. Das kommt der Lebensqualität des Patienten zugute und spart hohe Kosten.

Telemonitoring ist nichts Geheimnisvolles. Es verschiebt letztlich den Behandlungsaufwand vom stationären in den ambulanten Sektor. Die intensivere ambulante Versorgung erhöht auch die Compliance des Patienten und vermeidet durch eine frühzeitige Erkennung von Entgleisungen des Krankheitsverlaufs Notfälle und Krankenhausaufenthalte.

Um eine hohe Akzeptanz von Telemonitoring beim Nutzer – also dem Patienten – zu erreichen, müssen alle Geräte ergonomisch gestaltet und auch für ältere

Patienten, Menschen mit Einschränkungen und im Notfall sehr einfach zu bedienen sein. Sie sollen den Patienten nicht stigmatisieren und die zunehmende Mobilität auch älterer und schwerkranker Patienten berücksichtigen.

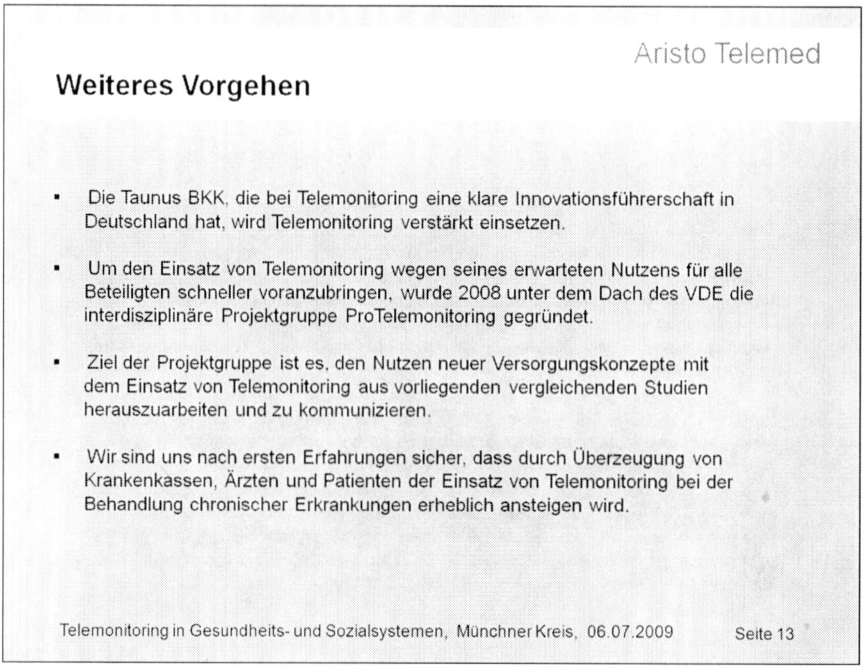

> **Aristo Telemed**
>
> **Weiteres Vorgehen**
>
> - Die Taunus BKK, die bei Telemonitoring eine klare Innovationsführerschaft in Deutschland hat, wird Telemonitoring verstärkt einsetzen.
> - Um den Einsatz von Telemonitoring wegen seines erwarteten Nutzens für alle Beteiligten schneller voranzubringen, wurde 2008 unter dem Dach des VDE die interdisziplinäre Projektgruppe ProTelemonitoring gegründet.
> - Ziel der Projektgruppe ist es, den Nutzen neuer Versorgungskonzepte mit dem Einsatz von Telemonitoring aus vorliegenden vergleichenden Studien herauszuarbeiten und zu kommunizieren.
> - Wir sind uns nach ersten Erfahrungen sicher, dass durch Überzeugung von Krankenkassen, Ärzten und Patienten der Einsatz von Telemonitoring bei der Behandlung chronischer Erkrankungen erheblich ansteigen wird.
>
> Telemonitoring in Gesundheits- und Sozialsystemen, Münchner Kreis, 06.07.2009   Seite 13

Bild 11

Noch ein paar Worte zum weiteren Vorgehen (Bild 11). Herr Heuzeroth wird gleich noch über die Pläne der Taunus BKK sprechen, die eine eindeutige Innovationsführerschaft in Deutschland beim Bereich Telemonitoring hat und ihren Mitgliedern freiwillig einen Anspruch auf eine Behandlung mit Telemonitoring einräumen wird.

Um den Einsatz von Telemonitoring in der Gesundheitsversorgung schneller voranzubringen und seine erwarteten Nutzen zu kommunizieren, wurde beim VDE Mitte 2008 eine Projektgruppe „Pro Telemonitoring" gegründet, die interdisziplinär besetzt ist und diese Aufgabe vorantreibt. Wir werden den inzwischen vielfach nachgewiesenen Nutzen von Telemonitoring für die verschiedenen Gruppen (Krankenkassen, Ärzte, Patienten) in einem White Paper kommunizieren und mit den betreffenden Organisationen auch sprechen. Wir sind sicher, dass dies die Verbreitung von Telemonitoring fördern wird.

Mit Herrn Dr. Goetz bin ich völlig einig, dass die Kosten für das Gesundheitswesen in Zukunft sicher nicht kleiner werden. Aber es gilt, eine ständig weiter steigende Zahl an chronischen und altersbedingten Erkrankungen zu behandeln, ohne dass die Beiträge ins Unermessliche steigen. Der ökonomische Nutzen durch den Einsatz von Telemonitoring bei der Behandlung chronischer Erkrankungen wird dazu erheblich beitragen.

10 „Mit Herz dabei" – Telemedizin als Bestandteil einer umfassenden Versorgung von Patienten mit Herzinsuffizienz

Volker Heuzeroth
BKK Taunus, Frankfurt

Wir haben heute Morgen die Frage gestellt: Brauchen wir eine Telemedizinstrategie, eine eHealth-Strategie oder eine Gesamtbehandlungsstrategie? Wir machen seit 2005 Telemedizin und sind am heutigen Tage soweit, dass wir sagen können: Wir haben keine Telemedizinstrategie mehr, wir haben eine Gesamtbehandlungsstrategie, und damit fahren wir gut. Ich möchte Sie mitnehmen in „Mit Herz dabei" – nichts Wissenschaftliches mehr von heute Morgen sondern ganz praktisch, warum wir es machen, wie es funktioniert und was wir als Krankenkasse davon haben. Wir haben uns die Herzinsuffizienz ausgesucht, weil sie eine der häufigsten Krankheiten ist mit 1,6 Millionen Versicherten und einer Sterblichkeitsraten von bis zu 40, 50% pro Jahr je nach Krankheitsstufe.

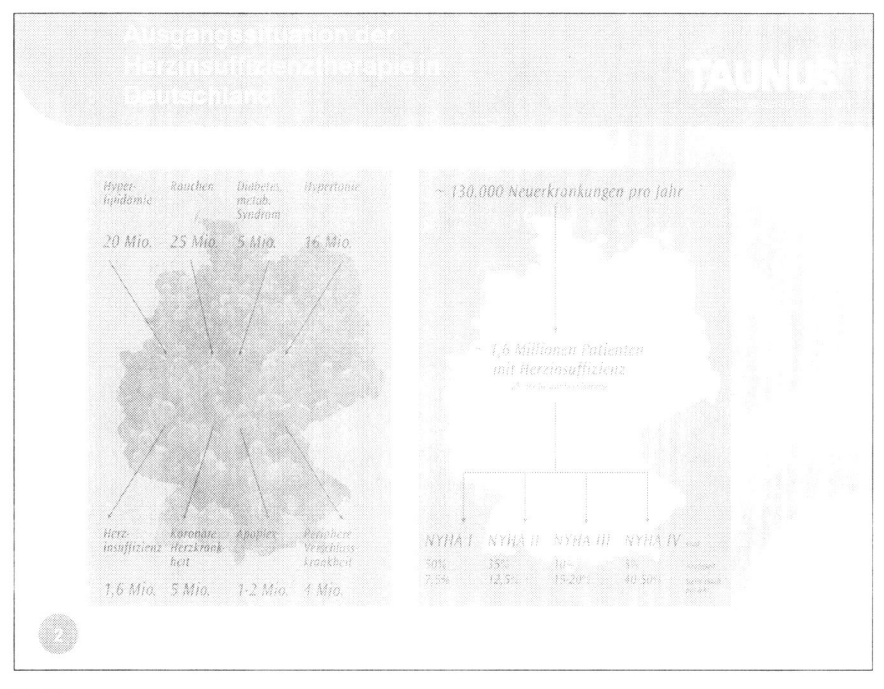

Bild 1

Das ist ein Thema (Bild 1), um das sich eine Krankenkasse kümmern muss, wenn sie für ihre Versicherten da sein möchte. Wenn man sich die Prävalenz anguckt, dann sieht man gerade im Bereich ab 65 Jahren 3,5 und bei Menschen über 80 Jahren 10% (Bild 2). Jeder Zehnte hat eine Herzinsuffizienz, wenn ich mir unsere Demografie ansehe und wie sich unsere Bevölkerung künftig verändern wird.

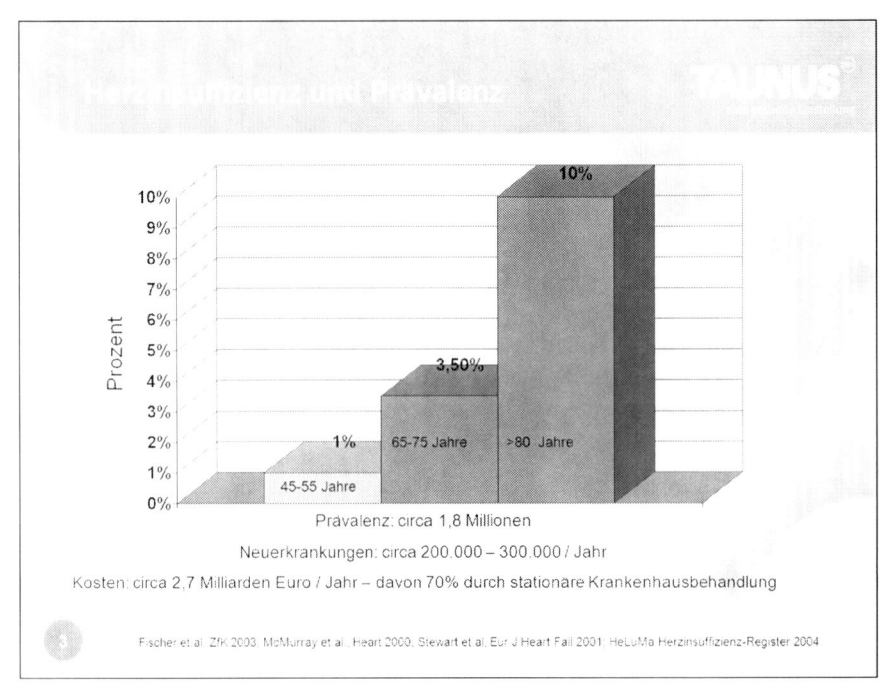

[Diagramm: Herzinsuffizienz und Prävalenz — 45-55 Jahre: 1%, 65-75 Jahre: 3,50%, >80 Jahre: 10%. Prävalenz: circa 1,8 Millionen. Neuerkrankungen: circa 200.000 – 300.000 / Jahr. Kosten: circa 2,7 Milliarden Euro / Jahr – davon 70% durch stationäre Krankenhausbehandlung. Fischer et al. ZfK 2003; McMurray et al. Heart 2000; Stewart et al. Eur J Heart Fail 2001; HeLuMa Herzinsuffizienz-Register 2004]

Bild 2

Dieses Thema wird über wohl und weh der Gesundheitsversorgung entscheiden. Wer da eine Strategie zur Patientenversorgung hat, wird zukünftig auch im Krankenversicherungsmarkt bestehen können.

Darüber hinaus haben wir bei der Herzinsuffizienz das Problem, dass vier von fünf sich im Leben extrem eingeschränkt fühlen. Schauen Sie sich den Diabetes an. Da muss ich mich piksen, Blut abnehmen, mir eine Spritze geben, mir vielleicht fünf-, sechsmal am Tag eine Injektion setzen. Aber nur jeder Dritte meint, damit ein Problem zu haben. Bei der Herzinsuffizienz sagen vier von fünf, dass sie eingeschränkt sind. Entweder sind sie gut eingestellt und haben Panik, wenn sie nur eine Stunde im Auto unterwegs sind, wo sie nicht zur Toilette gehen können, weil sie wassertreibende Medikamente einnehmen, oder sie sind schlecht eingestellt und gehen nicht vor Tür, weil sie nach fünf Schritten Luftnot haben und am öffentlichen Leben nicht teilnehmen können (Bild 3).

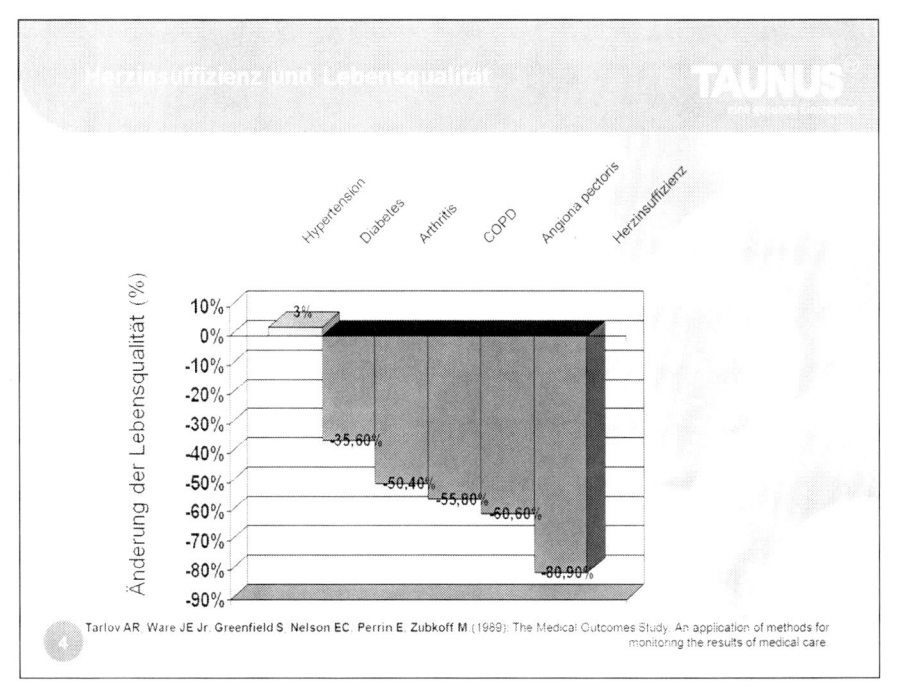

Bild 3

Wenn ich mir in Deutschland alle Erkrankungen ansehe (Bild 4): Brustkrebs, Myokardinfarkt, Darmkrebs, Oral CEA, Lungenkrebs – darüber wird überall in der Politik gesprochen. Auf den Zigarettenpackungen steht: Rauchen tötet. Ich höre von Papillomvirenimpfung, sehe darüber im Fernsehen. Es gibt Herztage zum Myokardinfarkt. Es wird Brustkrebsscreening gemacht. Aber die zweittödlichste Erkrankung in Deutschland, die Herzinsuffizienz hat ein etwas stiefmütterliches Dasein.

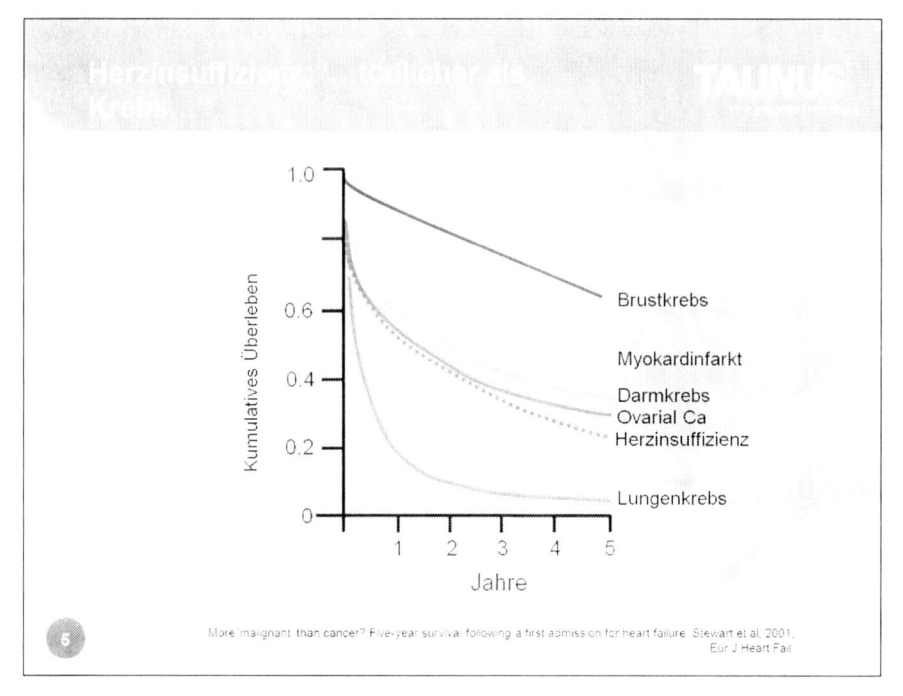

Bild 4

Niemand redet wirklich darüber, obwohl sie ein Riesenkostenfaktor ist und auch ein Problem für die Menschen darstellt, weil viele daran sterben.

Wir haben uns dessen angenommen und wollen etwas dafür tun. Diese Zahlen aus der Shape-Studie bestätigen, dass niemand in Deutschland informiert ist (Bild 5). Das hier sind die Befragten, die über die Herzinsuffizienz Bescheid wissen.

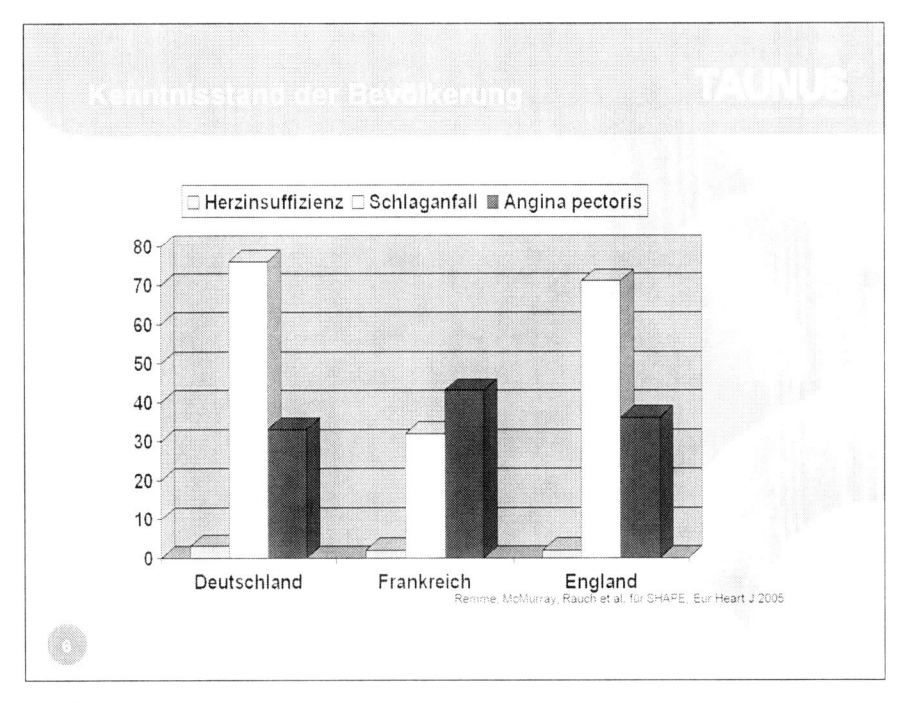

Bild 5

Beim Schlaganfall weiß das jeder. Da kennt jeder jemand im Ort und in der Stadt, der einen Schlaganfall hat, weil man die Folgen sieht. Bei der Angina Pectoris ist es immer noch einer von drei, die es wissen. Aber bei der Herzinsuffizienz kennen sich nur die betroffenen Patienten mit dieser Erkrankung aus. Alle anderen wissen wenig darüber. In vielen Bereichen ist auch die Behandlung von Unwissenheit gekennzeichnet. Wenn ich mir die Anfangsdosis an Medikamenten ansehe, die für Herzinsuffizienz in Deutschland gegeben wird, werden im hausärztlichen Bereich in einem Drittel, der Hälfte oder wie hier in einem Viertel der Fälle diese Medikamente gegeben (Bild 6).

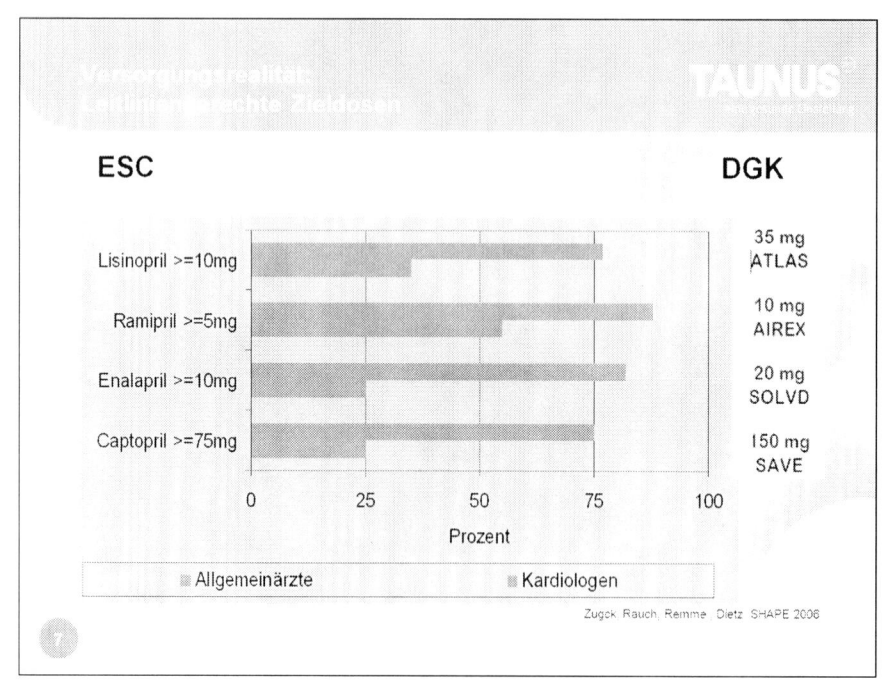

Bild 6

In den meisten Stadien der Herzinsuffizienz wäre hier hinten die leitliniengerechte Therapie. Das ist eine Therapie, die nicht gegeben wird und die dann natürlich riesige Kosten verursacht. Was für Kosten man einsparen kann (Bild 7): gibt man den AC Hemmer sinkt die Hospitalisierung um 21%, gibt man den Beta Blocker dazu -34 %, gibt man AT1 Antagonist noch einmal -28% (Bild 7).

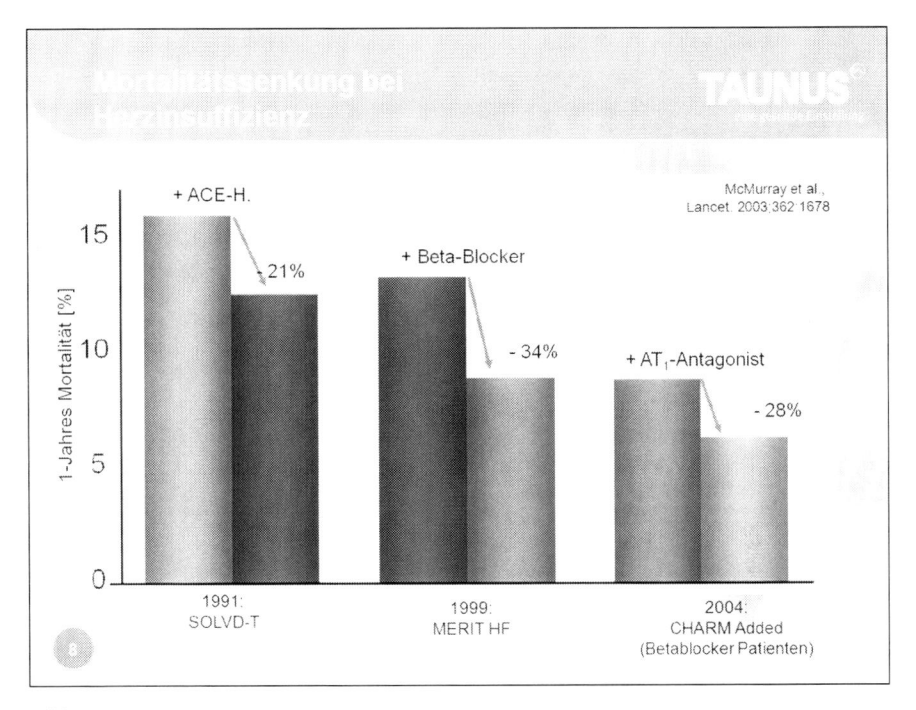

Bild 7

Diese Erkrankung kann man behandeln, wenn auf der Patientenseite und bei den Ärzten ein noch größeres Wissen vorhanden wäre und man die guidelines umsetzen würde. Und darüber hinaus – was sehr schön ist und mich gefreut hat – hat es die Taunus BKK drei Jahre bevor es in der Leitlinie stand schon getan, weil seit August letzten Jahres bei chronischer Herzinsuffizienz das „Heart Failure Management", z.B. Telemedizin in der Leitlinie steht. Jetzt haben wir erstmalig eine Aussage, dass das zu tun ist, weil es leitliniengerecht ist.

Was tun wir „mit Herz dabei"? Und da möchte ich auf alle Beteiligten eingehen, weil wir heute Morgen auch gehört haben, dass alle mitspielen müssen. Der Hausarzt darf nicht blockieren. Der Facharzt darf nicht blockieren. Wir informieren und geben auch einen Bonus an unsere Patienten. Wir fordern sie auf, zum Hausarzt zu gehen, eine Überweisung zum Facharzt zu holen (Bild 8).

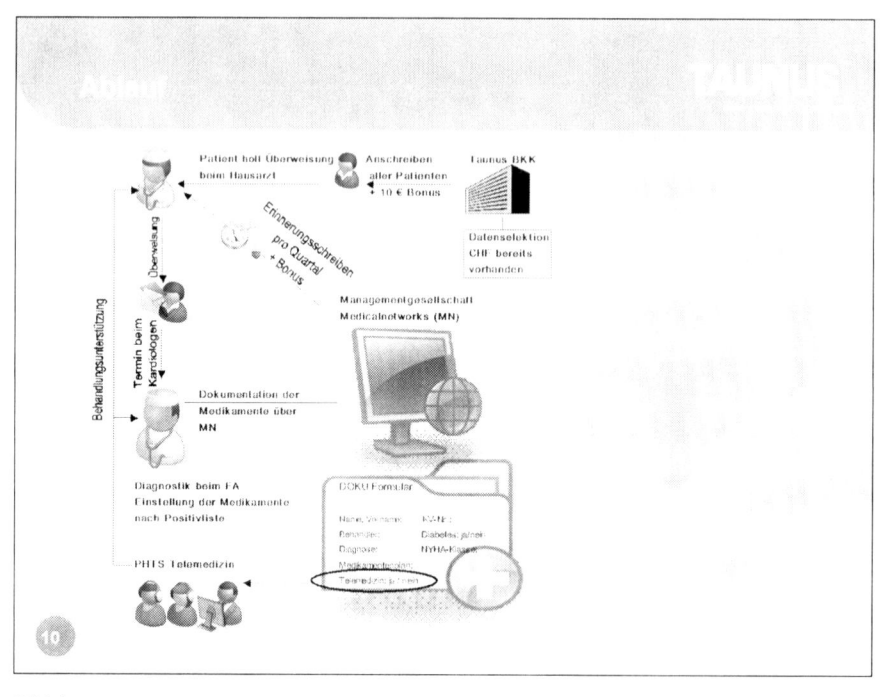

Bild 8

Der Hausarzt hat natürlich mehr zu tun. Er bekommt dafür eine Vergütung von uns. Das gehört dazu. Leistung muss man mit der entsprechenden Vergütung hinterlegen. Der Facharzt kommt dazu und dokumentiert je nach Indikation. Jetzt passiert erstmalig, dass der Arzt die Telemedizin verordnen kann. Die Software, über die er das abrechnet, erkennt anhand des Diagnoseschlüssels, ob es sich um einen High Risk Patient handelt, so wie es in der Leitlinie steht, z.B. hier ist er, weil er NYHA3 und Diabetes hat. Er braucht die Telemedizin, die der Arzt mit einem Klick auf ‚ja' verordnen kann. Der Arzt druckt es aus, unterschreibt und schon kann der Patient die Telemedizin bekommen, die der Patient nicht selbst bezahlt sondern die Taunus Betriebskrankenkasse zu 100%.

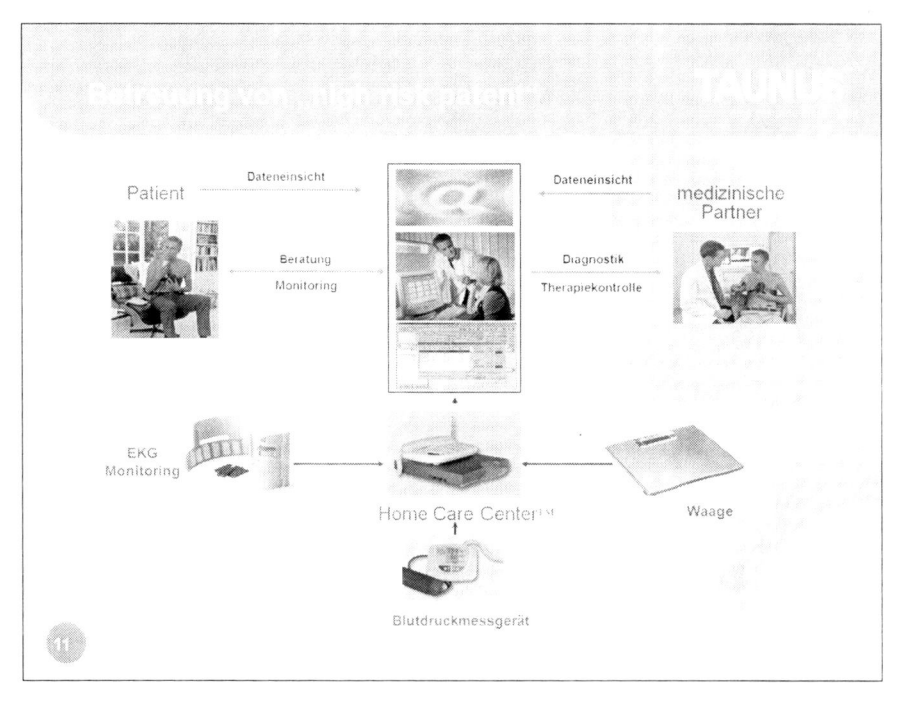

Bild 9

Wie sieht diese Telemedizin aus? Herzinsuffizienz – er bekommt ein EKG von uns (Bild 9). Die Daten gehen zum Telematikzentrum und werden mit dem Patienten kommuniziert. Hier sind Ärzte und medizinisches Fachpersonal, die Zeit für den Patienten haben. Den medizinischen Partnern, Haus- und Facharzt, werden die Ergebnisse mitgeteilt, so dass beim nächsten Besuch über diese Ergebnisse gesprochen werden kann. Hier lernt der Patient kennen, dass er über seine Krankheit sprechen kann, Informationen bekommt und wesentlich besser informiert ist, wie er mit einigen Dingen umgehen kann.

Während der heißen Tage kommt die Frage auf, wie viel ein Herzinsuffizienter trinken darf. An der Statistik kann man sehen, wie viele Patienten von uns in unserem Telemedizinzentrum angerufen haben und gefragt haben, was sie wirklich trinken dürfen, wie sie damit umgehen sollen. So kann man schon früh Problemfälle verhindern. Darüber hinaus werden die Patienten mit Diabetes mit einem Glucometer versorgt und erhalten diese 72 Stunden Messung – CGMS – ihres Blutzuckers, die dazu führt, dass wir von jedem dieser Patienten – nicht wir als Kasse sondern unsere Partner – einen metabolischen Fingerabdruck, vergleichbar einem genetischen Fingerabdruck, einen Ausdruck seines Stoffwechselgeschehens haben.

Wir können so in vielen Bereichen schon vorher planen, wie sich der Körper in gewissen Situationen verhalten und wie sich der Blutzuckerspiegel verändern wird.

Wie funktioniert das? Es sieht sich ein bisschen wie Science Fiction an. Was machen die Hessen da? Das Programm KADIS ist ein BMBF Projekt gewesen. Wir messen über einen Sensor 72 Stunden lang den Blutzuckerwert und zwar alle 5 Minuten automatisiert. Der Patient trägt ein kleines Kästchen, die Daten werden gespeichert, übertragen und gemittelt. Dazu kommt die Medikamentengabe, die Mahlzeiten, die Broteinheiten und wie er sich bewegt hat. Daraus ergibt sich ein KADIS Report, den wir im Bild 10 etwas größer sehen. Wir sehen die Linie dieses Patienten und den nicht schädlichen Bereich, wo er sich befinden soll, welches einen niedrigen NB1c macht und viele der Folgekosten verursacht. Unten in Bild 10 sehen wir die Eigen- und die Fremdinsulinverteilung im Körper, die Medikamente und die Broteinheiten, die er einnimmt. Jetzt kann der behandelnde Arzt mit unserem medizinischen Partner KADIS direkt planen, wie man den Blutzucker dieses Patienten einstellt und kann erstmalig nicht mit „Trial and Error" arbeiten, sondern am Computer mit einer Wahrscheinlichkeit von 98% planen, was wir machen, damit sich die Linie hier in diesem nicht schädlichen Bereich bewegt.

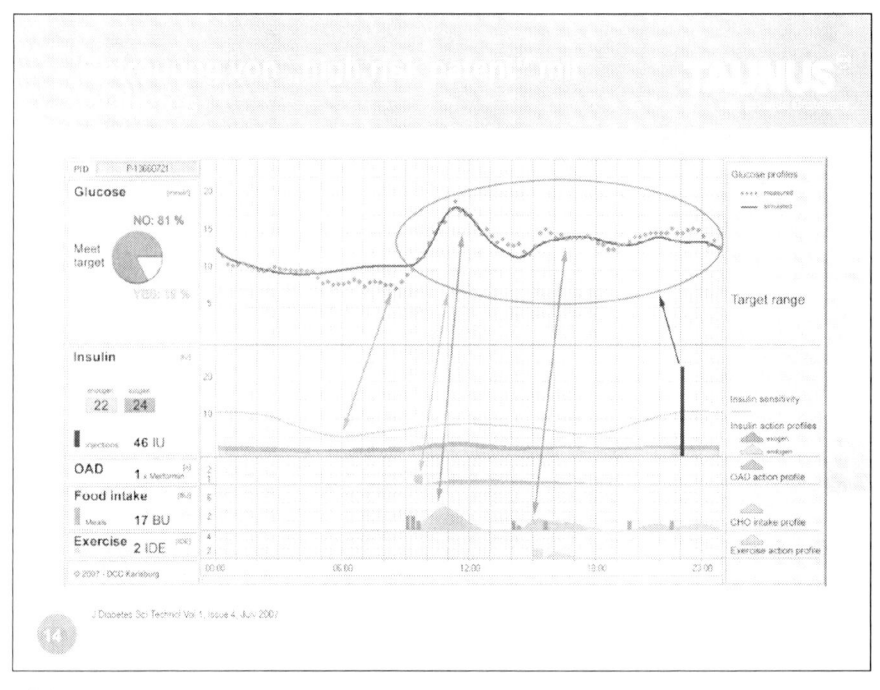

Bild 10

Es funktioniert und wir haben HB1c Werte, die regelmäßig sinken. Ich warte auf die ersten Studien über drei oder fünf Jahre, wo wir sehen, was an Folgekosten vermieden wurde. Wenn doch einmal etwas passiert, schickt der Patient automatisiert seinen Blutdruck oder sein Gewicht (Bild 11).

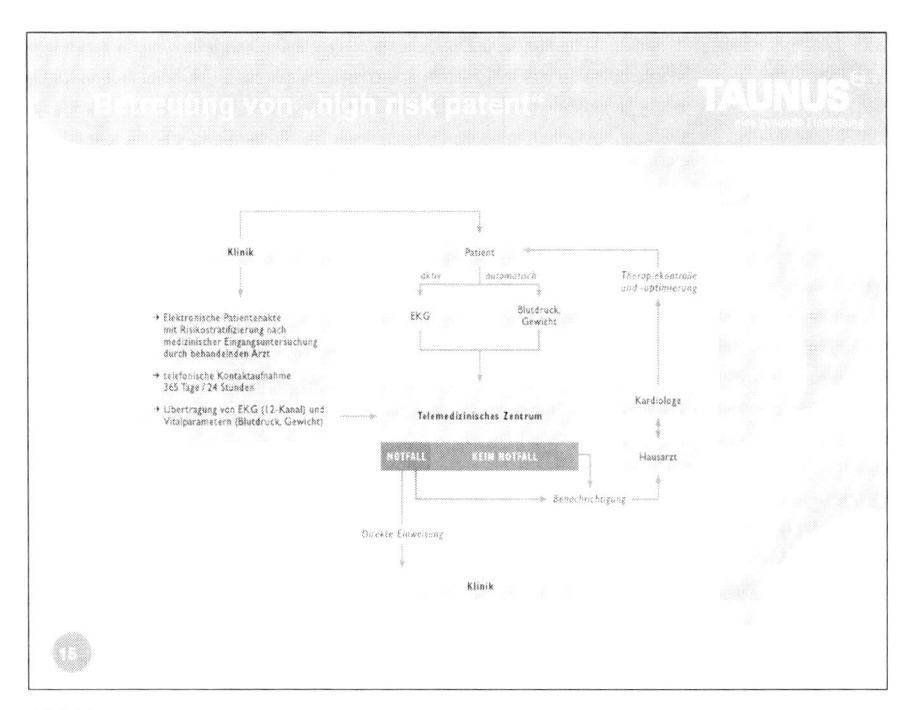

Bild 11

Das Gewicht ist angestiegen oder er fühlt sich ganz schwach und das Herz tut weh. Er schickt aktiv ein EKG, welches an unser medizinisches Zentrum geht. Dieses telemedizinische Zentrum sitzt bei der Firma SHL in Düsseldorf und die entscheidet, was es ist. Sind es Rhythmusstörungen, die ich kenne? Ist es etwas akut Aufgetretenes? Oder hat er über Nacht zwei Kilo zugenommen, und das Herz pumpt kaum noch. Oder hatte er nur seine Medikation vergessen? Ist es kein Notfall, werden Hausarzt und Kardiologe informiert, dass sich der Patient ggf. am nächsten Tag vorstellt. Ist es ein Notfall, organisiert den das telemedizinische Zentrum. Das ist ein ganz wichtiger Punkt bei der Telemedizin, den man nicht vergessen darf. Wenn man den Notfall festgestellt hat, muss der eine Arzt den Patienten dem Arzt im Notarztwagen übergeben mit allen relevanten Informationen. Das ist erstmalig, dass wir in der Notfallmedizin eine fast lückenlose Anamnese haben, dass der Notarzt in das häusliche Umfeld des Patienten kommt und ihn gleich behandeln kann. Er muss nicht erst nachfragen, sondern er hat die Befunde, kann sofort mit der Behandlung beginnen und wir sparen jedes Mal ein bisschen Zeit.

Beim Herzinfarkt oder bei Angina Pectoris sind wir mit diesem Projekt heute schon bei einer ‚to door', also Auftritt des Schmerzen bis zur Kliniktür, bei weniger als 2 Stunden. Wenn ich sehe, was die Deutsche Herzstiftung veröffentlicht, sind wir bei fünf und sechs Stunden. Wir schaffen das in knapp 2 Stunden. Damit kann man viel Herzmuskelgewebe und viel Lebensqualität für die Zukunft sparen.

Warum machen wir das? Jetzt kommen die Studien. Dr. Stemple in München hat in einem Telemedizinprojekt der Technikerkrankenkasse auch Häufigkeiten gemessen, wie oft ein Patient in einem Quartal zum Arzt kommt. Bei NYHA 2 kommt er nur noch 2,47-mal im Gegensatz zu 5,29; 3,09 zu 8,17 (Bild 12).

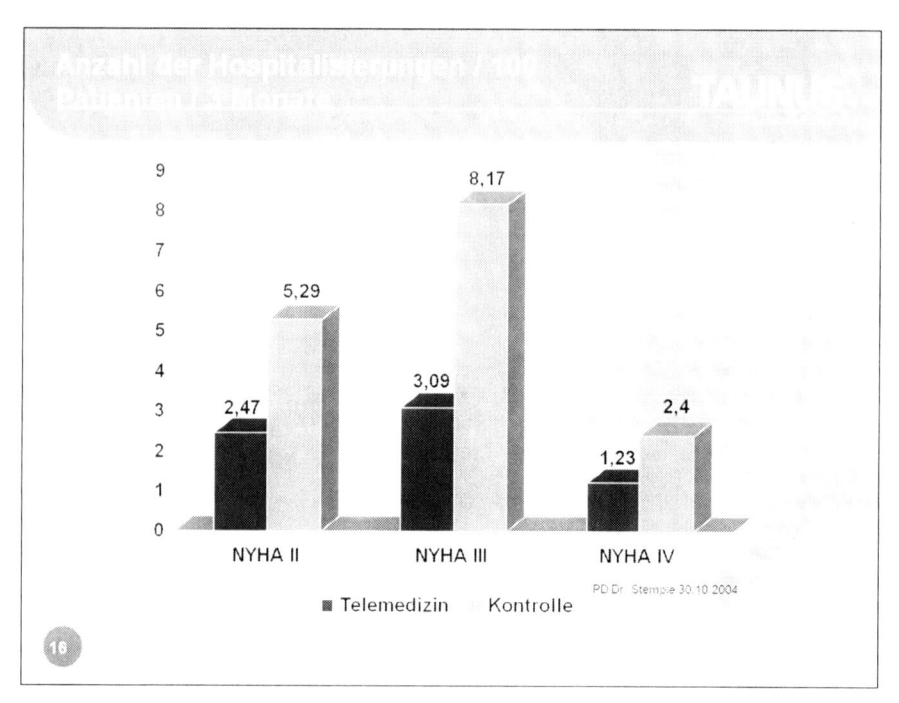

Bild 12

Wir sehen überall mindestens eine Halbierung. Der Patient geht nur noch 50% so oft zum Arzt wie er sonst gegangen wäre, weil er gesteuert dann zum Arzt geht, wenn es wirklich notwendig ist. In vielen dieser vermeidlichen Notfallanrufe, die wir im Telemedizinprojekt gesehen haben, war es notwendig, den Patienten zu beruhigen. Natürlich werden wir keinem eine Behandlung versagen, aber viele Dinge kann man frühzeitig abfangen und dem Patienten erklären. Das hat viele Vorteile für Patienten. Wenn ein Patient beispielsweise in Mecklenburg-Vorpommern wohnt, zum Arzt in die nächste Kreisstadt 40, 50 Minuten braucht und der sagt dann, dass es falscher Alarm war. Da haben wir abgesehen von der besseren Versorgung viel für unsere Patienten getan.

Wenn man sich die Ergebnisse ansieht, kennt man seine Standard-Kohorte. Was hat es gekostet? Stationäre Aufenthalte, Telemedizin für die Zeit. Dabei komme ich auf einen Kostenvorteil von 3.000 € pro halbes Jahr (Bild 13).

Kohorte	Gesamt-Kosten (€)	Erfolgsrate (%)*	effektivitäts-adjustierte Kosten (€)
Standard	3.746	0,586	6.397
Telemedizin	2.292	0,748	3.065

* Werte entstammen der Auswertung des Telemedizin-Projektes Zertiva®

Reinhard Rychlik 08.03.2007

Bild 13

Wir kennen auch Studien von der Charité, die uns gezeigt hat, was in der telemedizinischen Gruppe und in der Regelversorgungsgruppe passiert, auch mit Taunus BKK Patienten. Wieder ist es so, dass die Patienten weniger oft ins Krankenhaus gehen, weniger lang im Krankenhaus sind. Das ist ein Indiz. Was wir hier in München von Dr. Stemple mit den Ergebnissen von der TK gesehen haben, funktioniert auch in Berlin. Darüber hinaus gibt es jetzt eine Studie deutschlandweit: 600 Patienten mit Telemedizin, 2.400 als Kontrollgruppe.

"Ambulantes Krankheitsmanagement bei kard. Patienten:..."

Variablen	Standardgruppe (n = 90)	Telemedizingruppe (n = 90)
Geschlecht		
Männlich (Prozent)	69 (77%)	69 (77%)
Alter in Jahren		
Mittelwert ± SD	66,94 ± 10,22	66,24 ± 8,89
Konfidenzintervall	64,8-69,1	64,4-68,1
NYHA-Stadium		
I / II	83%	78%
III	17%	22%
Ejektionsfraktion		
Mittelwert in Prozent ± SD	54 ± 10,22	52± 10,22
Betrachtungszeitraum in Tagen ± SD	351,86 ± 56,29	351,49 ± 54,16
Median	365	365

Gornig, M. et al. Phys Med. Rehabilitationsmedizin 2008: in press

Bild 14

Die ersten komplizierten Ergebnisse kommen von einer Subgruppe aus Jena. Sie werden überrascht sein, was man mit Telemedizin erreichen kann. 185 Patienten: 95 mit Telemedizin, 90 mit Standardtherapie über 12 Monate. Das Studiendesign zeigt Geschlecht, Alter, NYHA Stadien, Pumpleistung – alles klar vergleichbar, statistische Zwillinge (Bild 14). Das Ergebnis ist: Hospitalisation 65% in der Regelversorgungsgruppe, 37% in der Standardgruppe. Krankenhaustage 1300 zu 400. Krankenhauskosten 1,37 Millionen Euro für 90 Patienten in einem Jahr im Vergleich zu 317.000 Euro innerhalb eines Jahres mit dem gleichen Krankheitsbild. Addiert man noch die 1.500 bis 2.500 Euro Zusatzkosten, die wir für die Telemedizin inklusive Vergütung der niedergelassenen Ärzte haben, kommen wir tatsächlich auf einen Einsparvorteil von 9.000 Euro pro Patient und Jahr, ohne dass wir irgendeinem Arzt irgendetwas gekürzt haben, ohne dass der Patient eine schlechtere Leistung, nein eine bessere Leistung bekommen hat. Nur durch die bessere Versorgung und Führung dieser Patienten kommen wir auf 9.000 Euro. Glauben Sie mir, ich kenne die bundesweiten Werte. Die sind kaum schlechter.

11 Die Rolle niedergelassener Ärzte bei Telemonitoring von chronischen Krankheiten

Dr. med. Siegfried Jedamzik
Verband deutscher Praxisnetze e.V., Ingolstadt

Ich bin Hausarzt, und mein Vortrag beschäftigt sich mit den grundsätzlichen Problemen der niedergelassenen Ärzte im Bereich Telematik, mit der Telemedizin. Im Grunde genommen ist es traurig, was für Chancen wir vergeben. Seit vielen Jahren sind wir im Bereich Telemedizin aktiv. Was für Exportchancen lassen wir uns entgehen! Was für Chancen, eine bessere Patientenversorgung zu etablieren, ignorieren wir! Ich hoffe, dass sich in den nächsten Jahren das, was Sie heute Morgen alles besprochen haben, bei uns im niedergelassenen Feld auch umsetzen lassen wird. Ich werde Ihnen einige Punkte zeigen, woran es hängt, wo wir Probleme haben und welche Vorschläge ich zur Vorgehensweise habe.

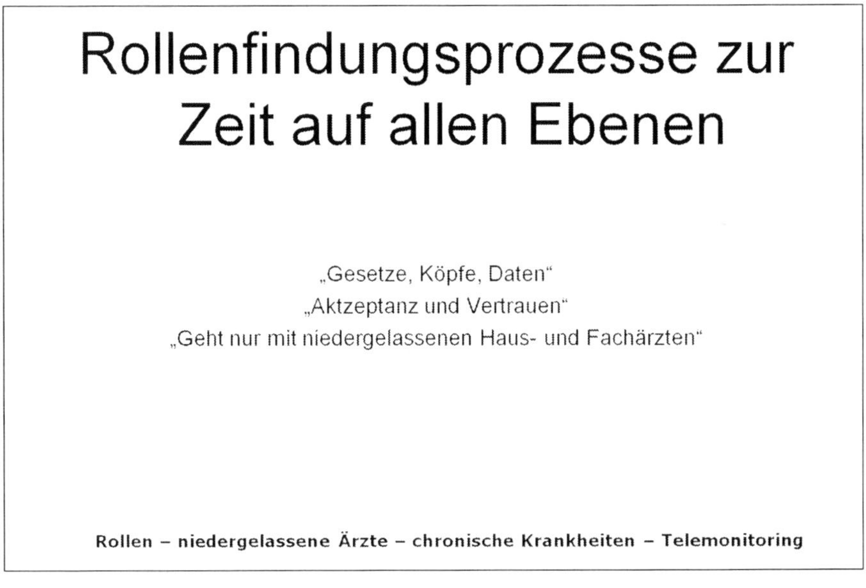

Rollenfindungsprozesse zur Zeit auf allen Ebenen

„Gesetze, Köpfe, Daten"
„Aktzeptanz und Vertrauen"
„Geht nur mit niedergelassenen Haus- und Fachärzten"

Rollen – niedergelassene Ärzte – chronische Krankheiten – Telemonitoring

Bild 1

Rollenfindungsprozesse (Bild 1): Man kann das, was Sie sich vorstellen, nicht von oben implementieren, sondern man muss den niedergelassenen Kollegen den

Nutzen aufzeigen. Deswegen habe ich hier oben vermerkt: Gesetze haben wir, 291 usw., Vertragsänderungsgesetz. Man muss die Köpfe zusammenführen und dann die Daten laufen lassen. Wir müssen vor allem Akzeptanz und Vertrauen schaffen. Viele niedergelassene Ärzte sind meilenweit entfernt von dem Thema, das wir hier diskutieren. Es gibt ein paar innovative Cluster, die man unterstützen und stärken muss. Aber sehr viele Kollegen sind leider noch nicht so weit.

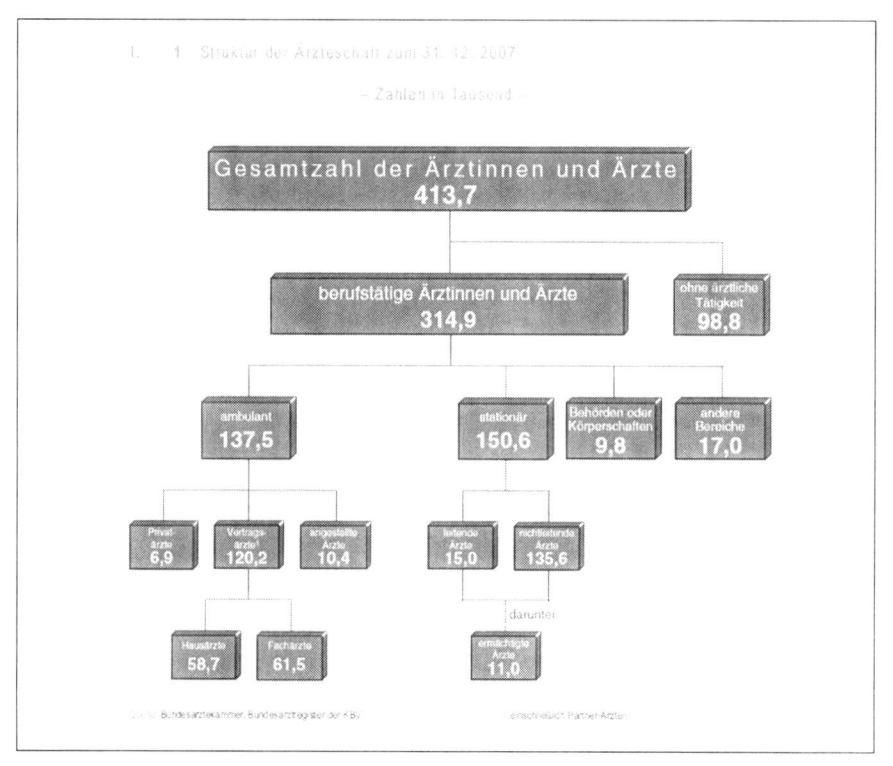

Bild 2

Ich habe hier noch einmal die gigantische Aufgabe aufgeführt, die wir vor uns haben (Bild 2). Insgesamt haben wir 413.000 Ärztinnen und Ärzte, davon im niedergelassenen ambulanten Bereich 137.000. Von diesen sind zwischen 125.000 bis maximal 130.000 Ärzte mit diesem Thema befasst, und zwar im negativen Sinn, indem die „arme" Gesundheitskarte, die überall publiziert wird, immer als Negativbeispiel in der Ärzteschaft als drohendes Menetekel gegen Transparenz und gegen den gläsernen Arzt in die Höhe gehoben wird. 5.000 bis 7.000 Ärzte sind in telemedizinischen Projekten involviert und wissen, dass diese Projekte einen Nutzen bringen.

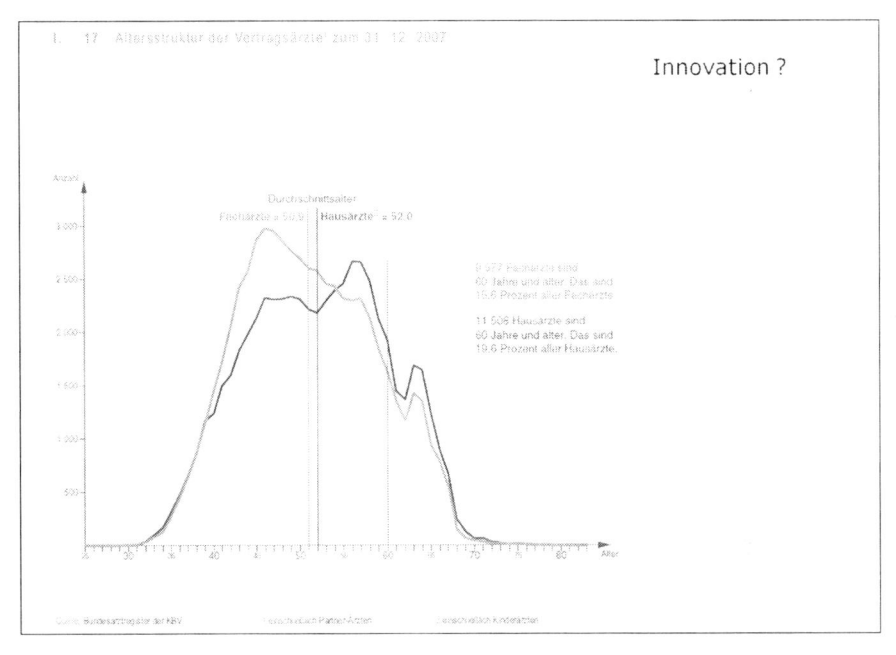

11 Die Rolle niedergelassener Ärzte bei Telemonitoring von chronischen Krankheiten   155

Bild 3

Bild 4

Ich zeige Ihnen die Probleme auf zwei Bildern (Bild 3, 4). Sie sehen hier das Durchschnittsalter von Fach- und Hausärzten im Jahr 2007; bei den Hausärzten sind es 52 Jahre. In Bayern liegen wir bei knapp 56 Jahren. Innovation? Viele Kollegen denken schon in Richtung Rente und haben Probleme, ihre Praxen mit innovativen IT-Architekturen umzustellen. Mit diesen Ärzten müssen wir gezielt reden, warum sie noch 10.000 € für IT ausgeben sollen. Diese Gespräche müssen vor der Aufstellung von Projekten geführt werden. Die Ärzte haben momentan ganz andere Probleme: Regelleistungsvolumen, Finanzierung, Zukunft, Bürokratie, Morbi-RSA. Das sind die Themen, die die Ärzte momentan bewegen, weniger die Telemedizin.

Bild 5

Protestaktionen (Bild 5): Ärzte protestieren immer – Sie sehen hier einen kleinen Ausschnitt aus einer Protestaktion – und sie protestieren nicht gegen Telemedizin und Telemonitoring, sondern gegen das Regelleistungsvolumen. Sie beschäftigen sich schlicht und einfach nicht mit dem, worüber wir hier reden.

11 Die Rolle niedergelassener Ärzte bei Telemonitoring von chronischen Krankheiten

- Unter chronischen Krankheiten werden Krankheiten verstanden, die entweder Ergebnis eines länger andauernden Prozesses degenerativer Veränderung somatischer oder psychischer Zustände sind oder die dauernde somatische oder psychische Schäden oder Behinderung zur Folge haben (Waltz 1981). Heilt eine Krankheit nicht aus oder kann die Krankheitsursache nicht beseitigt werden, kommt es zur Chronifizierung.
- Koronare Herzkrankheit, Asthma, Diabetes mellitus, Demenz, Gicht, Rheuma, Apoplex, Krebsformen, Chronisch entzündliche Darmkrankheiten, Arthrosen, Genetisch determinierte Krankheiten wie Phenylketonurie, etc.
- Fast 20% aller Bundesbürger gelten als chronisch krank. Fast alle haben Angehörige, Freunde oder Bekannte mit solchen Krankheiten.
- 19. Jahrhundert: 80% aller Menschen starben an Infektionskrankheiten, 1930: knapp 50%, 1980: nur noch 1 %.
- Heute: Über 80% aller Menschen leiden und sterben an chronischen Krankheiten wie: bösartige Tumoren, Hypertonie, Bronchialleiden, Leberzirrhose, Diabetes, Krankheiten des metabolischen Syndroms wie Hypertonie, Hyperlipidämie.....

Bild 6

Es geht um chronische Krankheiten (Bild 6). Der Titel meines Vortrags heißt: „Die Rolle der niedergelassenen Ärzte im Bereich Telemonitoring von chronischen Krankheiten". Nicht umsonst stehen die chronischen Krankheiten im Mittelpunkt. Es geht überhaupt nicht um die Akutkrankheiten, sondern dezidiert um die chronischen Krankheiten, die wir anders steuern müssen.

Sie kennen die Definition der chronischen Krankheiten und wir haben eine Menge von Diagnosen. Angefangen von der koronaren Herzkrankheit über Asthma, Diabetes, chronisch entzündliche Darmkrankheiten, genetisch determinierte Krankheiten. Fast 20% aller Bundesbürger gelten als chronisch krank.

> **§ 2 Abs. 2 der Richtlinie des Gemeinsamen Bundesausschuss zur Definition schwerwiegenden chronischen Erkrankunge(n)**
> **§ 62 SGB V**
> Eine Krankheit ist schwerwiegend chronisch, wenn sie wenigstens **ein Jahr** lang, mindestens **einmal pro Quartal** ärztlich behandelt wurde (**Dauerbehandlung**) und **ein**es der folgenden **Merkmal**e vorhanden ist:
>
> - Pflegebedürftigkeit der Pflegestufe 2 oder 3,
> - ein Grad der Behinderung (**GdB**) von mindestens 60 oder eine Minderung der Erwerbsfähigkeit (**MdE**) von mindestens 60 % vor
> - oder **kontinuierliche** medizinische **Versorgung** erforderlich, ohne die nach ärztlicher Einschätzung eine lebensbedrohliche **Verschlimmerung**, eine **Verminderung** der **Lebenserwartung** oder eine dauerhafte **Beeinträchtigung** der **Lebensqualität** zu erwarten ist.

Bild 7

Im 19. Jahrhundert starben 80% aller Menschen an Infektionskrankheiten, 1930 knapp 50%, 1980 nur noch 1%. Heute leiden und sterben über 80% aller Menschen an chronischen Krankheiten, wie bösartige Tumore, Hypertonie und Bronchialleiden. Das heißt, die Infektionskrankheiten sind für uns überhaupt kein Thema mehr. Die managen wir problemlos durch Antibiotika und entsprechende Medikamente. Die Definition des Bundesausschusses zu chronischen Krankheiten kennen Sie wahrscheinlich (Bild 7). Eine Krankheit ist schwerwiegend chronisch, wenn sie ein Jahr lang mindestens einmal pro Quartal ärztlich behandelt wurde. Für eine Dauerbehandlung muss eines der folgenden Merkmale vorhanden sein: Pflegebedürftigkeit, der Grad der Behinderung von mindestens 60% und/oder eine kontinuierliche medizinische Versorgung ist erforderlich. Das bedeutet, dass wir die Patienten nicht nur kontinuierlich in der Praxis versorgen, sondern auch kontinuierlich die Prozesse versorgen. Und da haben wir ein großes Problem, auf das ich später noch einmal zurück kommen werde.

11 Die Rolle niedergelassener Ärzte bei Telemonitoring von chronischen Krankheiten 159

> 80% der Kosten
> werden durch
> 20% der Versicherten
> mit chronischen Erkrankungen (Herz-Kreislauf, Stoffwechsel, Krebs, Bewegungsapparat, Allergien u.a.) verursacht (Pareto)
>
> Was tun unter Kostendruck und Finanzkrise? Deckungsbeitrag, Telemonitoring, Versorgungforschung

Bild 8

Kosten (Bild 8): Der Vortrag von Herrn Heuzeroth war unglaublich beeindruckend, was wir sparen könnten, wenn wir telemedizinische Prozesse abbilden würden und die Kollegen, sprich Hausärzte und Fachärzte, einbinden würden. 80% der Kosten werden durch 20% der Versicherten mit chronischen Erkrankungen verursacht.

> **Lösungswege für Qualität und Effizienz und Vorbedingungen zur Einführung von Telemonitoringprojekten bei Niedergelassenen**
>
> - Gesetzgeber etabliert neue Versorgungsstrukturen
> - Ausführungsbestimmungen entstehen in den Selbstverwaltungen
> - Lernkurven und Kompetenzen wachsen in Verbänden, bei Leistungserbringern und Kostenträgern
> - Einrichtungsübergreifende integrierte Versorgungsmodelle etablieren sich
> - Reale einrichtungsübergreifende Projekte als Akzeptanzbildung entwickeln
> - Behandlungspfade und Leitlinien werden im Konsens gestaltet und regional adaptiert
> - Diese werden telematisch abgebildet
> - Und mit moderner, eleganter IT- Infrastruktur von den Prozessbeteiligten umgesetzt

Bild 9

Was tun unter Kostendruck und Finanzkrise? Es gibt in meinen Augen natürlich verschiedene Lösungswege, aber nur einen goldenen Weg, den ich Ihnen hier aufgezeichnet habe (Bild 9). Wir müssen Qualität und Effizienz gleichermaßen zusammenbinden. Das sind absolute Vorbedingungen zur Einführung von Telemonitoringprojekten bei Niedergelassenen. Wir haben den Gesetzgeber, der uns unglaublich viele Spielräume gegeben hat dank dem SGB 5. Wir haben die Ausführungsbestimmungen, die in den Selbstverwaltungen entstanden sind. Vor allen Dingen haben wir aber zunehmende Lernkurven und Kompetenzen, die in den Verbänden, bei Leistungserbringern und Kostenträgern wachsen. Warum ist das wichtig? Wir kommen aus einer Welt, wo Kostenträger ihre völlig eigenen Strukturen bedient haben, wo Leistungserbringer ihre völlig eigenen Systeme gelebt haben. Das ändert sich allmählich. Wenn wir eine vernünftige integrierte Versorgung mit Telemonitoring auf die Beine stellen wollen, müssen wir so eng wie möglich zusammenarbeiten und Leistungsträger und Kostenerbringer müssen sich an einen Tisch setzen. Wir brauchen einrichtungsübergreifende integrierte Versorgungsmodelle. Es tut sich sehr viel. Wir haben allerdings ein Problem, denn die Politik lässt uns momentan in diesem Bereich von der Finanzierung her ein bisschen hängen. Ich halte es für sehr wichtig, dass reale regionale, einrichtungsübergreifende Projekte gemacht werden. Wenn Sie keine Basis schaffen, wenn die Köpfe nicht zusammen kommen, können Sie auch nichts etablieren, weil die Kollegen dann einfach nicht mitmachen.

Behandlungspfade, Leitlinien: Die müssen im Konsens gestaltet werden. Wir haben viele Behandlungspfade etabliert, die alle in den Schubladen liegen. Wir haben einzig und allein mit Telemonitoring eine Chance das umzusetzen. Vor allem müssen wir mit einer eleganten IT-Infrastruktur bei den Prozessbeteiligten das alles umsetzen, was wir uns momentan wünschen. Da wird noch ein weiter Weg zu gehen sein.

11 Die Rolle niedergelassener Ärzte bei Telemonitoring von chronischen Krankheiten

> Der Rollenfindungsprozess für Ärzte - niedergelassene Ärzte und Klinikärzte – im Telematikmonopoly
>
> ist noch nicht in der Schlossallee angekommen! Zumindest geht´s nicht mehr zurück auf Los! eGK?

Bild 10

Der Rollenfindungsprozess für niedergelassene Ärzte und Klinikärzte im Telematikmonopoly ist leider noch nicht in der Schlossallee angekommen (Bild 10). Ich hoffe zumindest, dass es nicht mehr rückwärts geht. Ich habe hier geschrieben: eGK? Es entstehen viele integrierte Projekte, und ich hoffe auf die Kraft des Faktischen. Ich hoffe darauf, dass es auch mit der eGK weitergeht und dass wir nach der Bundestagswahl noch einmal eine zweite Luft bekommen. Hier in Bayern sind wir ganz gut aufgestellt. In der Testregion Ingolstadt arbeiten wir stark daran, unsere Projekte weiter durchzuführen. Wenn man hier die Komplexität sieht, ist es ausgesprochen schwierig, es in der nächsten Zeit umzusetzen. Wir werden es trotzdem tun.

Bild 11

Bild 11 habe ich von einem Kollegen bekommen und es zeigt, wie die Kollegen denken. „Es ist ein Virus auf Ihrer Gesundheitskarte, besser, ich verschreibe Ihnen etwas dagegen." Das drückt ein bisschen die Seelenlage der niedergelassenen Ärzte aus.

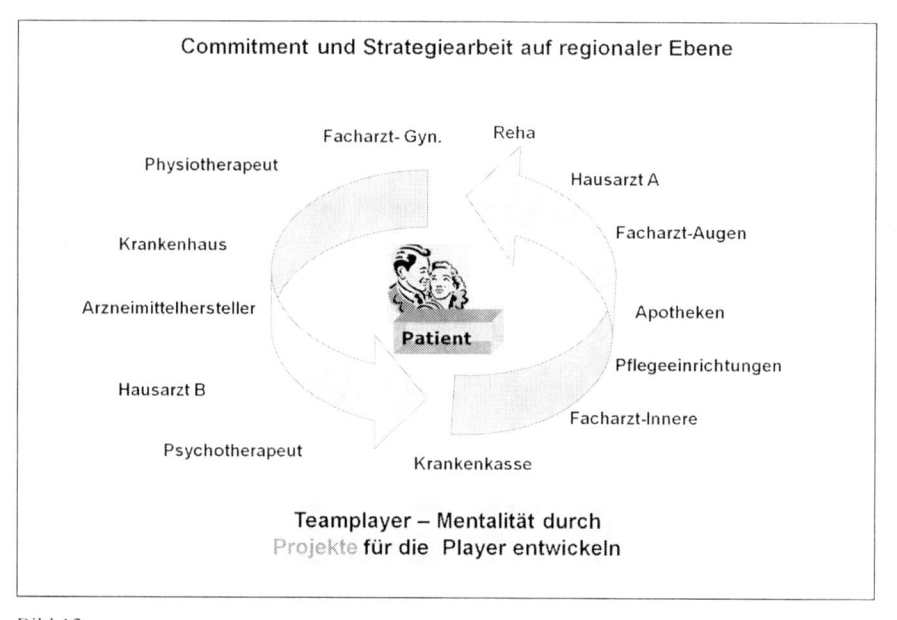

Bild 12

Was ist zu tun, um Telemonitoring umzusetzen (Bild 12)? Wir brauchen eine Teamplayermentalität. Wir müssen Projekte entwickeln, um die Kollegen zusammenzusehen. Ein Projekt ist der Betrieb von Notfallpraxen, die die Hausärzte beispielsweise zusammenbinden.

Betrieb eines ambulanten, GO IN eigenen Schlaflabors

- GO IN Schlaflabor in der Klinik Kösching
- Seit 01.05.2009
- Medizinische Leitung – zwei Fachärzte
- Vier Arzthelferinnen

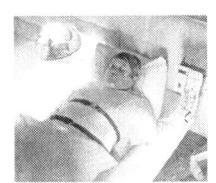

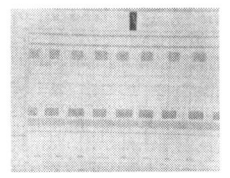

Bild 13

Eines der letzten Projekte, das wir in Betrieb genommen haben, ist das Go-In-Schlaflabor (Bild 13). Es ist ein Projekt, das wir telemedizinisch mit verschiedenen Neurologen und Pneumologen vernetzt haben, d.h. die Kollegen können die Daten aus diesem Schlaflabor direkt in ihre Praxis PVS Systeme implementieren. Das ist gelebtes Telemonitoring. Ganz wichtig sind Qualitätszirkel, in denen wir den Boden für Telemonitoringprojekte bereiten. Wir haben derzeit insgesamt 41 Qualitätszirkel.

Leitlinienentwicklung im GO IN

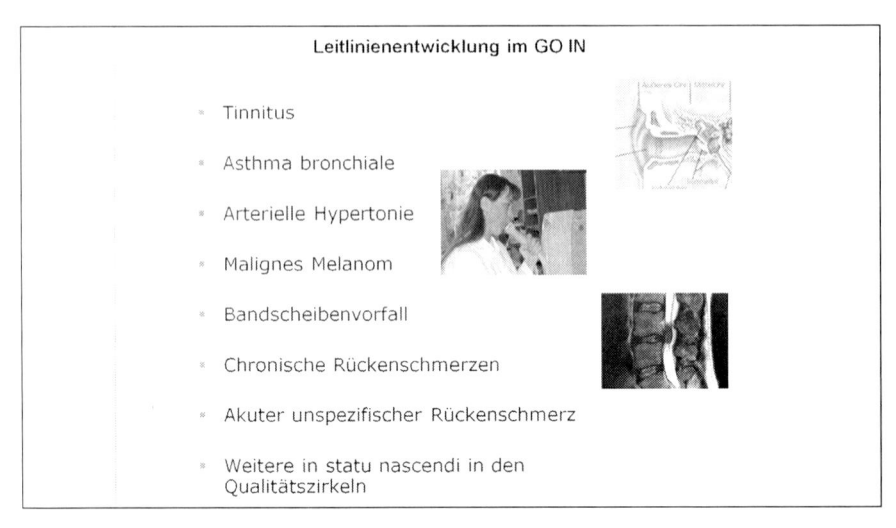

- Tinnitus
- Asthma bronchiale
- Arterielle Hypertonie
- Malignes Melanom
- Bandscheibenvorfall
- Chronische Rückenschmerzen
- Akuter unspezifischer Rückenschmerz
- Weitere in statu nascendi in den Qualitätszirkeln

Bild 14

Leitlinienentwicklung (Bild 14): Wir wollen die Medizin besser machen, wir wollen mit Telemedizin eine bessere Arbeit am Patienten leisten. Dazu gehören die Leitlinien und Behandlungsbahnen. Es gibt unendlich viele Leitlinien, doch wenige setzen sie im konkreten Alltag um. Ich stelle mir vor, dass das nur machbar und möglich ist, wenn diese Leitlinien telematisch abgebildet werden, so dass der Arzt sie am Ort des Geschehens, d.h. am Schreibtisch mit dem Patienten eins zu eins umsetzen kann.

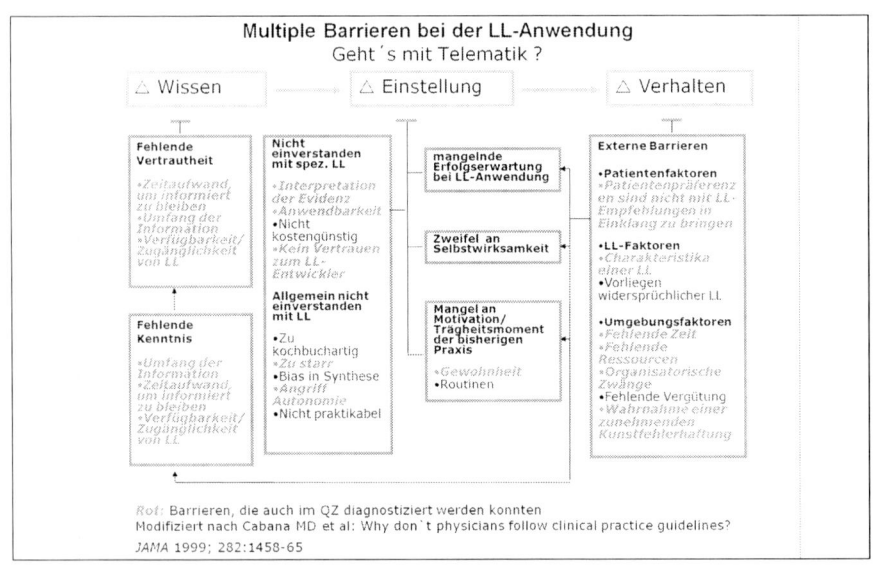

Multiple Barrieren bei der LL-Anwendung
Geht´s mit Telematik ?

△ Wissen — △ Einstellung — △ Verhalten

Fehlende Vertrautheit
- *Zeitaufwand, um informiert zu bleiben*
- *Umfang der Information*
- *Verfügbarkeit/ Zugänglichkeit von LL*

Nicht einverstanden mit spez. LL
- *Interpretation der Evidenz*
- *Anwendbarkeit*
- Nicht kostengünstig
- *Kein Vertrauen zum LL-Entwickler*

Allgemein nicht einverstanden mit LL
- Zu kochbuchartig
- Zu starr
- Bias in Synthese
- *Angriff Autonomie*
- Nicht praktikabel

mangelnde Erfolgserwartung bei LL-Anwendung

Zweifel an Selbstwirksamkeit

Fehlende Kenntnis
- *Umfang der Information*
- *Zeitaufwand, um informiert zu bleiben*
- *Verfügbarkeit/ Zugänglichkeit von LL*

Mangel an Motivation/ Trägheitsmoment der bisherigen Praxis
- *Gewohnheit*
- Routinen

Externe Barrieren
- Patientenfaktoren
  - *Patientenpräferenz en sind nicht mit LL-Empfehlungen in Einklang zu bringen*
- LL-Faktoren
  - *Charakteristika einer LL*
  - Vorliegen widersprüchlicher LL
- Umgebungsfaktoren
  - *Fehlende Zeit*
  - *Fehlende Ressourcen*
  - Organisatorische Zwänge
  - Fehlende Vergütung
  - *Wahrnahme einer zunehmenden Kunstfehlerhaftung*

Rot: Barrieren, die auch im QZ diagnostiziert werden konnten
Modifiziert nach Cabana MD et al: Why don´t physicians follow clinical practice guidelines?
JAMA 1999; 282:1458-65

Bild 15

11 Die Rolle niedergelassener Ärzte bei Telemonitoring von chronischen Krankheiten

Ich habe Ihnen dies noch einmal zusammengestellt (Bild 15). Es gibt ungeheuer viele Barrieren bei der Leitlinienanwendung und ich denke, dass es nur mit Telematik funktionieren kann. Dazu möchte ich Ihnen eine kleine Geschichte erzählen. Das war eines der ersten Telemonitoringprojekte, eine Lehrstunde, wie man es nicht machen soll. Es war ein Projekt, in dem wir über einen Telematik-Anbieter ein Augenmonitoring übernommen haben. Wir habe das in der Region eingeführt, alle Kollegen informiert, den Nutzen – auch vor allem den finanziellen Nutzen für die Augenärzte – noch einmal ausführlich dargelegt. Wir haben in der Region Versammlungen gehabt. Die nicht verkammerten Berufe haben sich dagegengestellt. Es sind Aktionskomitees gegründet worden, die gegen uns gearbeitet haben, und zwar gegen die Tatsache, dass der Patient nicht mehr beim Augenarzt in der Praxis war, sondern dass der Augenarzt Medizin auf Distanz gemacht hat. Wir haben zwischenzeitlich drei Gruppierungen in der Region, die sich aufgrund dieser Aktivität gebildet haben und weiterhin gegen dieses Projekt opponieren. Sie glauben nicht, was Telemedizin für Emotionen bei Niedergelassenen, ob verkammerten oder nicht verkammerten Berufen, entwickeln kann.

Optimierte Wertschöpfung durch Integration von Krankenkasse und Versorgungssystem z.B. durch Telemonitoring-Projekte

Gemeinsame Versorgungsphilosophie, integrierte Verwaltung, koordinierte Dienste

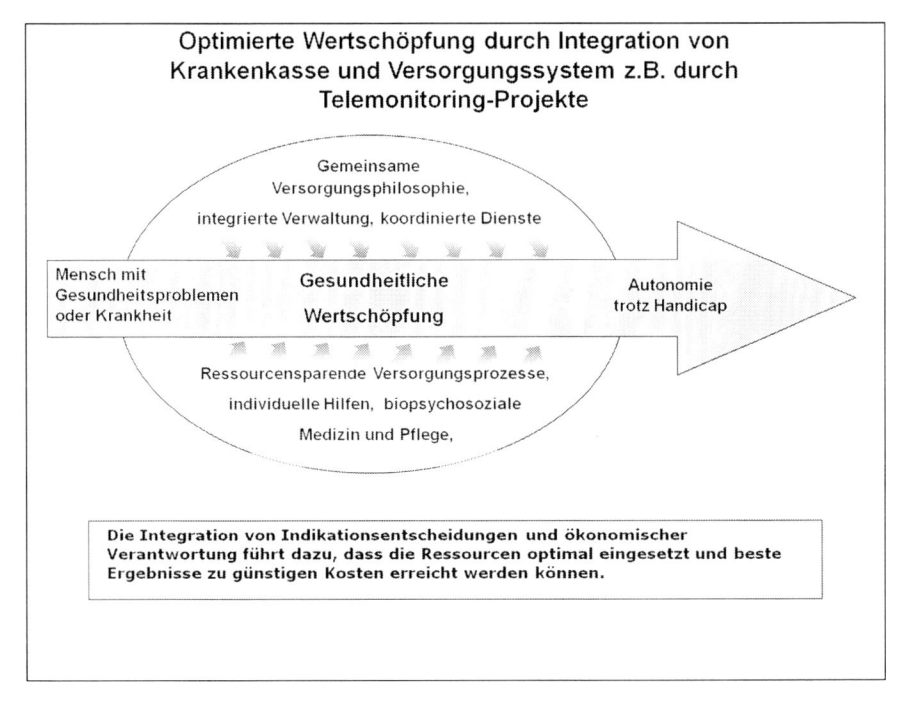

Mensch mit Gesundheitsproblemen oder Krankheit → Gesundheitliche Wertschöpfung → Autonomie trotz Handicap

Ressourcensparende Versorgungsprozesse, individuelle Hilfen, biopsychosoziale Medizin und Pflege,

Die Integration von Indikationsentscheidungen und ökonomischer Verantwortung führt dazu, dass die Ressourcen optimal eingesetzt und beste Ergebnisse zu günstigen Kosten erreicht werden können.

Bild 16

Was habe ich daraus gelernt (Bild 16)? Man muss im Grunde genommen mit allen Gruppierungen in einer Region reden, sie konzentrieren, zusammenholen und nicht nur den Nutzen, sondern auch die Ethik transportieren und sie davon überzeugen, bei einem solchen Projekt mitzumachen. Natürlich machen wir vieles in der Region beim Verband der Praxisnetze. Viele Praxisnetze haben elektronische Patientenakten, haben Gesundheitspässe. Wir hoffen, dass wir in Zukunft, so ähnlich wie ich das im Vortrag von Herrn Heuzeroth gehört habe, eine optimierte Wertschöpfung durch Integration von Krankenkasse und Versorgungssystem hinbekommen, z.B. durch Telemonitoringprojekte. Wir sollten eine gemeinsame Versorgungsphilosophie entwickeln. Ich möchte auch die anwesenden Kostenträger bitten, auf uns zuzukommen. Ich komme gerade von einem Netzkongress aus Frankfurt, bei dem die größte Problematik darin lag, dass die Kostenträger nicht aktiver mit Telematikprojekten auf die Ärztenetze und die vernetzten Strukturen zukommen. Wenn wir solche Projekte umsetzen wollen, dann geht das nur gemeinsam. Es geht aber nicht nur durch Absichtserklärungen, sondern es geht nur durch Verträge.

Bild 17

Wir haben z.B. vor kurzem einen integrierten Facharztvertrag abgeschlossen, der als Basis für die Telemonitoringprojekte dienen kann (Bild 17). Die Basis bedeutet, dass die Ärzte natürlich auch Honorar dafür bekommen. Der Nutzen kann nicht nur einseitig auf der ethischen Linie sein, sondern es muss auch eine Finanzierung vorhanden sein. Zu hoffen ist, dass die hemmenden Sekundärprozesse in den nächsten Jahren irgendwann einmal weg sind – diese ganze Kontrollbürokratie, unter der die Ärzte natürlich massiv leiden, dieses fürchterliche gegenseitige Misstrauen. Bis vor ein, zwei, drei Jahren war es so, dass von der Ärzteschaft niemand einem Kostenträger gegenüber Vertrauen geschaffen hat. Zuallererst muss Vertrauen geschaffen werden. Wir müssen zusammen arbeiten. Telemedizin bedeutet, dass Hausärzte, Fachärzte, Krankenhausärzte und Kostenträger an einem Tisch sitzen, um diese Projekte umzusetzen. Zu hoffen ist, dass dieser Gruppenegoismus der letzten 20, 30 Jahre, die Intransparenz und dieses rivalisierende Gegeneinander verschwinden werden (Bild 18).

Hemmende Sekundär- und Tertiärprozesse sind in ??? weg!?

Überregulierung
Kontrollbürokratie
gegenseitiges Mißtrauen
ausufernde Verwaltungsprozeduren

Mensch mit Gesundheitsproblemen oder Krankheit → Gesundheitliche Wertschöpfung → Autonomie trotz Handicap

Intransparenz
Gruppenegoismus
Pfründekonkurrenz
rivalisierendes Gegeneinander

Prozesse, die mit der gesundheitlichen Wertschöpfung unmittelbar nichts zu tun haben, schlucken zu viele Ressourcen, die primäre Versorgung erhält zu wenig Mittel.

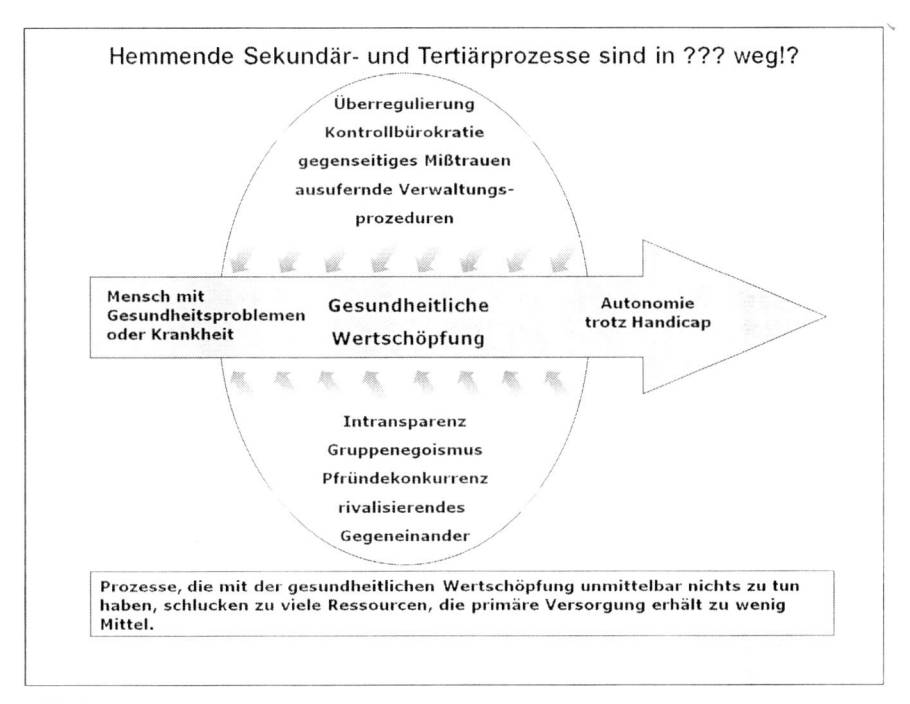

Bild 18

Damit bin ich nahezu am Ende meines Vortrages angekommen, möchte mich aber gern noch zur Prävention äußern. Ich möchte Ihnen dazu eine Schöpfungsgeschichte der Neuzeit vorlesen: Am Anfang bedeckte Gott die Erde mit Brokkoli, Blumenkohl, Spinat, grünen, roten, gelben Gemüsesorten aller Art, damit Mann und Frau lange und gesund leben konnten. Satan schuf Mövenpick und fragte nach ein paar heißen Kirschen zum Eis. Der Mann antwortete: „Gerne" und die Frau fügte hinzu: „Mir bitte noch eine heiße Waffel und Sahne dazu". So nahmen sie jeder 5 Kilogramm zu. Und Gott schuf den Joghurt, um der Frau jene Figur zu erhalten, die der Mann so liebte. Satan brachte das weiße Mehl aus dem Weizen, den Zucker aus dem Zuckerrohr. Die Frau änderte ihre Konfektionsgröße von 38 auf 46. Also sagte Gott: „Versuch doch einmal einen frischen Gartensalat!" Der Teufel schuf das Sahnedressing und den Knoblauchtoast als Beilage. Die Männer und Frauen öffneten ihre Gürtel nach dem Genuss um mindestens ein Loch. Gott aber verkündetet: „Ich habe euch frisches Gemüse gegeben und Olivenöl, um es darin zu garen." Der Teufel steuerte kleine Bries und Camembertstücke, Hummerstücke in Butter und Hähnchenfilets bei, für die man schon fast einen zweiten Teller benötigte. Die Cholesterinwerte des Menschen schossen raketenartig in die Höhe. Also brachte Gott Laufschuhe, damit seine Kinder Sport treiben sollten und damit ein paar Pfunde verlören. Und der Teufel schuf das Kabelfernsehen und die Fernbedienung, damit der Mensch sich nicht mit dem Umschalten belasten müsste. Und Männer und Frauen weinten und lachten vor dem flackernden Bildschirm und fingen an, sich in Jogginganzüge aus Stretch zu kleiden. Daraufhin schuf Gott die Kartoffel, arm an Fett und von Kalium und wertvollen Nährstoffen strotzend. Und der Teufel entfernte die Schale und zerteilte das Innere in Chips, die er in tierischem Fett briet und mit Unmengen an Salz bestreute. Und der Mensch gewann noch ein paar Pfunde mehr. Dann schuf Gott mageres Fleisch, damit seine Kinder weniger Kalorien verzehren mussten, um trotzdem satt zu werden. Und der Teufel schuf McDonalds mit Cheeseburger für 99 Cent und dann fragte Luzifer: „Pommes dazu"? Und der Mensch sagte: „Klar, eine extra große Portion mit Mayo". Der Teufel fragte: „Ist es gut"? Und der Mensch erlitt einen Herzinfarkt. Gott seufzte und schuf die vierfache Bypassoperation am Herzen. Und der Teufel? ... der Teufel erfand die Gesundheitspolitik ...

12 Perspektiven von Telemonitoring im Pflegesektor

Ingrid Hastedt
Wohlfahrtswerk für Baden-Württemberg, Stuttgart

Als ich gefragt wurde, etwas zu Perspektiven von Telemonitoring im Pflegesektor zu sagen, wusste ich nicht, ob mir dazu etwas einfällt. Mir ist dann doch einiges eingefallen. Aber bevor ich Ihnen dies erläutere, möchte ich Ihnen kurz meinen operativen Hintergrund beschreiben: Das Wohlfahrtswerk für Baden-Württemberg ist eine Stiftung, die ihren Schwerpunkt in der stationären Altenpflege mit 13 Pflegeeinrichtungen hat. Zudem findet sich in diesen Gebäuden in der Regel eine Tagespflege für Senioren mit üblicherweise 12 Plätzen. Häufig befindet sich auch eine Betreute Seniorenwohnanlage nebenan. Den dortigen Mietern steht manchmal ein von uns geführter ambulanter Dienst zur Verfügung. Es gibt aber auch andere ambulante Dienste, die dort ein- und ausgehen. In unseren Pflegeeinrichtungen gibt es teilweise Spezialabteilungen – zum Beispiel für schwer Demenzkranke, MS-Erkrankte oder ausschließlich für Kurzzeitpflege. Zu den Angeboten für Pflegebedürftige zählt auch eine ambulant betreute Wohngemeinschaft. In vier Regionen beliefern wir Haushalte mit Essen auf Rädern und in sechs Regionen haben wir einen ambulanten Pflegedienst.

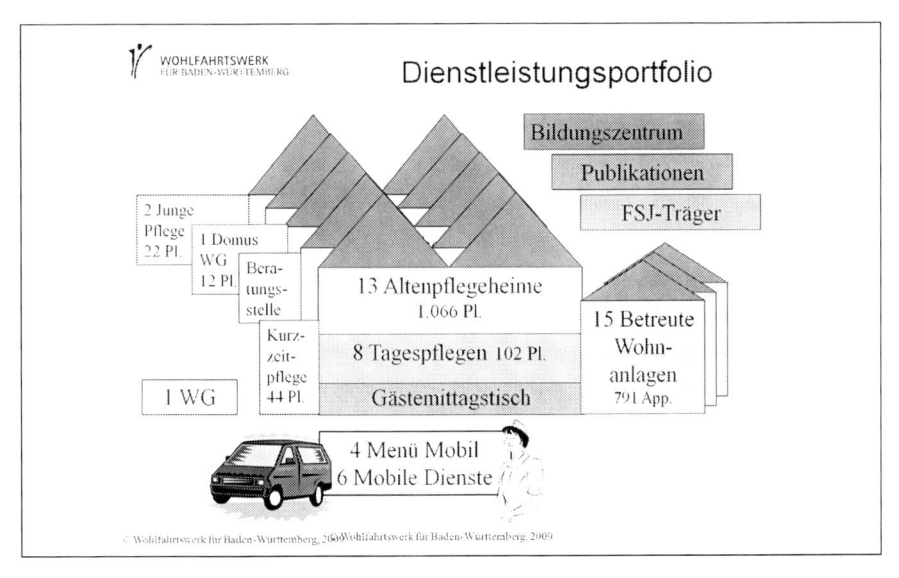

Bild 1

Insgesamt versorgen wir mit unseren Kapazitäten ca. 2.000 Senioren (Bild 1). Wenn ich mit Geschäftsführerkollegen anderer Anbieter rede, die vergleichbare Unternehmen führen, kommt Telemonitoring nie zur Sprache. Das war die erste Erkenntnis bei meiner Überlegung, wie es eigentlich kommt, dass ich hier als Vorstand etwas zu diesem Thema erzählen könnte: Kollegen von mir ginge es vermutlich ähnlich. Ich habe dann nach Erklärungen dafür gesucht.

Vorschalten möchte ich, welches Verständnis von Telemonitoring ich bei der Vortragsvorbereitung zugrundegelegt habe. Ich habe im Laufe des Tages festgestellt, dass ich mit dieser Definition nicht ganz verkehrt zu liegen scheine. Ich verstehe unter „Telemonitoring im Pflegesektor" eine wie auch immer geartete technische Unterstützung bei Hilfebedarf, bei der Daten erfasst, automatisiert weitergeleitet und eventuell ausgewertet werden. Das hat nach meinem Verständnis nichts mit Haustechnik und anderen Dingen, die auch zum AAL zugeordnet sind, zu tun.

Meine Botschaft an Sie lautet, dass bei Darstellungen von Telemonitoringansätzen bezüglich älterer Menschen viel zu wenig differenziert wird, welche Älteren gemeint sind. Ich möchte Ihnen heute drei Typen älterer Menschen vorstellen. Erstes Beispiel ist ein 74jähriger Witwer: Er ist geistig ganz fit, körperlich mobil und hat die ersten kleinen Zipperlein. Der letzte Umzug liegt lange zurück. Technisch ist er durchaus interessiert. Dieser **Typus 1** repräsentiert eine Zielgruppe für Telemonitoring im Alter generell (Bild 2).

Bild 2

Bei Typus 2 nähern wir uns Telemonitoring im Pflegesektor (Bild 3). Mit 86 Jahren zählt die alleinstehende Dame zur Gruppe der Hochaltrigen. Da ist eine Nähe zum Pflegesektor bereits altersbedingt gegeben. Sie benötigt einen Gehwagen und weist erste Anzeichen einer Demenz auf, was sich u.a. durch Gefährdungspotenzial im Haushalt äußert. Sie hat körperliche gesundheitliche Probleme und ist technisch völlig uninteressiert.

Einsatzfelder Telemonitoring im Pflegesektor: Eigene Häuslichkeit im Betreuten Wohnen

Alleinstehende Dame, 86 Jahre
- eingeschränkt mobil (mit Gehwagen)
- erste dementielle Einschränkungen: Gefährdungspotentiale im Haushalt
- körperliche gesundheitliche Probleme
- technisch uninteressiert

© Wohlfahrtswerk für Baden-Württemberg, 2009

Bild 3

Für Typus 3 steht eine 91-jährige Witwe (Bild 4). Sie ist stark in ihrer Mobilität eingeschränkt, hat demenzbedingte kognitive Einschränkungen und außerdem somatische gesundheitliche Probleme. Technisch ist sie völlig unfähig. Bei der Betreuung ist enorme menschliche Zuwendung erforderlich.

> **Einsatzfelder Telemonitoring im Pflegesektor: Pflegeheim**
>
> **Witwe, 91 Jahre**
> - Mobilität stark eingeschränkt
> - Demenzbedingt kognitive Einschränkungen
> - körperliche gesundheitliche Probleme
> - technisch unfähig
> - menschliche Zuwendung erforderlich
>
> © Wohlfahrtswerk für Baden-Württemberg 2009

Bild 4

Bei den heutigen Vorträgen habe ich mich jeweils gefragt, über welchen dieser Typen eigentlich gerade geredet wird? Bei Darstellungen zu diesem Thema scheint es mir erforderlich, dass noch viel stärker solche Segmenten bedacht werden sollten.

Der Witwer mit seinen 74 Jahren ist niemand, mit dem wir im Pflegesektor zu tun haben. Das liegt daran, dass überhaupt noch keine Notwendigkeit für Pflege vorhanden ist. Indirekt haben wir als Pflegeanbieter mit diesen Menschen allerdings sehr viel Kontakt. Solche Personen zählen zur Gruppe der Angehörigen von Pflegbedürftigen. Vielleicht gibt es eine 93jährige Mutter, die bei uns im Pflegeheim lebt. Aber vor allem zählt Typus 1 für uns zur Zielgruppe als potenzieller Ehrenamtlicher (Bild 5).

12 Perspektiven von Telemonitoring im Pflegesektor 173

> **WOHLFAHRTSWERK FÜR BADEN-WÜRTTEMBERG**
>
> **Einsatzfelder Telemonitoring im Alter: Eigene Häuslichkeit**
>
> **Witwer, 74 Jahre**
> Nur indirekt Zielgruppe für Pflegesektor:
> - als Angehöriger
> - als potenzieller Ehrenamtlicher
>
> Für diese Zielgruppe attraktive Angebote durch Pflegeanbieter zur frühzeitigen Kundenbindung fehlen bei Pflegeanbietern
>
> © Wohlfahrtswerk für Baden-Württemberg, 2009

Bild 5

Im Pflegesektor fehlt für diesen Personenkreis ein attraktives Angebot, das sie zum direkten Nutzer unserer Angebote machen könnte, die interessant wären für eine frühzeitige Kundenbindung, für eine frühzeitige vertrauenstiftende Beziehung.

Unternehmensstrukturen der Anbieter im Pflegesektor

Die fehlende Angebotsstruktur für rüstige Senioren erklärt sich meines Erachtens u.a. aus den Strukturen, die wir als Anbieter im Dienstleistungsbereich Pflege haben. Im Segment der Häuslichkeit gehen ambulante Pflegedienste ein und aus. Die überwiegende Zahl der Pflegedienste hat recht kleine Betriebsgrößen, in der Folge bilden die Anbieter in der ambulanten Pflege einen atomisierten Markt. Die kleinen Pflegedienste verfügen nicht über die Ressourcen, sich auf neue Felder zu begeben.

Größere Betriebskapazitäten entstehen häufig durch Verbünde, beispielsweise die Gesamtkirchengemeinde einer Großstadt, die ihre 10 oder 15 Diakonie-Stationen gemeinsam organisiert hat. Bis die Breite der kirchlichen Anbieter den Schritt von der Konzentration auf Zwischenmenschlichkeit und Pflege hin zum Forcieren technischer Unterstützung zu gehen wagt, wird meines Erachtens noch geraume Zeit ins Land gehen. Zu groß ist hierbei das Erfordernis unternehmerisch geprägter strategischer Denkansätze.

Der Blick auf Anbieter in der stationären Pflege ergibt, dass es dort steigende Unternehmensgrößen gibt (Bild 6). Diese Anbieter kämen von ihren Unternehmensstrukturen her, so wie wir als Wohlfahrtswerk, in Frage, Telemonitoring anzugehen. Solange aber das Einsatzfeld für Telemonitoring eher hinsichtlich der jüngeren Älteren diskutiert wird, stellen die von den Kapazitäten her in Frage kommenden Anbieter eine Inkongruenz der Zielgruppen fest.

Warum sind wir als Pflegeanbieter (noch?) nicht im Telemonitoring präsent?

- Viele kleinere Pflegedienste
- Größere Verbünde oft in kirchlicher Trägerschaft

- zunehmend große Träger
  - Konzeption: Priorität auf Normalität, Wohlbefinden und Autonomie

- Stationäre Pflege
  - Pflegeheim
  - WG

- Betreuung
  - Betreutes Wohnen
  - Tagespflege

- Eigene Häuslichkeit
  - Ambulante Pflege
  - Beratung

Wenig Anwesenheit in der Häuslichkeit

© Wohlfahrtswerk für Baden-Württemberg 2009

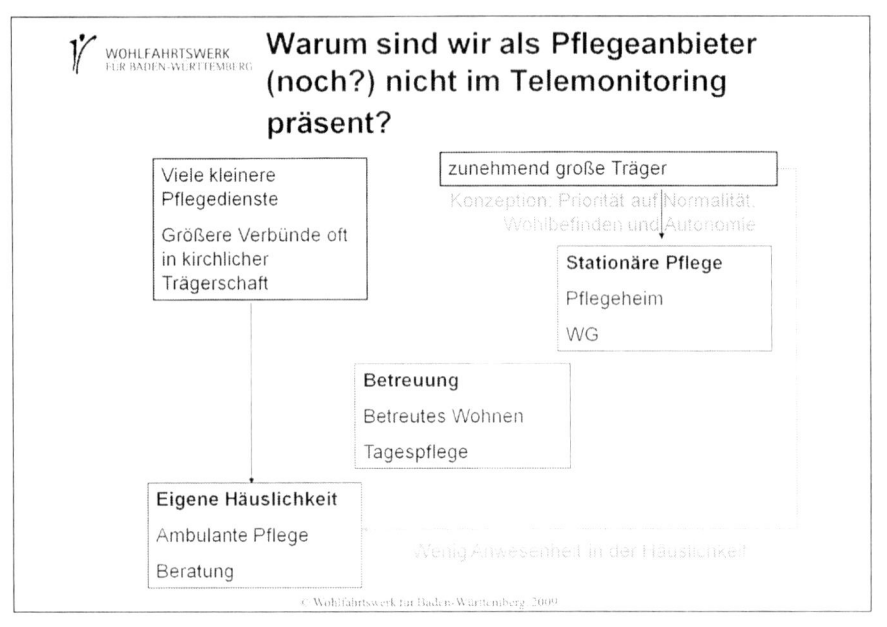

Bild 6

Es kommt hinzu, dass sich fortschrittliche große Träger hinsichtlich des Pflegeheimangebots derzeit sehr stark mit Konzepten auseinandersetzen, die zunehmend auf Normalität, Wohlbefinden und Autonomie setzen. Somit steht nicht das Thema Technologie im Vordergrund. Ich halte diesen strukturellen Status quo der Branche für einen wesentlichen Grund, für die kommunikative Abstinenz über technologisch neue Wege der Prozessoptimierung.

Äußere Zwänge zur Organisationsentwicklung

Mein Vorredner erwähnte die Ärzteschaft, die im Moment alles andere im Kopf habe als Telemonitoring inhaltlich anzugehen. So geht es uns als Pflegeanbieter im Prinzip auch: Wir sind intensiv beschäftigt mit Fragen der Qualitätsentwicklung und Personalentwicklung. Laufend werden wir mit der Umsetzung neuer Rahmenbedingungen, z. B. Gesetzesreformen konfrontiert. Das Problematische daran ist die fehlende Vorlaufzeit für Anpassungen. Prüfinstitutionen konfrontieren uns mit der Erwartung, dass neu in Kraft getretenes bereits ab dem Tag der Gesetzesänderung umgesetzt zu sein hat. Telemonitoring spielt hierbei überhaupt keine Rolle.

Es stehen auch für Zwecke, die über das Tagesgeschäft hinausgehen, keine personellen und finanziellen Ressourcen zur Verfügung. Administrierte Preise werden mit Kostenträgern wie Pflegekassen und Sozialhilfeträgern verhandelt. Diese ermöglichen keine Margen zur Erwirtschaftung von Innovationskapital. Aber auch dort, wo die Finanzierung durch den Endverbraucher komplett zu tragen ist, ist ein Preisniveau, bei dem entsprechende Margen möglich wären, kaum zu erwarten.

> **WOHLFAHRTSWERK FÜR BADEN-WÜRTTEMBERG**
>
> **Warum sind wir als Pflegeanbieter (noch?) nicht im Telemonitoring präsent?**
>
> - Konzentration der Pflegeanbieter auf Dringenderes (Qualitätsentwicklung, Personalentwicklung, Anpassung an ständig neue Rahmenbedingungen)
>   ->Telemonitoring ist dabei kein Thema
> - Fehlende personelle und finanzielle Ressourcen für Zwecke, die über das Tagesgeschäft hinausgehen
> - Innovationskapital lässt sich bei administrierten Preisen und niedriger Preisakzeptanz beim Endverbraucher als Financier kaum erwirtschaften
>
> © Wohlfahrtswerk für Baden-Württemberg, 2009

Bild 7

Heute ist schon mehrfach angeklungen, dass uns auch geeignete Geschäftsmodelle fehlen. Dies halte ich für eine zentrale Erkenntnis. Auch ich meine, dass hybride Geschäftsmodelle erforderlich sind in Anbetracht vieler verschiedener Akteure, die eigentlich zusammenwirken müssten (Bild 7 und 8). Wir im Pflegesektor kennen aber nicht einmal die Akteure, die es in diesem Bereich gibt. Sie kommen auch nicht unbedingt auf uns zu, so dass wir noch nicht einmal den Anstoß erhalten, über Handlungsbedarf hinsichtlich Telemonitoring nachzudenken – schließlich sind wir mit anderen Dingen genug beschäftigt. Von daher fand ich es nach etwas längerem Nachdenken entschuldbar, dass ich bei der Vortragsvorbereitung zunächst etwas Schwierigkeiten hatte, auf den Sprung zukommen.

> **WOHLFAHRTSWERK FÜR BADEN-WÜRTTEMBERG**
>
> **Warum sind wir als Pflegeanbieter (noch?) nicht im Telemonitoring präsent?**
>
> - Neues Feld: Fehlende Geschäftsmodelle: Unterschiedliche Branchen müßten kooperieren; wer initiiert Kooperation?
> - Wenig Kontakt zwischen Akteuren in Einsatzfeldern von Telemonitoring und Tätigkeitsfeldern innovationsfähiger Dienstleister im Altenpflegebereich
>
> © Wohlfahrtswerk für Baden-Württemberg, 2009

Bild 8

Wenn ich im Folgenden über den Pflegesektor rede, möchte ich nicht so sehr über den Bereich reden, der sich mit den medizinisch verordneten Leistungen beschäftigt, die von der Krankenversicherung gezahlt werden. Vielmehr soll es um das gehen, was die Menschen selber zahlen, von der Unterstützung bei der Körperpflege bis hin zur allgemeinen Unterstützung im Alltag.

Hier möchte ich auf die 86-jährige Dame zurückkommen, die mit ihrem Gehwagen ihren Alltag noch einigermaßen bewältigt (Bild 9): Es wurden heute einige Einsatzfelder für Telemonitoring vorgestellt, die ihr in medizinisch-pflegerischer Hinsicht helfen könnten. Das Thema Sicherheit halte ich bei dieser Person für etwas sehr Wichtiges. Da mag es um die Risikominimierung gehen, beispielsweise Sturzprävention. Der heute erwähnte elektronische Schuh wäre ein Beispiel dafür. Ich glaube, dass solche Ansätze in dieser Zielgruppe, die erste Unsicherheiten und körperliche Gebrechen hat, durchaus auf Akzeptanz stoßen könnten. Bisher kennen wir in der Hinsicht vor allem die unpraktischen Hüftprotektoren, die jedes Mal beim Gang auf das WC lästig sind und wenig Akzeptanz finden. Den Schuh wird man beispielsweise nicht so oft am Tag wechseln wie ein Gang zur Toilette ansteht. In Richtung Sturzprävention scheint mir einiges denkbar, auch bei dieser Zielgruppe.

Das Hausnotruf-Angebot kennen wir schon lang. Dass uns hier die technologische Entwicklung weiterhelfen kann, steht nicht in Frage. Auch eine Erinnerung an Medikamenteneinnahme wäre etwas, was der 86-jährigen sehr zugute kommen könnte. Und dass die Ofenplatte automatisch ausgeschaltet wird usw. zählt zu all den Dingen, die heute schon umsetzbar sind und auch umgesetzt werden. Das Einsatzfeld Sicherheit ist bei Typus 2 zusammenfassend denkbar und sinnvoll. Auf Kommunikation, Unterhaltung und Prävention gerichtete technologiegestützte Angebote kommen hier nach meiner Einschätzung dagegen nur vielleicht infrage.

> **WOHLFAHRTSWERK FÜR BADEN-WÜRTTEMBERG**
>
> **Einsatzfelder Telemonitoring im Pflegesektor: Betreutes Wohnen**
>
> **Alleinstehende Dame, 86 Jahre**
>
> EINSATZFELDER:
> - Medizinisch-pflegerisch
> - Sicherheit
> - Kommunikation: vielleicht
> - Unterhaltung und Prävention: vielleicht
>
> ZIEL:
> - Risikominimierung & schnelle Reaktion nach Ereignissen
>   (Hausnotruf, Sturzsensoren, Erinnerung an Medikamente, Ofenplatte usw.)
>
> © Wohlfahrtswerk für Baden-Württemberg, 2009

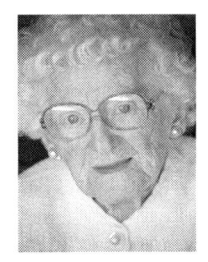

Bild 9

Im letzten Sommer haben die Bewohner einer unserer Einrichtungen an der Wii Bowlingmeisterschaft Deutschland teilgenommen. Mit fünf anderen Stuttgarter Pflegeheimen und Einrichtungen wurde um den 1. Platz für Stuttgart gespielt. In unserem Haus waren 15 bis 20 Bewohner – sowohl aus dem Pflegeheim als auch aus dem Betreuten Wohnen – begeistert bei der Sache. Einrichtungsintern war eine schwerst an Demenz erkrankte Dame Gewinnerin. Sie entfernte sich zwischendurch und als sie zur Preisverleihung wieder hereingeholt wurde, hatte sie zwar keine Ahnung mehr, worum es geht. Sie strotzte aber vor Stolz, als ihr dieser 1. Preis verliehen wurde. Diese praktische Erfahrung hat meine Einstellung zu dem, was ältere Menschen, auch mit kognitiven Einschränkungen, von den neuen Möglichkeiten der Technologie in Unterhaltung und Prävention halten, doch gewandelt.

Auf der anderen Seite muss man sehen, dass sich die über 85-Jährigen von heute beim Umgang mit Technik seither auf Fernseher, Radio und Telefon konzentriert haben. Zudem handelt es sich nicht um eine homogene Zielgruppe, sondern um völlig unterschiedliche Lebensstile. Vor dem Hintergrund muss man bedenken, dass heute und auch für die nächsten Jahre manchmal das Einfache doch das Bessere ist. Hierzu ein paar weitere Beispiele:

Unter unseren Seniorenwohnanlagen gibt es einige, bei denen es anstelle eines Knopfdrucks mit anschließender elektronischer Meldung, dass es einem heute gut geht, ‚Wohlauf-Täfelchen' gibt (Bild 10). Den Bewohnern ist bekannt, bis zu welcher Tageszeit man dieses Schild morgens nach dem Aufstehen umgedreht haben sollte. Wenn man nachts zu Bett geht, wird das Schildchen wiederum umgedreht.

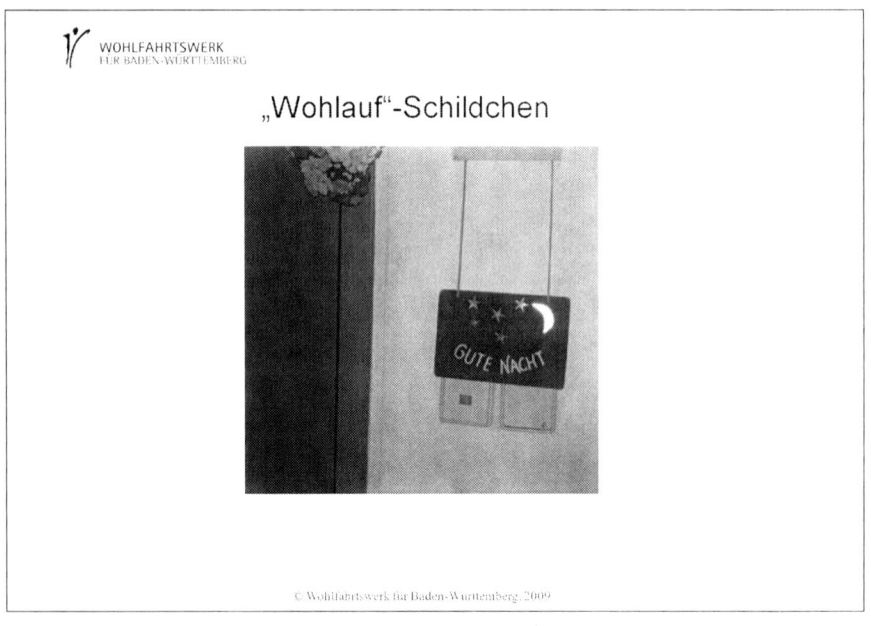

Bild 10

Ich halte dieses nicht nur für ein Medium, das für Betreute Wohnanlagen geeignet ist. Selbst in jedem normalen Mietshaus ließe sich solches Monitoring von Befindlichkeiten der Wohnungsnachbarn mit ganz einfachen Mitteln umsetzen – technische Unterstützung erscheint mir in diesem Zusammenhang nicht zwingend.

Im Zusammenhang mit der Vorbereitung dieses Vortrags erhielt ich ein Fax von einer unserer Koordinatorinnen im Betreuten Wohnen. Sie berichtete mir, dass man im März 2009 das bisher bestehende Wohlauftäfelchen-System umgestellt habe. Stattdessen wurde ein Knopf am Telefon so programmiert, dass man sich bis 9:45 Uhr gemeldet haben muss usw. Nach 3 Monaten, also vor wenigen Wochen wurde das Ganze wieder abgeschafft. Es gab unter den Bewohnern Menschen mit kognitiven und psychischen Veränderungen, bei denen durch die vorgeschlagene Technikanwendung völlig irrationale, emotionale Ängste ausgelöst wurden. Zunächst wurde nur bei diesen der Knopf am Telefon ganz abgeschaltet. Doch es gab auch Reaktionen bei den Mitarbeitern, dass sie sich nie sicher waren, ob aus Versehen auf den Knopf gedrückt wurde oder nicht. Man überlegt jetzt die Wiedereinführung der Wohlauftäfelchen, um aus dieser Unsicherheit herauszukommen. Der Eindruck auf Mitarbeiterseite ist, dass Bewohner mit beginnenden kognitiven Beeinträchtigungen mit diesen Täfelchen doch besser umgehen können als mit der neuen Technik. Mag auch in 20 Jahren die Akzeptanz und Vertrautheit damit anders sein, im Moment kann die neue Technologie nicht die gewünschten Sicherheitseffekte erzielen.

Bild 11: Aushang im Foyer Haus am Kappelberg in Fellbach

Ein anderes Beispiel betrifft die Möglichkeit, Kontakte zu suchen (Bild 11): Auf diesem handgeschriebenen Zettel steht: gesucht wird Schachpartner, Wohnung 6, dritter Stock. Der Zettel wurde nicht von einem Mieter einer Wohnanlage für Betreutes Wohnen ausgehängt, sondern einem Bewohner in einer stationären Wohngemeinschaft (sprich einem Pflegeheimbewohner). Als ich den Zettel sah, war ich verblüfft, dass diese Säule fünf Meter vom Haupteingang entfernt gewählt wurde, wo es doch eine Litfaßsäule für Bekanntmachungen zehn Meter weiter um die Ecke gibt. Der Bewohner hat sich offensichtlich sehr genau überlegt, wie er mit seiner Umwelt in Kontakt tritt, wo und wie er etwas sucht: Mit einem ganz einfachen handgeschriebenen Zettel an exponierter Stelle. Die Suche war übrigens erfolgreich.

Für die Witwe, die ihre 93 Jahre erreicht hat, wäre so etwas wie die Suche nach einem Schachpartner wegen ihrer Demenzerkrankung kein Thema. Bei der Versorgung Älterer vom Typus 3, aber auch derer, die im Pflegeheim schwer körperlich erkrankt leben, besteht die Notwendigkeit einer kontinuierlich im Perfektionsgrad ansteigenden Versorgungsqualität. Ärztlich verordnete Leistungen der Behandlungspflege und Sicherheit bzw. Risikominimierung stehen dabei im Zentrum der Aufmerksamkeit.

> WOHLFAHRTSWERK
> FÜR BADEN-WÜRTTEMBERG
>
> **Perspektiven für
> Telemonitoring im Pflegeheim**
>
> **Szenario 1:
> Versorgungspriorität:
> Perfektion in Behandlungspflege und
> Sicherheit**
>
> - Stetig steigende Anforderungen an
>   Nachweis korrekten pflegerischen Handelns
>   = Perfektion und Absicherung als
>   oberstes Gebot in Heimen
>   = Fortsetzen der jüngsten
>   Gesetzgebungstradition
>
> © Wohlfahrtswerk für Baden-Württemberg 2009

Bild 12

Im Folgenden werden bezogen auf Typus 3 zwei denkbare Szenarien vorgestellt. Bei Szenario 1 wird vom Pflegeanbieter gefordert, möglichst alles zu planen, alles Geplante zu dokumentieren und entsprechend abzuarbeiten und dann zu evaluieren (Bild 12). Die regelkreiskonforme Dokumentation der Leistungen steht derzeit im Zentrum der von den medizinischen Diensten der Kassen in Pflegeheimen geprüften Sachverhalte. Sie wird außerdem von den Heimaufsichtsbehörden geprüft. Wenn bei der Dokumentation etwas nicht stimmt, auch wenn der Pflegezustand des Bewohners oder der Bewohnerin 1a ist, ist dieses eine nicht sachgerechte Pflege. Wir müssen im Moment bei der Versorgung der Menschen, die in unseren Einrichtungen wohnen, perfekt bis zum Letzten werden. Wir können es uns nicht leisten, die mittlerweile sieben Expertenstandards für die Pflege, die es gibt, nicht anzuwenden, weil diese Prüforganisationen auch nachprüfen, ob diese Prozesse angewendet werden. Wenn sie nicht angewendet werden, wird fehlende fach- und sachgerechte Pflege konstatiert und das zieht gegebenenfalls Anhörungen mit den Pflegekassen nach sich, was man an den Prozessen zu ändern gedenkt.

12 Perspektiven von Telemonitoring im Pflegesektor

In diesem Szenario für die stationäre Pflege kann Telemonitoring z. B. hinsichtlich Sturz, Dekubitusentstehung oder –vermeidung oder falscher Wundversorgung helfen (Bild 13). Für wünschenswert halte ich Lösungen, die eine falsche Medikamentengabe vermeiden helfen. Ich wünsche mir auch, dass man Wege fände, wie eine ernährungsphysiologisch falsche Zusammensetzung der Nahrung vermeidbar wäre. Ich wünsche mir, dass man zu geringe Flüssigkeitsgabe vermeiden könnte.

Das unbeaufsichtigte Entfernen aus dem Wohnbereich haben wir intern schon oft diskutiert. Wir haben aber bisher noch immer Abstand davon genommen, technologische Unterstützung zur Vermeidung in unseren Einrichtungen einzusetzen. Aber es gibt Einrichtungen und Träger, die dieses für sich als geeignetes Mittel zum Beherrschen eines Risikos sehen und hierauf die Priorität legen.

> **WOHLFAHRTSWERK FÜR BADEN-WÜRTTEMBERG**
>
> **Perspektiven für Telemonitoring im Pflegeheim**
>
> **Szenario 1:**
> **Versorgungspriorität:**
> **Perfektion in Behandlungspflege und Sicherheit**
> = Die Risiken Sturz, Dekubitusentstehung, falsche Wundversorgung, falsche Medikamentengabe, falsche Zusammensetzung der Nahrung, falsche Kalorienzufuhr, zu geringe Flüssigkeitsgabe, unbeaufsichtigtes Entfernen aus dem Wohnbereich sollen immer perfekter beherrscht werden
>
> © Wohlfahrtswerk für Baden-Württemberg, 2009

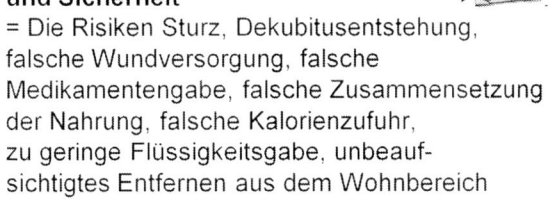

Bild 13

Bei den genannten Aspekten sollen Pflegeeinrichtungen nach allem, was ich in den letzten Jahren erlebt habe, immer perfekter werden. Letztlich zielen die Akteure in diesem Szenario darauf, Risiken immer stärker einzugrenzen und Sicherheit zu betonen (Bild 14). Dazu wäre weitere technologische Unterstützung hilfreich und Telemonitoring ein Weg in diese Richtung. Beste Aussichten für Telemonitoring!

> **Perspektiven für Telemonitoring im Pflegeheim**
>
> Szenario 1:
> Versorgungspriorität:
> medizinische Perfektion und Sicherheit
>
> „Big Brother dringend gesucht"
> = beste Aussichten für Telemonitoring

Bild 14

Es ist kein Weg, den ich begrüße. Er ist aber ein Weg, der unsere Mitarbeitenden entlastet, weil er ihnen bei der Nachweisführung und bei der Dokumentation hilft (Bild 15). Ich habe vorhin die Möglichkeit des ePrescribing, sprich: die elektronischen Rezepte, mit Interesse gehört und gleich in die Präsentation eingefügt. Dass ärztliche Verordnungen beispielsweise aus einem Archiv irgendwo gemeinsam abrufbar sind, könnte sehr hilfreich sein. Denkbar wäre ein von mehreren Akteuren gemeinsam genutztes Archiv, auch hinsichtlich Gewichtsmessung mit sofortiger Auswertung des Body Mass Index. Auch die Dokumentation der Genehmigung freiheitsentziehender Maßnahmen könnte elektronische irgendwo in einem Archiv zentral abgelegt werden. Das würde unseren Mitarbeitenden in der Pflege viel Hinterherrennerei hinter Dokumenten ersparen und beim Erfüllen von Nachweispflichten entlasten. Sie hätten mehr Zeit für andere Dinge wie Anleitung und Qualitätssicherung.

Wir könnten das Telemonitoring zur Risikominimierung zum Beispiel hinsichtlich Dehydrierung, Sturzgefährdung, Weglaufgefahr einsetzen und wir könnten das heute schon oft genannte Blutdruckmessen, das Anzeigen von Druckstellen oder das generelle Monitoring von Indikatoren gesundheitlicher Veränderungen hier fassen.

Eine zwingende Anforderung aus Mitarbeitersicht wäre die einfache Bedienbarkeit. Die Technologie muss auch unauffällig, zwingend zuverlässig sowie gesellschaftlich und behördlich akzeptiert sein.

12 Perspektiven von Telemonitoring im Pflegesektor

Einsatzfelder Telemonitoring im Pflegesektor: Pflegeheim

ZIEL: Entlastung Mitarbeiter

- Vereinfachung/Wegfall von Nachweisen/Dokumentation
  (z.B. ärztliche Verordnungen: e-prescribing, Medigabe, Flüssigkeitszufuhr, Ernährungsmanager, Gewichtsmessung und -auswertung, Genehmigungen freiheitsentziehender Maßnahmen)

- Risikominimierung
  (z.B. Weglaufgefahr, Sturz, Dehydrierung)

- Übernahme medizinisch-pflegerischer Pflichten
  (z.B. Blutdruckmessen, Druckstellenanzeige, Monitoring für Indikatoren gesundheitlicher Veränderungen)

© Wohlfahrtswerk für Baden-Württemberg 2009

Bild 15

Ob wir dann mit den Betroffenen gerechnet haben, weiß ich nicht – weil Menschen, die in Pflegeeinrichtungen leben, wollen, dass man für sie Zeit hat. Es sollte immer jemand da sein. Sie wollen die Sicherheit haben, dass umgehend Hilfe kommt. Sie wollen Alltagsnormalität und nicht institutionellen Zwängen unterworfen sein und last but not least brauchen sie die menschlichen Kontakte.

Dieser Punkt führt zu meinem Szenario 2, das ich mit der Überschrift „Nestwärme" belegt habe (Bild 16): Eigentlich wollen die Menschen, die in ein Pflegeheim umziehen, neben der Sicherheit vor allen Dingen auch die Geborgenheit und eine Situation, die nicht die Tagesabläufe von einer Institution bestimmen lässt, sondern die eine Flexibilität im Alltag mit sich bringt. Die einem auch das, womit man früher seinen Alltag verbracht hat, vielleicht ermöglicht.

> **WOHLFAHRTSWERK**
> FÜR BADEN-WÜRTTEMBERG
>
> Perspektiven für
> Telemonitoring im Pflegeheim
>
> **Szenario 2:**
>   **Versorgungspriorität:**
>   **„Nestwärme"**
>   - sich geborgen fühlen in einem Umfeld, das der
>   Alltagsnormalität wie in eigener
>   Häuslichkeit möglichst nahe kommt
>   - Zurückdrängen der Institution
>
> © Wohlfahrtswerk für Baden-Württemberg, 2009

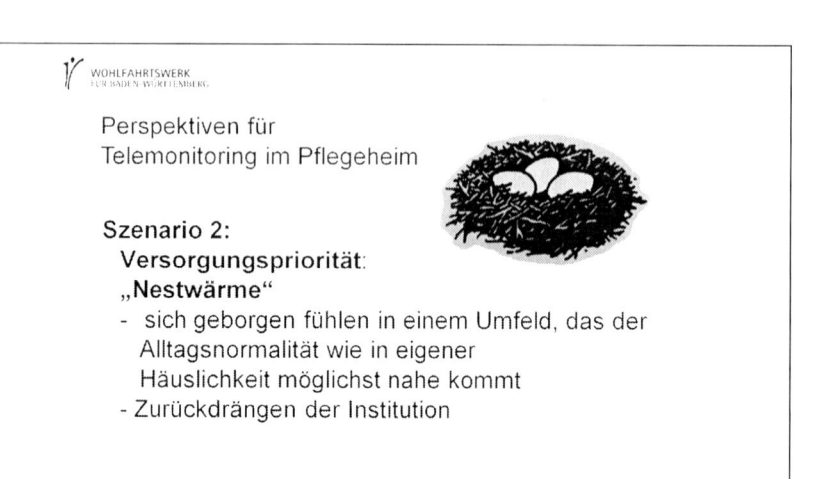

Bild 16

In der praktischen Umsetzung heißt das bei uns im Moment, dass wir das Konzept stationärer Wohngemeinschaften verfolgen (Bild 17). ‚Stationär' meint dabei den leistungsrechtlichen Status, dass es sich um ein Pflegeheim handelt. Baulich verfügt in unseren stationären Wohngemeinschaften jede Wohnung über eine Küche, in der alle Mahlzeiten zubereitet werden.

> **WOHLFAHRTSWERK**
> FÜR BADEN-WÜRTTEMBERG
>
> **Stationäre Wohngemeinschaften im Haus am Kappelberg, Fellbach**
>
> © Wohlfahrtswerk für Baden-Württemberg, 2009

Bild 17: Mitwirkung bei Alltagsaufgaben statt Beschäftigungstherapie; in einer Küche einer der stationären Wohngemeinschaften Haus am Kappelberg in Fellbach

12 Perspektiven von Telemonitoring im Pflegesektor

So ist die Dame auf dem Foto zwar demenzbedingt kognitiv beeinträchtigt, aber durchaus in der Lage, der Alltagsbegleiterin – das ist die Berufsbezeichnung der Dame mit der roten Schürze – zuzuarbeiten, was die Zubereitung des heutigen Mittagessens angeht. Die Szene ist nicht gestellt. Der Essbereich befindet sich in der Nähe dieser Küche, wo man sich um einen großen Tisch zusammengesellt (Bild 18).

Bild 18: Am gemeinschaftlichen Esstisch in einer Wohngemeinschaft im Haus am Kappelberg, Fellbach

Ich war letzte Woche in dieser Wohnung und habe gesehen, wie eine schwer demenzkranke Bewohnerin, mit der Sie sicherlich keine inhaltlich verständige Unterhaltung führen können, damit beschäftigt war, die Messer und Gabeln für das Abendessen auf der Serviette an jedem Platz auf dem Tisch zu legen. Ich denke, dass das die beste Aktivierung ist, die man solchen Menschen eigentlich zukommen lassen kann – und eine würdige dazu, denn die Tätigkeit macht Sinn im Alltagsleben, es ist keine reine Beschäftigung um der Beschäftigung willen.

Im folgenden Foto ist zu sehen, wie die Alltagsbegleiterin gemeinsam mit den Bewohnerinnen in dieser Wohngemeinschaft, die formal ein Pflegeheim ist, zusammensitzt (Bild 19). Es gehört zu ihren Aufgaben, dazusitzen und sich zu unterhalten.

Bild 19: Bewohnerinnen und Alltagsbegleiterin in einer Wohngemeinschaft im Haus am Kappelberg in Fellbach

Dieses können wir nur deshalb organisieren, weil wir die Pflege in einen zentral organisierten Pflegedienst ausgelagert haben, und dieser zu den Bewohnern in diese Wohngemeinschaften kommt wie in jeden Privathaushalt auch. Wir erreichen so, dass die auf dem Arbeitsmarkt knappen Ressourcen an Pflegefachkräften extrem zielgerichtet und effizient eingesetzt werden können, ohne dass die pflegerische Qualität der Versorgung bei den steigenden Ansprüchen abnimmt (Bild 20).

Bild 20

12 Perspektiven von Telemonitoring im Pflegesektor

Der Einsatz von Telemonitoring wird beim Nestwärme-Szenario nicht bei den Alltagsbegleitern anzusiedeln sein, sondern im Zusammenhang mit der ambulanten Personaleinsatzlogistik des Pflegedienstes.

Auf der anderen Seite lässt sich der Anspruch an Normalität nicht ohne Akzeptanz von Lebensrisiken umsetzen. Wir sollten daher offen bleiben für die technische Absicherung nach eigenem Wunsch und individuellem Geldbeutel, nie den Datenschutz aus den Augen verlieren und eigenen Entscheidungen, sprich der Autonomie Vorrang vor Sicherheitsaspekten einräumen.

Die ganz spannende Frage, die sich danach stellt, ist, wo die Gesellschaft in Zukunft ihre Prioritäten setzen wird. Wird in 20 Jahren eine technisch unterstützte Datenerhebung und -auswertung für die Steuerung des Geschehens so normal sein wie ein Auto, das heute mit ABS ausgerüstet ist? Oder wird es so sein, dass die Akzeptanz von Risiken, die Freiheit zu Unvernunft im Alltag und die Betonung von Individualität und informationeller Selbstbestimmung größer sein werden?

Meine abschließende These lautet, dass Angehörige und Prüfinstitutionen, vielleicht auch Kostenträger, viele Informationen über Daten zum Zustand haben möchten. Sie möchten sicherstellen, dass strukturiert das Geschehen gesteuert werden kann. Sie akzeptieren, dass es auch eine gewisse automatisierte Überwachung gibt. Viele Betroffene setzen dagegen ganz andere Prioritäten: Sie akzeptieren durchaus Risiken. Das merkt man besonders dann, wenn ältere Menschen versuchen zu verschleiern, dass sie eigentlich schon Hilfe bräuchten, weil ihnen daran gelegen ist, ihre soziale Rolle aufrechtzuerhalten. Nachrangig ist dann, die passgenaue Hilfe zu bekommen. Sie wünschen die Freiheit zur Unvernunft im Alltag. Das klassische Beispiel des Diabetikers, der sich die (eigentlich verbotene) Torte schmecken lassen will, ist ein weiteres Beispiel für autonomiedominierte Verhaltensweisen, bei denen Risiken bewusst in Kauf genommen werden. Viele Menschen wollen Individualität und informationelle Selbstbestimmung behalten und nicht ständig unter stetiger Beobachtung stehen.

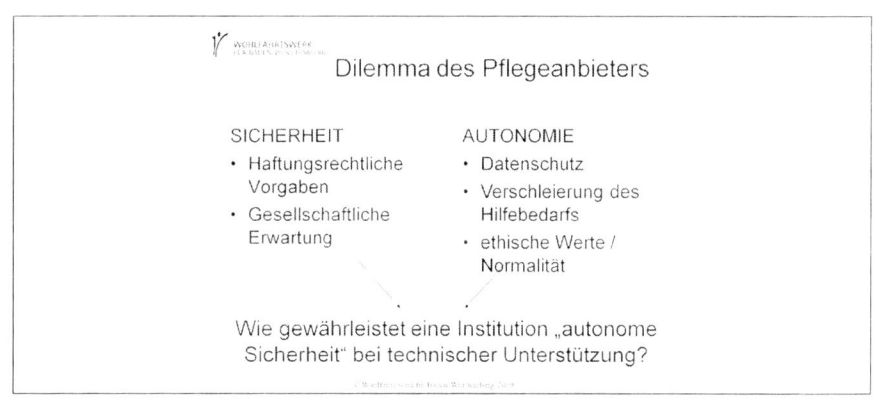

Dilemma des Pflegeanbieters

SICHERHEIT	AUTONOMIE
• Haftungsrechtliche Vorgaben	• Datenschutz
• Gesellschaftliche Erwartung	• Verschleierung des Hilfebedarfs
	• ethische Werte / Normalität

Wie gewährleistet eine Institution „autonome Sicherheit" bei technischer Unterstützung?

Bild 21

Zwischen den beiden Polen Sicherheit und Autonomie das rechte Maß zu finden lautet die Herausforderung (Bild 21). Wir haben als Pflegeanbieter das Dilemma, dass wir uns mit immer stärkeren haftungsrechtlichen Vorgaben konfrontiert sehen, ebenso wie mit steigenden gesellschaftlichen Erwartungen an die Qualitätssicherung. Auf der anderen Seite erschwert nicht nur der Datenschutz vieles. Die Verschleierung eines Hilfebedarfs durch die Betroffenen selbst, gewisse ethische Werte und der Wunsch nach Normalität im Alltag kollidieren mit den Zielen einer Risikominimierung. Wie wir eine „autonome Sicherheit" bei technischer Unterstützung gewährleisten können, wird eine Frage der Zukunft sein.

Die letzte, sehr wesentliche Frage stellt sich nach der Preisakzeptanz des Endverbrauchers und der Gesellschaft bei all diesen Entwicklungen – schließlich steht im Pflegesektor nicht diese Budgetthematik der Krankenkassen im Mittelpunkt, sondern ein Teilkaskosystem. Leistungen werden zwar aus der Pflegekasse mitfinanziert, aber letztlich spielt die eigene Rente eine zentrale Rolle – ganz abgesehen vom gegebenenfalls beanspruchten Sozialhilfeträger.

13 PODIUMSDISKUSSION: NUTZEN UND ÖKONOMIE

Dr. Günter Braun
Aristo Telemed AG, Oberhaching

Teilnehmer:
Dr. med. Christoph F-J Goetz, Kassenärztliche Vereinigung Bayerns, München
Ingrid Hastedt, Wohlfahrtswerk für Baden-Württemberg, Stuttgart
Dr. Thomas M. Helms, Deutsche Stiftung für chronisch Kranke, Fürth
Volker Heuzeroth, Taunus BKK, Frankfurt
Dr. med. Siegfried Jedamzik, Verband deutscher Praxisnetze e.V., Ingolstadt

Dr. Braun:
Meine Damen und Herren, wir kommen zum letzten Programmpunkt unserer heutigen Veranstaltung, eine Paneldiskussion zum Thema Nutzen und Ökonomie von Telemonitoring. Dieses Thema wurde schon seit der Mittagspause in Vorträgen behandelt. Wir wollen jetzt noch ein paar Meinungen dazu am Podium und mit Ihnen austauschen. Das soll der Schlussakkord der Konferenz sein, vielleicht auch ein kleines Resümee. Die Teilnehmer des Panels kennen Sie schon aus ihren Vorträgen – mit einer Ausnahme. Wir haben jetzt Herrn Dr. Helms mit dabei, der heute noch keinen Vortrag gehalten hat. Er wird kurz zu Ihnen sprechen, um sich vorzustellen und seine Auffassung zum Thema Telemonitoring darzulegen. Bitte sehr.

Dr. Helms:
Zunächst herzlichen Dank für die freundliche Einführung und die Einladung nach München, der ich gern gefolgt bin. Ich möchte Ihnen, meine Damen und Herren, kurz erklären, was es mit der Stiftung auf sich hat. Die Bitte von Herrn Dr. Braun, aus Patientensicht etwas zu sagen, ist ein bisschen schwierig, da es sich um keine Patientenstiftung handelt. Ich habe Ihnen aber ein paar Dinge mitgebracht, die es mir ermöglichen, die Patientensicht darzustellen.

Kurzprofil der Stiftung

Die Deutsche Stiftung für chronisch Kranke:

- Nicht gewinnorientiert, gemeinnützig
- Finanzbehörden überwachen die Gemeinnützigkeit
- 2004 von privaten Stiftern gegründet
- Unabhängig, keine Industrie-Zustiftungen
- Verwaltet von der DT Deutsche Stiftungstreuhand AG
- Sitz in Fürth, Bayern

Vorstände   Herr Dr. Thomas M. Helms (Vorsitzender des Vorstands)
            Herr Horst Ohlmann (Vorstand)

Deutsche Stiftung
für chronisch Kranke

Bild 1

Als erstes möchte ich erwähnen, dass ich keine finanziellen Interessenkonflikte habe. Die Deutsche Stiftung für chronisch Kranke ist 2004 von privaten Stiftern gegründet worden (Bild 1). Die Stiftung ist relativ breit aufgestellt und der Stiftungszweck verfolgt insbesondere zwei Aufträge und Ziele. Der erste Auftrag ist, Integrationsverträge als neutrale Institution mit gesetzlichen Krankenkassen zu schließen, der zweite Forschung zu betreiben und das öffentliche Gesundheitswesen zu fördern. Die Stiftung verfügt aus diesen Gründen im Kuratorium über eine relativ differenzierte Expertise. Das Kuratorium setzt sich aus Medizinern, Juristen und einem Gesundheitsökonomen zusammen, weil wir der Auffassung sind, dass insbesondere die integrierten Versorgungsansätze im Bereich von Telemonitoring in jede Richtung transparent gemacht werden müssen, sowohl für den Patienten, den Behandler und die Kostenerstatter – die Krankenkassen. Weiterhin ist die Stiftung mit einem medizinisch wissenschaftlichen, exquisit besetzten Beirat ausgestattet. Wir sind sehr stolz darauf, dass u. a. auch Herr Prof. Dr. Eschenhagen aus der Deutschen Gesellschaft für Kardiologie bei uns ist. Sie sehen weiter, dass wir im Beirat keine Repräsentanten haben, mehr denn „Arbeiter", die etwas voranbringen sollen. Wir haben u.a. auch Herrn Prof. Dr. Sakas aus dem Fraunhofer Institut – es sind also nicht nur Mediziner dabei. Und wir haben eine Krankenschwester für den Beirat gewinnen können, weil wir das Management

13 Podiumsdiskussion

chronischer Erkrankungen als komplexen Prozess begreifen und deshalb Sachverstand zum Care – und Casemanagement im Blick haben.

Seit dem 1.1.2006 haben wir einen bundesweiten Vertrag mit der Technikerkasse zur Thematik Herzinsuffizienz. Zu diesem Vertrag gibt es nun eine gesundheitsökonomische Evaluation, durchgeführt vom Lehrstuhl für Gesundheitsmanagement der Universität Erlangen/Nürnberg, Herrn Prof. Dr. Schöffski und Mitarbeitern. Wir führen weiterhin einen integrierten, bundesweiten Versorgungsvertrag zur Indikation Asthma bronchiale durch. Eine unserer Aufgaben ist, ein Leistungserbringernetzwerk zu pflegen. Die 1.500 Kollegen dort sind in Einzelgesprächen identifiziert worden, und bei den Kliniken handelt es sich u.a. um Klinikketten, d.h. wir sind hier relativ breit aufgestellt.

Was machen wir noch als Stiftung? Es wird Sie interessieren, dass wir von der kassenärztlichen Bundesvereinigung beauftragt worden sind, telemedizinische Konzepte auszuarbeiten. Es ist es natürlich Aufgabe der KBV, dass an die KV'en weiterzutragen. Teilweise haben KV'en in Deutschland auch Dinge übernommen. Wir sind in verschiedenen Gremien tätig, u.a. sind wir mitverantwortlich für das wissenschaftliche Programm von großen Messen, z.B. der TeleHealth, die jährlich anlässlich der CeBIT im März in Hannover stattfindet. Wir haben von der Trägergemeinschaft der Akkreditierer (TGA) den Auftrag bekommen, Zertifizierungsverfahren für telemedizinische Dienstleister zu entwickeln und Zertifizierungsprozesse zu implementieren und zu begleiten, was ich für evident wichtig halte. Aus den letzten Vorträgen ging auch hervor, dass man versucht, Prozesse plausibel, nachvollziehbar und mit Qualität zu unterlegen und notwendige Standardisierungen zu prüfen. Wir sind beauftragt worden, als Gutachter und Auditoren mit dem Prüf- und Zertifizierungsinstitut im VDE Zertifizierungsverfahren umzusetzen. Ich darf Ihnen in diesem Zusammenhang berichten, dass bereits ein erstes Telemedizinzentrum in Chemnitz (Fa. Vitaphone) zertifiziert wurde. Weiterhin betreiben wir als Konsortialführer im Forschungsbereich das BMBF-Verbundprojekt „SITE", die Abkürzung steht für „Schaffung eines Innovationsmilieus für Telemedizin". Wir machen das mit den Konsortialpartnern Technische Universität Berlin (TIM), der Charité Berlin (TMCC) und der Deutschen Gesellschaft für Biomedizinische Technik (DGBMT) im VDE. Wir haben einen Expertenworkshop einberufen, weil wir sehen, dass die Krankenkasse in Gänze die Herzinsuffizienz und auch andere Erkrankungen nicht betrachten. Wir haben eine Menge Patienten, die Devices, also Herzschrittmacher oder ICD's haben. Diese implantierten Geräte sind durchaus in der Lage Daten zu übermitteln. Diese Innovationen finden jedoch bis heute keinen Eingang in die Vertrags- und Vergütungssituation bei telemedizinisch unterstützten integrierten Versorgungsangeboten.

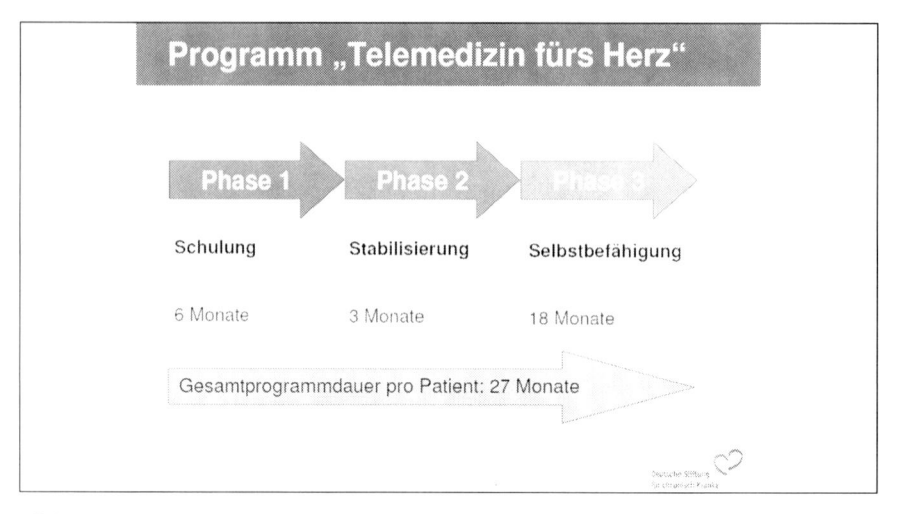

Bild 2

Ich möchte Ihnen über das Versorgungsangebot „Telemedizin fürs Herz" berichten, bei dem es sich um ein telemedizinisches Betreuungsprogramm handelt, d.h. der Schwerpunkt ist darauf gelegt eine Unterstützung für den Patienten und den behandelnden Arzt zu geben (Bild 2). Obwohl die Herzinsuffizienz eine lebenslange Erkrankung ist, die tödlich endet oder mit der Herztransplantation bevor der Tod eintritt, haben wir ein auf 27 Monate begrenztes Programm, weil es darum geht, den Patient nicht abhängig von Gerätschaften zu machen sondern ihn in eine Selbstbefähigung zu überführen, so dass er mit seiner Erkrankung besser umgehen kann.

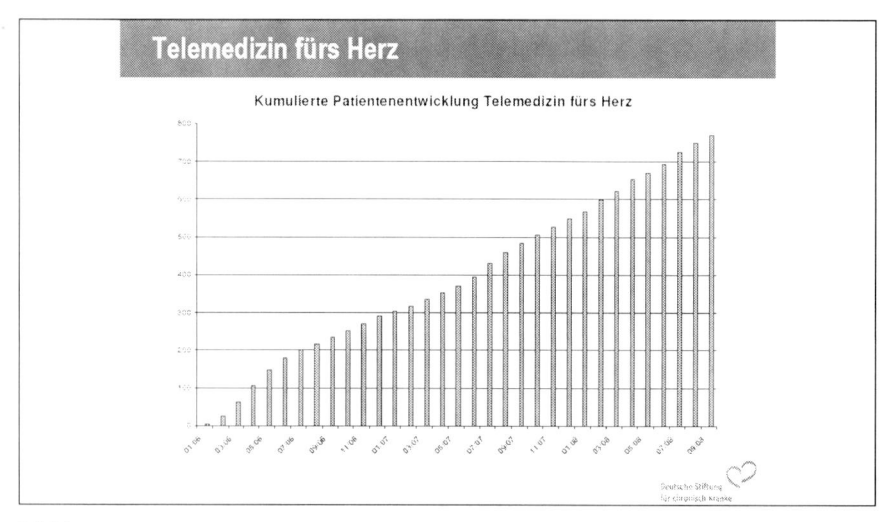

Bild 3

13 Podiumsdiskussion

Sie sehen hier, die Entwicklung der Zahlen kumuliert und zwar über den Gesamtzeitraum, seitdem das Programm aktiv ist. Sie sehen eindrucksvoll, dass eine steigende Zahl von Patienten zu verzeichnen ist, obwohl immer wieder Patienten nach 27 Monaten aus dem Programm ausscheiden (Bild 3).

Evaluation TMfH

Mortalitätsreduktion:

Mortalität im ersten Jahr

- Maßnahmengruppe: 4,3%
- CHF-Kontrollgruppe: 8,9%

[Reduktion der Mortalität um 51,7%, p</=0.01*]

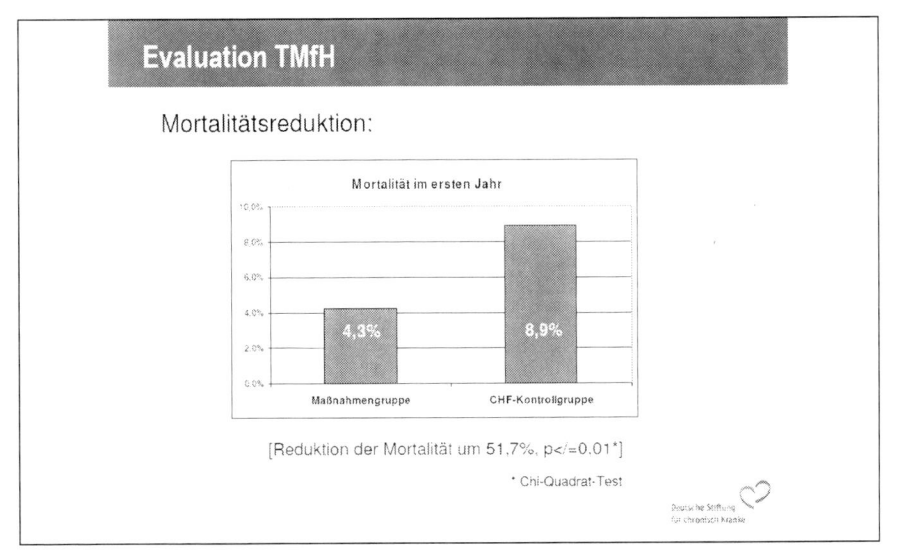

* Chi-Quadrat-Test

Bild 4

Das Programm ist gesundheitsökonomisch evaluiert worden, was für uns als Stiftung eigentlich das Wesentliche ist, weil wir zeigen wollten, dass es eine gesundheitsökonomische Evidenz gibt, die für weitere Behandlungen zu berücksichtigen ist. Es ist für uns auch ein Qualitätsmerkmal. Wir konnten auch zeigen, dass die Mortalität reduziert wurde (Bild 4).

Evaluation

- Reduktion der KH- Aufenthalte um 21,5 %

- Kostenreduktion Maßnahmen- zu Vergleichsgruppe:
  - nach einem Jahr: 18,1 %
  - jahresnormiert: 25,5 %

Bild 5

Die Kostenreduktion der Maßnahmen- zu der Vergleichsgruppe (Bild 5). Es handelt sich um eine retrospektive Vergleichsgruppe, d.h. es ist kein randomisiertes Verfahren, sondern man hat mit einem komplexen Matching-Verfahren krankenkasseneigene Patienten rekrutiert. Sie sehen hier die Reduktion der Kosten nach einem Jahr um 18,1 %, jahresnormiert ungefähr 25,5%. Das Entscheidende ist, dass es eine Reduktion der Krankenhausaufenthalte um über 20% gibt.

Evaluation TMfH

Kern-Ergebnisse der Evaluation:

- Deutliche Kostenvorteile zugunsten der Maßnahmengruppe auch bei Berücksichtigung aller Programmkosten
- Statistisch signifikante Reduzierung der Mortalität
- Reduzierung der Anzahl an Krankenhausaufenthalten
- Hohe Zufriedenheit der teilnehmenden Versicherten mit den Zielen und Inhalten des Programms

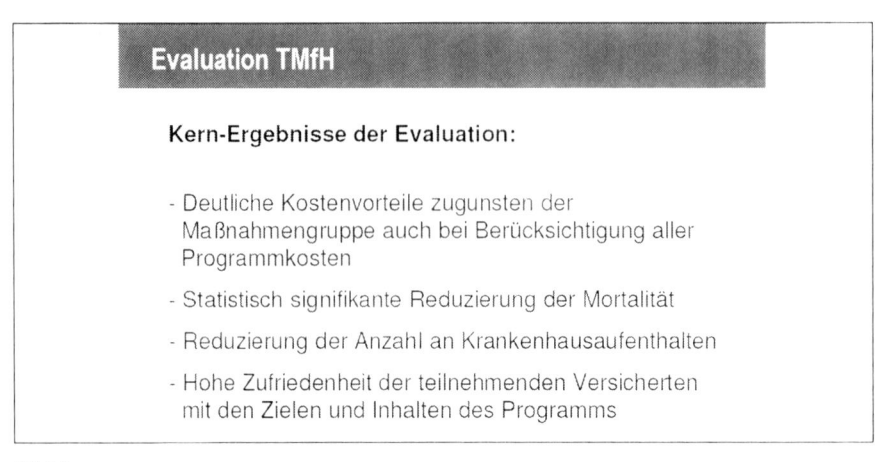

Bild 6

Die Kernergebnisse der Evaluation sind deutliche Kostenvorteile zugunsten der Maßnahmengruppe, statistisch signifikante Reduzierung der Mortalität, Reduzierung der Krankenhausaufenthalte und eine hohe Zufriedenheit der teilnehmenden Versicherten mit den Zielen und Inhalten dieses Programms verknüpft (Bild 6).

Patientenbefragung

38,2% der Teilnehmer haben ihre Arzneimitteltherapie modifiziert.

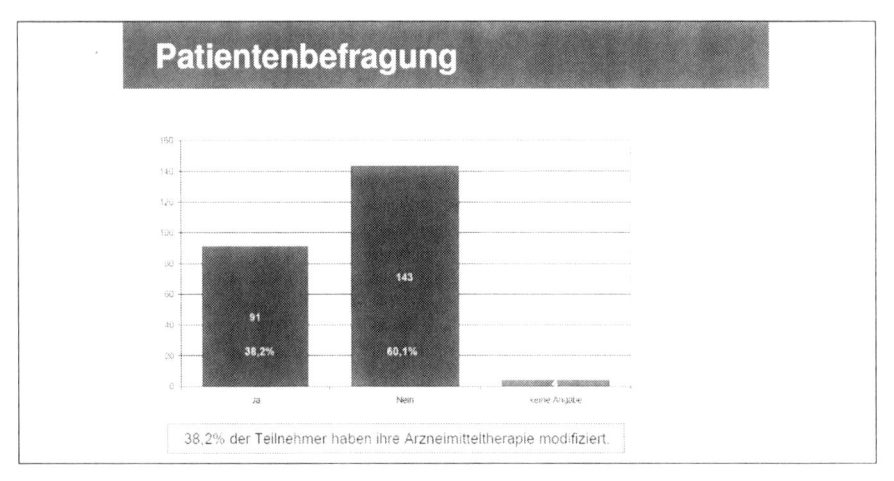

Bild 7

Es fand eine Patientenbefragung vom Auftraggeber, der Krankenkasse selbst, statt. Sie sehen hier, dass 38,2% der Teilnehmer ihre Arzneimitteltherapie modifiziert haben (Bild 7). Für mich ist dies deswegen entscheidend wichtig, weil es offensichtlich so ist, dass die Patienten nicht die ausreichend richtigen Medikamente in der ausreichend richtigen Dosierung bekommen und wir hier eine Unterstützung für den Behandler Vorort leisten müssen. Damit soll niemand diskreditiert werden, aber Sie müssen verstehen, dass die Herzinsuffizienz nicht als isolierte Erkrankung gesehen werden kann. Die meisten dieser Patienten haben zusätzlich einen Diabetes, eine Hypertonie, eine koronare Herzerkrankung, u.a. mehr, so dass diese Einzelerkrankungen auch therapiert werden müssen. Wir sprechen in diesem Zusammenhang vom metabolischen Syndrom. Zum Schluss hat man einen nicht unerheblichen „Pillcount", 20 Tabletten pro Tag sind für den Patienten keine Seltenheit und das erhöht sicher nicht die Compliance des Patienten. Manchmal bedarf es der Expertise eines speziellen Zentrums, um die Einzelerkrankungen leitliniengerecht vielleicht auch mit nur 7 Tabletten zu behandeln und damit die Compliance des Patienten zu sichern.

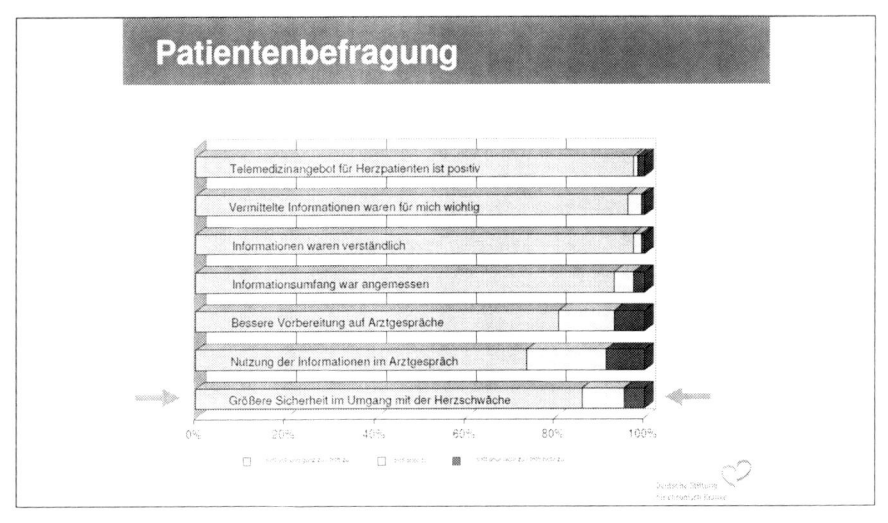

Bild 8

Darüber hinaus hat es von der Technikerkasse eine Patientenbefragung gegeben (Bild 8). Sie sehen hier sehr schön, dass alle Beantwortungen im oberen Bereich der Zufriedenheitsskalen liegen. Besonders lege ich darauf Wert, wie hier kenntlich gemacht wird, dass es darum geht, eine größere Sicherheit im Umgang mit der Herzschwächekrankheit bei den Patienten zu entwickeln.

Situation

Zahl der Woche

17

Millionen Patienten wurden 2006 vollstationär behandelt. Häufigster Aufnahmegrund war die Herzinsuffizienz mit 317 000 Fällen.

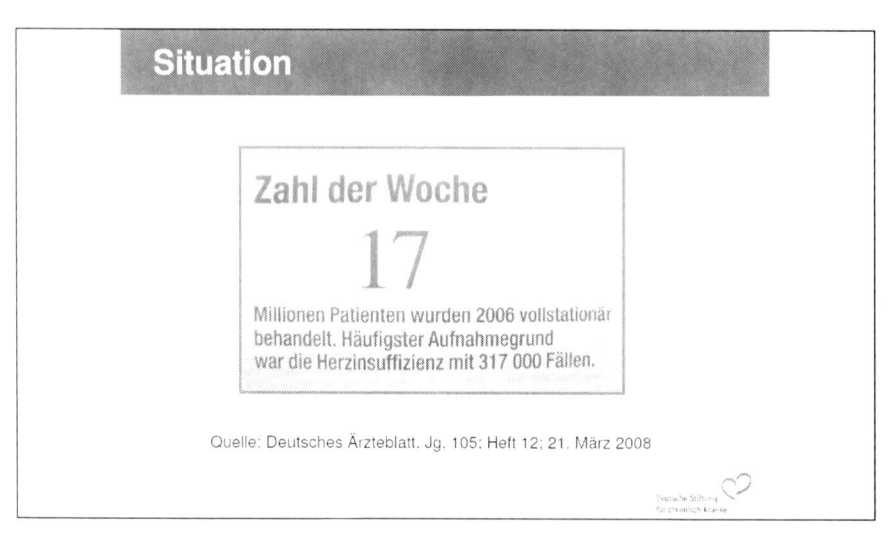

Quelle: Deutsches Ärzteblatt. Jg. 105; Heft 12; 21. März 2008

Bild 9

Die Zahl der Woche aus dem Deutschen Ärzteblatt: 17 Millionen Patienten wurden 2006 vollstationär behandelt (Bild 9). Der häufigste Aufnahmegrund war die Herzinsuffizienz mit 317.000 Fällen. Ich möchte auch hier noch einmal die Sensitivität für das Problem schärfen, vor dem wir stehen. Es rollt eine riesige Tsunamiwelle auf uns zu, und zwar von älter und immer kränker werdenden Patienten. Wir müssen uns damit auseinandersetzen, wie wir diese Patienten mit ihren chronischen Erkrankungen besser führen.

Monitoring der CHF

	Waage	Intrathorakale Impedanzmessung
Sensitivität	9 %	78 %
Spezifität	97 %	> 99 %
Vorwarnzeit	2-3 Tage	13,4 Tage

Yu CM. Wang L. Chau E et al., *Circulation* 2005;112:841-848

Bild 10

Das Telemonitoring der Herzinsuffizienz ist relativ einfach. Ich habe Ihnen hier zwei Dinge aufgezeigt (Bild 10). Sie sehen, dass die Sensitivität der Waage als einfachstes Mittel, so etwas zu überprüfen, relativ gering ist. Die Spezifität ist sehr hoch und die Vorwarnzeit, d.h. wenn der Patient einen gewissen Gewichtswert über- oder unterschritten hat, versetzt den behandelnden Arzt relativ schnell in die Lage gegenzusteuern, wenn er diese Information rechtzeitig generiert, bevor der Patient dekompensiert ins Krankenhaus kommt. Auf der anderen Seite sehen Sie die intrathorakale Impedanzmessung, d.h. die Widerstandsverhältnisse im Brustkorb durch Flüssigkeitsansammlung, die dort nicht hingehört, von Geräten wahrgenommen, die implantiert werden, wie Herzschrittmacher oder ICD-Geräte.

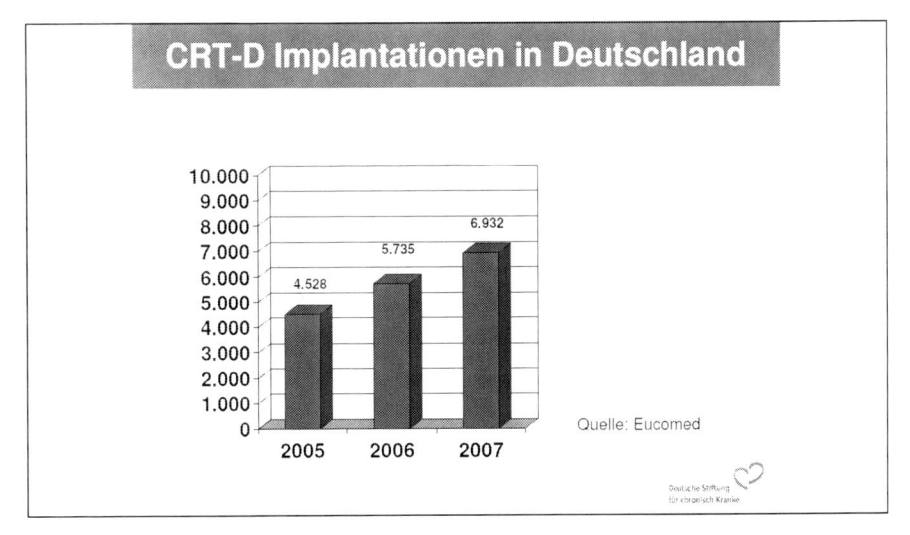

CRT-D Implantationen in Deutschland

Jahr	Anzahl
2005	4.528
2006	5.735
2007	6.932

Quelle: Eucomed

Bild 11

Ich möchte Ihnen auch hier zeigen, wie dies im Maße zunimmt, aber noch nicht Eingang findet in Verträge, die man mit Krankenkassen schließt. Auch hier haben wir eine Riesenentwicklung über die Jahre 2005 bis 2007, die Sie hier dargestellt finden (Bild 11).

Was ist der Ausblick? Was wird die Stiftung weiter tun? Wir werden etablierte Programme weiterentwickeln. Wir werden eine aktive Kommunikation der Evaluationsergebnisse durchführen. Es ist damit zu rechnen, dass wir zeitnah in einem renommierten Journal evtl. im European Heart Journal diese Evaluationsergebnisse publizieren, nicht in einem gesundheitsökonomischen Journal, so dass wir eine breitere Wirkung hinsichtlich der Wahrnehmung in der Community erlangen. Wir werden weitere zusätzliche Indikationen chronischer Erkrankungen versuchen anzugehen. Wir werden uns natürlich auch mit anderen Krankenkassen darüber unterhalten, ob sie offen für Verträge sind, und wir werden uns weiter an wissenschaftlichen Veranstaltungen beteiligen. Es geht auch darum, dass man sich weiter um BMBF geförderte Vorhaben oder andere Bekanntmachungen bewirbt. Ich kann Ihnen heute mitteilen, dass wir sehr stolz sind über einen Zuwendungsbescheid des BMBF zu „seltenen Erkrankungen" sind, den wir zusammen mit der TU-Berlin (TIM), dem Helmholtz Zentrum, Ludwig-Maximilians-Universität in München und dem IAO in Gelsenkirchen bekommen haben, rückwirkend zum 01.06.2009 Weiterhin haben wir einen Zuwendungsbescheid des BMBF in dem Verbundprojekt „Smart Senior", erhalten, wo es darum geht, dass die Lebensqualität für Patienten jenseits des sechsten Lebensjahrzehnts durch altersgerechte Assistenzsysteme, deutlich erhöht werden soll. Wir versuchen natürlich Expertenworkshops einzuberufen, die sich zu unterschiedlichen Themata äußern, es ist auch ein Roundtablegespräch mit Krankenkassen geplant. Auch parlamentarische Gespräche sind geplant, um die erzielten Ergebnisse aktiv zu kommunizieren.

Dr. Braun:
Herzlichen Dank für Ihren Vortrag, Herr Dr. Helms. Damit, meine Damen und Herren, ist jetzt die Diskussion eröffnet. Wir haben einen langen Tag hinter uns, es sind viele Zahlen und Fakten auf den Tisch gekommen, die noch zu verarbeiten sind. Deshalb gleich die erste Frage an Herrn Dr. Goetz. Wie sehen Sie den Nachmittag? Was hat Sie beeindruckt? Wo sehen Sie gegebenenfalls noch Schwächen?

Dr. Goetz:
Mich haben die konkreten Beispiele von Pflegeeinrichtungen und Heimen schon sehr beeindruckt. Da konnten Funktionsbereiche nachgewiesen werden, die sich mit den Methoden des Telemonitoring erheblich verbessern lassen würden. Was mir aber unverändert große Magenschmerzen bereitet ist, wie solche bisher punktuell eingesetzten Verfahren in die Regelversorgung gebracht werden könnten. Hier braucht es noch großes Verhandlungsgeschick und stetigen Verhandlungsdruck seitens der Körperschaften, damit solche viel versprechenden Programme baldmöglichst mit den Kostenträgern ausgehandelt und in die Flächenversorgung gebracht werden können. Grundsätzlich muss jedoch dabei die Frage beantwortet werden, wie mit den erkennbaren Verschiebungen von Finanzmitteln in der Gesundheitsversorgung umzugehen sein wird. Wo stehen Gewinner und Verlierer? Wie können neue Verfahren aus eingespartem Geld finanziert werden? Das dürfte das eigentlich schwierigste Kapitel der Flächenversorgung werden angesichts des immer wieder erkennbaren Spannungsfeldes der Vertragspartner zwischen Aktionismus und Sparzwang. In der gegenwärtigen Situation vor der Wahl habe ich aber eigentlich keine so großen Hoffnungen mehr, dass sich noch in diesem Jahr etwas wirklich bewegen wird.

Nichtsdestotrotz glaube ich, dass die Ansätze für Telemonitoring grundsätzlich ausreichend dokumentiert und marktreif sind. Man könnte sogar vorhersagen, dass der Erfolg langfristig unausweichlich ist, auch wenn er kurzfristig noch sehr auf sich warten lassen wird.

13 Podiumsdiskussion

Dr. Braun:
Vielen Dank, Herr Goetz. Ich würde zunächst Herrn Heuzeroth um eine Antwort darauf bitten, weil ich glaube, dass die Einschätzungen dazu doch recht unterschiedlich sind. Dann haben wir hinten im Publikum noch eine Frage.

Herr Heuzeroth:
Manchmal passiert es, dass die Krankenkassen und die kassenärztliche Vereinigung nicht die gleiche Meinung haben. Ich glaube, wir sind in Deutschland soweit, dass wir solche Projekte, wie wir sie heute gesehen haben, in die Regelversorgung einbringen können, weil wir da rechtlich kein Problem haben. Ob das dann für alle gleich sein wird, wird die Zeit zeigen, und die Konkurrenzen zwischen den einzelnen Versorgungsprodukten wird es bringen. Eins ist klar: Regelversorgung können Krankenkassen bestimmen. Wir bei der Taunus Betriebskrankenkasse mit über 800.000 Versicherten bieten 4.000 Patienten Telemedizin oder Telemonitoring an. Somit können wir davon ausgehen, dass wir 60% der Patienten treffen, und dann kann man von Regelversorgung sprechen und müssen nicht auf einen langen Instanzenweg warten. Die Krankenkassen werden gezwungen sein, mit geringer werdenden Finanzmitteln durch den Morbi-RSA solche Produkte zu implantieren. Da wird man nicht mehr auf die Politik warten können, denn wenn wir warten sind wir irgendwann alle Pleite.

Dr. Braun:
Vielen Dank, Herr Heuzeroth. Jetzt hatten wir hier hinten eine Wortmeldung.

Dr. Schütte:
Ich bin niedergelassener Arzt, leite aber auch den Studiengang für Management im Gesundheitswesen an einer Fachhochschule. Ich möchte kurz und knapp hervorheben: 80 Mrd. Euro Diabetes mellitus, 50 Mrd. Euro Demenz. Das sind die Zahlen, wie Herr Helms korrekt gesagt hat, die in der nächsten Zeit wie eine Tsunamiwelle diesen Sozialstaat zutiefst erschüttern werden. Wir brauchen ganz dringend neue Projekte. Und wie bekommen wir die jetzt? Da möchte ich noch mit einem neuen Scheinwerfer Licht werfen: durch Bildung. Wir haben an allen Schnittstellen zwischen den Krankenkassen, den Leistungserbringern einen unheimlichen Mangel an interkultureller Kompetenz, mit denen wir professionelles Projektmanagement tatsächlich umsetzen können. Wir haben Beispiele von best practice und wir müssen gucken, dass wir Menschen ausbilden, die sich im System so zu Recht finden, dass sie die Kommunikation hinkriegen. Da finde ich, wie Herr Jedamzik angedeutet hat, die Zeit wunderbar. Die Satten (Niedergelassenen) werden immer hungriger und man kann, meine ich, mit professionellem Projektmanagement, mit dafür ausgebildeten Menschen diese Gesundheitsnetzwerke jetzt in die Fläche bringen, und wenn man dann die Leistungserbringer durch Pay for Performance Modelle vernünftig an den Prozessen beteiligt, haben wir eine ganz gute Chance, dass wir es schaffen, ein menschenwürdiges Gesundheitssystem aufzubauen.

Dr. Braun:
Vielen Dank, Herr Dr. Schütte. Herr Dr. Jedamzik, können Sie dazu etwas sagen?

Dr. Jedamzik:
Was mich wirklich sehr schockiert hat, waren die Zahlen, die ich heute gehört habe. Es kann doch nicht sein, dass wir durch ein so einfaches Projekt schon eine Reduktion der Krankenhauseinweisungen um 50% generieren. Da habe ich eine Waage, eine Kommunikationsplattform und Leute, die reagieren. Da gibt es für mich nur eine Richtung und eine Möglichkeit: sowohl Telemedizin als auch integrierte Versorgung müssen zur Regelversorgung werden! Für mich gibt es da absolut keinen anderen Weg, besonders, wenn man diese doch sehr beeindruckenden Zahlen sieht. Man nimmt so ungern das Wort „Skandal" in den Mund, aber ich finde es schon traurig, dass wir nicht in der Lage sind, in einer angemessenen Zeit, vielleicht auch unterstützt von der Bundesregierung – in Form eines Investitionsfond oder anderer Strukturhilfen –, diese Dinge im größeren Stil schneller in die Regelversorgung zu integrieren. Bald wird es nicht mehr so sein, dass jeder Arzt als Einzelarzt in seiner Praxis sitzt – zwar wird es das selbstverständlich auch noch weiterhin geben –, aber wenn wir die Kommunikation nicht eindeutig stärken und zwar über die Sektorengrenzen hinweg und alle in eine gemeinsame Richtung denken, dann werden wir eine Verschlechterung der Patientenversorgung erleben, insbesondere unter dem Aspekt des Ärztemangels, den wir ja dringend irgendwie ausgleichen müssen. Das betrifft vielleicht nicht München, aber eben strukturschwächere Gegenden wie die Oberpfalz oder Mecklenburg-Vorpommern. Es gibt nur einen Weg und der lautet: vorwärts in die integrierte Versorgung und das gepowert durch die Telemedizin.

Dr. Braun:
Vielen Dank, Herr Dr. Jedamzik. Da hinten gibt es noch eine Wortmeldung.

Herr Michael Balasch, Deutsche Telekom Laboratories:
Ich bin auch ganz beeindruckt von den Zahlen, die wir heute Nachmittag gesehen haben. Ich wusste zwar, dass es Studien gibt, aber die Deutlichkeit ist doch wirklich überraschend. Jetzt macht die Taunus BKK sogar vor, dass es offensichtlich auch mit den heutigen Rahmenbedingungen funktioniert. Da würde ich doch noch einmal die Frage stellen: Woran hängt es denn aus Ihrer Sicht?

Herr Heuzeroth:
Woran hängt was?

Herr Balasch:
Dass wir es nicht schaffen oder dass es nur die Taunus BKK schafft, im Moment sozusagen dass auch ohne große Förderungen und zusätzliche Mittel und große Projekte einfach aus eigener Initiative, indem sie als Krankenkasse aktiv wird, natürlich mit den Ärzten etc. redet, das aber für die Taunus BKK Versicherten, wie Sie gerade sagten, zu einem Teil der Regelversorgung zu machen.

Herr Heuzeroth:
Also, ich glaube, einigen meiner Krankenkassenkollegen tun wir Unrecht, wenn wir sagen, dass es woanders nicht klappt. Wir haben es bei der Technikerkrankenkasse gesehen, dass die den gleichen Weg gehen. Dasselbe Projekt, welches wir im Projekt Telemedizin haben, ist von fünf oder sechs anderen Krankenkassen schon übernommen worden. Viel schneller ging es bei der Rundversorgung, wo wir heute mit den kassenärztlichen Vereinigungen in den Bundesländern sowie in Niedersachsen, Bremen, Hamburg, Schleswig-Holstein in Zusammenarbeit sind, dass diese Leistungen für alle BKK Versicherten, also immerhin 25% der gesetzlich Krankenkassen, zur Regelversorgung geworden ist. Und da ist Telemonitoring von Patienten, die zuhause mit einem Dekubitus liegen, heute schon Regelversorgung. Darüber spricht man wenig, weil es nicht sehr appetitlich ist, über Dekubitusgeschwüre zu reden. Bei Herzinsuffizienz – das hat ja ein bisschen was mit High tech zu tun – redet man eher darüber. Es gibt schon Ansätze, so etwas umzusetzen und ich weiß, dass morgen über „Mit Herz dabei" in einem BKK Landesverband gesprochen wird. Wir werden sehen, wie schnell so etwas kommt, und zwar von unten nach oben. Bevor die Politik reagieren kann, wird etwas passieren. Herr Helms hat auch schon im Positiven angedroht, dass er mit mehreren Kassen Gespräche führen wird, so dass wir noch mehr Patienten haben, die den Vorteil von Telemedizin haben.

Dr. Helms:
Vielleicht etwas von meiner Seite zum Verständnis. Ich finde es interessant, wie verschieden die Sichtweisen auf diese Problematik sind und möchte noch einmal ganz klar herausstellen, dass das, was ich Ihnen in meinem Vortrag vorgestellt habe, so wie das, was Herr Heuzeroth hier sagt, kein Projekt mehr ist. Wir reden über ein Versorgungsangebot einer gesetzlichen Krankenkasse. Wir hätten mit Sicherheit dieses Versorgungsangebot nicht aus der Projektphase heraus weiterführen können, wenn wir die Ihnen vorgestellte gesundheitsökonomische Evaluation nicht hätten vorlegen können. Es sind eine ganze Menge integrierte Versorgungsverträge auch aus diesem Grund beendet worden. Insofern steht für mich auch nicht mehr zur Disposition, ob man irgendwie prüfen muss, ob eine Telemonitoringbetreuung bei chronischen Herzinsuffizienzpatienten grundsätzlich sinnhaft ist oder nicht. Ich setze dies schlicht voraus. Analog gilt dies auch für einige weitere Indikationen – zumindest zeigen das die ersten Ergebnisse für die integrierten Versorgungsverträge zu anderen chronischen Erkrankungen, wie z.B. zu Asthma bronchiale, wo man ebenfalls einen Telemonitoringansatz in der begleitenden Versorgung gewählt hat. Es ist auch eine wichtige Sache kein Missverständnis aufkommen zu lassen. Ich glaube, dass Herr Jedamzik und auch Herr Goetz sich da mit mir relativ einig sind, dass der Behandler der niedergelassene Arzt bleibt. Es geht darum, dass dieser selektioniert für ihn wichtige Informationen erhält, bevor er diese unter anderen Umständen nicht zeitgerecht erhalten würde, um dann rechtzeitig, z.B. vor etwaigen Dekompensationstendenzen reagieren zu können. Das ist der Hintergrund dieser Sache.

Dr. Braun:
Vielen Dank. Herr Dr. Jedamzik, vielleicht noch Ihr Kommentar dazu?

Dr. Jedamzik:
Dem kann ich natürlich nur zustimmen. Da gibt es überhaupt keine Widerrede. Der niedergelassene Arzt, ob Hausarzt oder Facharzt, ist und bleibt natürlich Dreh- und Angelpunkt des medizinischen Geschehens. Ich betone ausdrücklich, dass wir uns nur weiterentwickeln können, wenn wir mit anderen auch nicht verkammerten Berufen, mit Pflegekräften, mit Apothekern und mit allen, die am Versorgungsgeschehen beteiligt sind, eine enge, vertrauensvolle und telematische Partnerschaft entwickeln und dann auch pflegen. Die Telemedizin ist eine Ergänzung, ein Tool und so wird es auch immer bleiben. Damit da kein falscher Eindruck aufkommt: Kern unserer ärztlichen Tätigkeit ist es, dass wir – am Schreibtisch sitzend – direkt mit unseren Patienten reden. Die Telemedizin wird das nicht ersetzen aber gut ergänzen können.

Dr. Braun:
Vielen Dank, Herr Dr. Jedamzik. Jetzt darf ich noch einmal auf Frau Hastedt zukommen, um einen Kommentar zu dem Gehörten abzugeben.

Frau Hastedt:
Mir ist heute wieder einmal aufgefallen, wie groß doch auch die Unterschiede in Herangehensweisen zwischen Gesundheitswesen und Pflegesektor sein können. Die Daten, die hier vorgetragen wurde, haben viele, wenn nicht alle, beeindruckt, wie wirksam bestimmte Telemonitoringansätze und das Verfolgen von Leitlinien sein können. Da hat man etwas gemessen und aufgrund dieser Messdaten sagt man, dass das jetzt ein guter Weg ist. Wir im Pflegesektor leiden im Moment darunter, dass man Erfolg messen muss in Deutschland, um zu einer Bewertung der Situation zu kommen. Dinge, wie die Hebung des Ernährungszustandes usw., werden von uns heute als Daten bereits gefordert. Uns fehlt technologische Unterstützung dafür. Prüfinstitutionen versuchen nur auf dem Weg der Messbarkeit von Gesundheitszuständen, die Qualität in einer Pflegeeinrichtung darstellen zu können. Eine unserer Einrichtungen nimmt an einem Modellprojekt zur Ergebnisqualität in Pflegeheimen teil, das vom Bundesministerium für Gesundheit und Bundesministerium für Familie, Senioren, Frauen und Jugend initiiert wurde. Da geht es darum, dass man ab dem Jahre 2012 diese Qualitätsmessungen, die jetzt durch die medizinischen Dienste der Kassen auf eine bestimmte vereinbarte Weise durchgeführt werden, durch eine neue Systematik ablösen möchte. Man möchte in diesem Projekt herausfinden, mit welchen Daten denn Einrichtungen ihre Ergebnisqualität und nicht Prozess- und Strukturqualität nachweisen können. Übermorgen gibt es das erste Regionaltreffen von Baden-Württemberg und Bayern mit den entsprechenden Wissenschaftlern, die die Auftragnehmer sind. Der Fragebogen, der im Vorfeld verschickt wurde, hat wieder nur diese bisher bereits messbaren Aspekte der medizinisch-pflegerischen Versorgung ins Auge gefasst: man geht aber nicht an das

Thema heran, Wohlbefinden irgendwie anders greifen zu können oder den Mut zu haben zu sagen, dass es auch Dinge gibt, die wir gar nicht messen können. Ich wünsche mir eigentlich, dass man in der Diskussion über Qualität im Gesundheits- und Sozialwesen ein bisschen differenzierter hinguckt, wo es denn Leitlinien gibt, die auch sinnvoll befolgt werden sollten und wo man sagen muss, dass der individuelle Wunsch der Menschen und deren Wohlbefinden höher zu werten sind als das, was wir messen und darstellen können, wobei wir da natürlich auch immer Risiken eingehen, dass es jemand schlechter gehen kann. Aber man kann nicht immer Sicherheit haben und gleichzeitig alles individuell und flexibel machen.

Dr. Braun:
Vielen Dank Frau Hastedt. Ich habe noch eine Frage dazu. Es gibt ja auch im Zusammenhang mit Telemonitoring die Möglichkeit der Lokalisierung von Personen. Ähnliche Möglichkeiten gibt es auch in Gebäuden. Würde so etwas für Demenzkranke vielleicht nützlich sein, um sie nicht wegsperren zu müssen, wie das oft passiert, und ihnen mehr Auslauf lassen zu können?

Frau Hastedt:
Das gibt es bereits. Es gibt eine Menge Einrichtungen, die die elektronische Fußfessel haben, d.h. der Mensch hat irgendwo einen Chip in seiner Kleidung oder im Schuh und wenn er das Haus durch den Eingang oder Ausgang verlässt, bimmelt es irgendwo, so dass man weiß, dass er jetzt das Haus verlassen hat. Wir haben dies in unseren Einrichtungen deshalb nicht eingeführt, weil davor verschiedene andere Möglichkeiten existieren: Man kann gucken, welche Route der Mensch normalerweise geht, dies dokumentieren und die Polizei darüber informieren. Man kann auch versuchen, das mit atmosphärischen Dingen im Wohnbereich selber zu verhindern – es ist ja kein Weglaufen sondern Hinlaufen zu irgendwohin. Das Verhalten hängt erst einmal sehr stark mit den hausinternen Gestaltungsmöglichkeiten zusammen. So etwas wie eine geschlossene Einrichtung braucht man nach unseren Erfahrungen in vielen Fällen nicht, wenn man es schafft, ein Setting hinzukriegen, das Wohlbefinden ermöglicht. Das lässt sich sicher aber nicht mit krankenhausmäßigen Routineabläufen bewirken, sondern hat wirklich viel mit diesem ‚Alltag umsetzen' und Atmosphäre im Wohnbereich zu tun. Es gibt natürlich immer Fälle, die ganz starke Verhaltensauffälligkeiten haben und für die diese ganz spezifischen geschlossenen Bereiche da sind. Ansonsten plädiere ich für offenen Häuser und auch für einen sehr kritischen Umgang mit einer elektronischen Fußfessel, weil dieses Lebensrisiken leben etwas ist, mit dem wir umgehen müssen und sollten.

Dr. Braun:
Vielen Dank. Herr Prof. Thielmann hat sich gemeldet.

Prof. Thielmann:
Ich möchte noch einmal meine Frage von heute Vormittag etwas modifiziert wiederholen. Ich hatte gefragt, was ich als gesunder Mensch mit 60 Jahren tun kann,

wenn ich mich auf die nächsten 35 Jahre Telemonitoring für mich selber vorbereiten will? Muss ich zu meinem Hausarzt gehen? Muss ich zur Krankenkasse gehen? Ich weiß nicht, wo ich hingehen soll. Könnte man sich Geschäftsmodelle als Betreibermodelle vorstellen, bei denen sich Serviceprovider dieses Themas annehmen und damit zunächst einmal eine Gesamtinformation bereitstellen, aber auch dann dafür sorgen, dass Telemonitoring-Angebote bzw. Dienstleistungen bereitstehen – im frühen Alter, nicht erst, wenn die Akutfälle eintreten?

Dr. Braun:
Danke für die Frage. Wer möchte antworten? Herr Dr. Goetz?

Dr. Goetz:
Ich glaube der Ansatz mit eigenständigen Serviceanbietern ist einer der besten Ansätze, der auch in der gegenwärtigen politischen Diskussion schon erheblichen Zuspruch gewonnen hat. Auf dem letzten IT-Gipfel wurde genau darüber gesprochen, wie man die so genannten Mehrwertdienste fördern könnte, also die Zusatzanwendungen, die nicht im Sozialgesetzbuch oder der gesetzlichen Krankenversicherung verankert sind. Das SGB V stellt ja Hürden für die Übernahme in die Regelversorgung auf, die in einem freien wirtschaftlichen Wettbewerb als freiwillige Anreizsysteme auf dem freien Markt gar nicht existieren würden.

Ein Beispiel aus einem anderen Spannungsfeld des SGB V mag dies verdeutlichen: Es wäre doch wunderbar, wenn die Ausbreitung der elektronischen Heilberufsausweise nicht auf die SGB V Anwendungen warten würde sondern jetzt schon vorgezogen und schneller als bisher geplant in die Fläche gebracht würden, damit eine elektronische Kommunikation auf freiwilliger Basis zwischen Ärzten und anderen Versorgern beginnen könnte. Man könnte sofort Faxe durch verschlüsselte und signierte Emails ersetzen mit allen Vorteilen für die Rechtssicherheit, den Datenschutz und bequemer wäre es auch noch. Warum also warten bis die SGB V Einführung der Gesundheitstelematik fertig ist?

Langer Rede, kurzer Sinn: So bald die wichtigsten Infrastrukturkomponenten eingeführt sind, wird sehr viel mehr möglich werden auf Initiative einzelner Leistungserbringer oder Anbieter, als bisher im Bereich des gesetzlichen Vertragswesens möglich wäre. Insofern sind gerade die Ansätze, Projekte und die Projekte des Telemonitoring nicht nur Vorreiter sondern Modelle, die in weitere Angebote der Versorgung so bald wie möglich aufgenommen werden könnten.

Prof. Thielmann:
Ich möchte eine Frage an Herrn Dr. Jedamzik stellen:
Könnten Sie mir als niedergelassener Arzt weiterhelfen, wenn ich Beratung und Hilfe für Telemonitoring brauche?

Dr. Jedamzik:
Ich würde ganz spontan sagen: kommen Sie zu mir! Ich helfe Ihnen natürlich weiter. Nein, ich denke, es gibt zwei Ebenen. Die eine Ebene ist die objektive Ebene, d.h. Informationsmaterial über Internet, Bewertungsportale und Qualitätsportale sammeln. Wenn ich mir jetzt die Hüfte operieren lassen müsste, würde ich als Arzt auch schauen, wer die Hüfte am besten operiert, wo die Erfolgsquoten am besten sind, wer die niedrigsten Infektionsraten hat, etc. Das kann man ja heute alles im Internet nachschauen. Zum zweiten wird sich jeder nach seinem persönlichen Beziehungsnetz entscheiden. Ich denke, man muss zum Beispiel mit einem Betroffenen über seine OP-Erfahrungen reden. Man muss, wenn man Patienten, oder einen Angehörigen in ein Pflegeheim bringt, vorab dorthin gehen und schauen, wie das Umfeld ist. Das sind genau die beiden Ebenen, die wir auch in der Diskussion hatten zwischen dem Künstlertum und den objektiven Daten. Sie haben es gerade angesprochen. Es ist ausgesprochen schwierig, dort eine Balance zu finden. Und genauso ist es in diesem Bereich. Ein guter Hausarzt, dem Sie vertrauen und der 30 Jahre in der Szene tätig ist, wird Ihnen schon im eigenen Interesse keinen schlechten Ratschlag geben. Trotzdem würde ich mich nochmals separat erkundigen.

Dr. Braun:
Danke, Herr Dr. Jedamzik. Wir werden es uns merken. Herr Heuzeroth, Sie möchten dazu auch antworten?

Herr Heuzeroth:
Zu uns können Sie kommen. Wir schauen gern für Sie nach, weil wir auch eine gesetzliche Verpflichtung haben, Sie darüber zu informieren. Wir haben uns in der Vergangenheit als Krankenkassen sehr schwer getan. Von der Leistungserbringerseite und von der Betroffenenseite haben wir solche Projekte gut nach vorn gebracht, weil wir wussten, dass es uns nutzt. Aber wir müssten noch viel mehr tun und haben uns immer wieder gesträubt so etwas zu tun, als wir damit angefangen haben. Sind wir jetzt die Kasse, die nur noch Herzkranke versichert? Gibt es Wanderbewegungen? Das haben wir glücklicherweise durch Gesundheitsfond und Morbi-RSA doch nivelliert und jetzt werden alle Krankenkassen offensiver um gute Konzepte werben und werden dann den Patienten informieren. Aber Sie sind gern bei uns willkommen. Sie sind auch gut versichert. Sie haben es ja gesehen.

Dr. Helms:
Ich finde Ihre Frage spannend, weil sie aus meiner Sicht eine ganz andere Dimension eröffnet, nämlich dahingehend, dass wir es mit einer gesellschaftlichen Problematik der Erziehung zu tun haben. Wir sprechen in diesem Kontext eigentlich von Prävention. Wenn man sich zum Beispiel vor Augen hält, dass ungefähr 200.000 Patienten mit zuwachsender Rate in den nächsten Jahren an Demenz erkranken werden und dies auf Grund der Tatsache einer vaskulären Demenz, nicht einer genetisch oder anders bedingten Demenz. Vaskulär bedeutet schlicht, dass man

über Jahre hinweg Bluthochdruck hatte, und man durch eine einfache Maßnahme wie tägliches Blutdruckmessen „daheim" diesen Bluthochdruck hätte einstellen und das Risiko senken können. Krankenkassen sind im Moment noch relativ zurückhaltend, mit einer solchen einfachen, telemedizinisch unterstützenden Methode eine optimale Blutdruckeinstellung umzusetzen. Aber wir wissen auch, wie schwer es ist, den inneren Schweinehund zu überwinden. Wenn Sie als Patient so etwas haben und es tut nicht weh, kümmern sie sich bestimmt nicht mit hoher Priorität darum. Hier gibt es aus meiner Sicht zwei Ansätze. Man könnte noch eine Frage an Herrn Heuzeroth stellen. Ich weiß aber seine Antwort auch schon ein bisschen. Warum investieren Krankenkassen nicht mehr in Prävention? Wenn ich Ihnen das aus der Herzinsuffizienz und unseren Programmen sagen darf, wäre die Innovation eigentlich, diejenigen Herzschwächepatienten zu erfassen, die noch gar nicht richtig krank sind, d.h. die Stufe NYHA 1, wo noch keine oder kaum Auffälligkeiten erkennbar sind. Damit würden Sie den größten Effekt erzielen. Wir versuchen immer zu reparieren anstatt viel früher anzusetzen, damit es erst gar nicht zum Schaden kommt. Sie fahren Ihr Auto auch nicht, wenn Sie einen Diesel haben, gleich hochtourig sondern die ersten Kilometer etwas langsamer. Vielleicht kann Herr Heuzeroth noch etwas zu Präventionsprogrammen sagen. Das würde mich interessieren.

Herr Heuzeroth:
Okay. Bei der Herzinsuffizienz NYHA Stufe I kann ich guten Gewissens sagen, dass wir das erkannt haben und „Mit Herz dabei" hat die NYHA Stufe I, also die leichte Form der Herzinsuffizienz ist aufgenommen. Die braucht natürlich noch kein Telemonitoring, aber Sie brauchen schon eine Bedarfsmedikation und eine regelmäßige Überwachung. Das haben wir abgebildet. In anderen Bereichen ist das viel schwerer. Gerade im Diabetes ist eine Tertiärprävention, einer bestehende Diabetes in die richtigen Bahnen zu lenken, um kein Voranschreiten zu befördern. Aber gerade bei solchen Erkrankungen wie Diabetes eine Primärprävention hinzubekommen, bei gestörten Glucosetoleranzwerten – wir haben das in der Vergangenheit versucht und gerade aus eingesparten Geldern aus diesem Programm. Aber es ist so schwierig, jemand dazu zu bekommen, egal wie die Projekte heißen, ob es eine telemonitorische Sache ist, ob es ein sehr engmaschiges Betreuungsprogramm ist. Ich glaube, es ist ein gesellschaftliches Problem, dass alles, was nicht wehtut, brauchen wir nicht. Wir sind in unserer Gesellschaft lieber bereit, einen teuren Urlaub zu bezahlen, als etwas für unsere Gesundheit zu tun.

Prof. Eberspächer:
Ich wollte noch einmal den Bogen zu den beiden Eingangsvorträgen von heute Morgen schlagen, also den Blick auf die internationale Szene richten. Offenbar sind wir ja nicht gerade in der Spitzengruppe, weder ganz allgemein bei eHealth, noch weniger aber bei Telemonitoring. Jetzt gibt es mindestens vier Gründe dafür. Dazu wollte ich ganz gern Meinungen hören:

1) Die Statistiken sind gefälscht. Das hat tatsächlich jemand gesagt, der nicht glaubt, dass es so riesige Unterschiede sind. Aber das war vielleicht nicht ganz ernst gemeint.
2) Es liegt vielleicht an der Mentalität in Deutschland.
3) Es liegt am politischen System insgesamt – denken wir an die vielen Bundesländer, die wir haben, was die Durchsetzbarkeit solcher Innovationen erschwert.
4) Oder es liegt am Gesundheitssystem mit allen seinen Facetten.

Wir wollen ja eigentlich Spitze sein und uns nicht zum Beispiel von Österreich sagen lassen, wo es lang geht, um das einmal scherzhaft zu sagen.

Dr. Braun:
Ich glaube, da sage ich selber ein paar Worte dazu. Ich hatte es vorher schon erwähnt, das Ganze hat sicherlich verschiedene Gründe.

Zum Einen ist es natürlich eine Frage der Mentalität. Österreicher sind nun einmal pragmatischer als die Deutschen. Und in Österreich läuft manches in der Wirtschaft anders ab als hier. Das ist sicher ein Unterschied. Im Übrigen war es beim Thema EGK so, dass die Österreicher zunächst auf die Deutschen warten wollten, auch weil wir in der Konzeptphase innovativ und schnell waren. Sie wollten die deutsche Lösung einfach übernehmen. Die kam nur eben nicht. Irgendwann hat man dann in Österreich beschlossen, allein loszulegen, und wenn Deutschland später etwas ganz Anderes macht und die Hälfte weggeworfen werden muss um interoperabel zu sein, dann wirft man sie eben weg. Aber bis es soweit ist, hat man einen großen Nutzen daraus gezogen. Ich schätze eine solche pragmatische Einstellung, d.h. nicht ewig rumreden – es ist auch heute schon einmal gesagt worden – und alles bis in die allerletzte Kleinigkeit durchplanen, sondern irgendwann auch einmal anfangen. Die Amerikaner haben eine noch extremere Einstellung. Die USA haben 70 Mio. $ eingesetzt, um eHealth voranzubringen und wussten noch nicht einmal, welches Ziel sie haben. Das muss auch nicht sein. Aber zwischen dem, was wir hier in Deutschland machen und dem, was die Amerikaner machen, gibt es auch einen guten Mittelbereich. Und ich würde mir schon sehr wünschen, dass man den öfter nutzt und einen solchen Weg auch begeht. Das ist eine Frage der Innovationskultur in unserer Gesellschaft.

Zum Zweiten haben die Zahlen, die wir in verschiedenen Ländern gesehen haben, natürlich auch eine andere Ursache. In Dänemark, Großbritannien, auch in Australien und Neuseeland sind die Gesundheitssysteme staatlich. In Australien sind Milliarden an australischen Dollars in das Gesundheitssystem geflossen, weil sie enorme Einnahmen aus Ölschieferexporten und anderen Rohstoffexporten haben, die zu großen Budgetüberschüssen führen. Sie haben das auch sehr geschickt gemacht, nämlich eine Gesundheitsreform durchgeführt und dabei auch die technischen Möglichkeiten von eHealth gleich mit berücksichtigt. Deshalb ist dort alles sehr gut gelaufen. Aber eine nichtstaatliche Organisation des Gesundheitssystems wie bei uns, die auf Konsens aufgebaut ist, ist natürlich wegen der sehr unterschiedlichen Eigeninteressen der Beteiligten sehr viel schwieriger in eine bestimmte Richtung zu lenken. Insofern, denke ich, ist das nicht überraschend. Und vor allem hat es mit der Qualität des Gesundheitssystems nichts zu tun – zumindest heute noch nicht. Ich möchte nach wie vor nicht in England und auch nicht unbedingt in Dänemark krank werden, dann schon lieber hier.

Dr. Helms:
Ich wollte noch kurz ergänzen, dass ich mehrere Jahre in den USA gearbeitet habe. Da geht es auch ganz anders zur Sache, weil privates Geld eingesetzt wird. Das sehen die Strukturen hier natürlich auch nicht vor. Insofern kann man das nicht miteinander vergleichen. Da wollte ich Sie noch einmal unterstützen.

Ich wollte aber auch noch einmal darauf hinweisen, dass zum Beispiel das vom BMBF geförderte Verbund-Projekt S.I.T.E, was ich in meinem Vortrag ganz kurz angerissen habe, sich genau um diese Dinge kümmert. Warum heißt das Vorhaben „Schaffung eines Innovationsmilieus für Telemedizin"? Weil wir als Stiftung und Konsortialführer mit den Konsortialpartnern, der TU-Berlin (TIM), der Charite (TMCC) und dem DGBMT im VDE herausbekommen wollen, wo die Barrieren sind. Das ist nicht so trivial wie es im ersten Moment ausschaut. Aber es sind viele unterschiedliche Barrieren und die sind natürlich häufig auch in den Köpfen. Ich glaube aber auch, dass unser föderales System extreme Hinderungsgründe darstellt, wie es hier auch schon angeklungen ist. Manchmal ist es natürlich notwendig, dass dann vielleicht auch von Ministeriumsebene ein Signal kommt, sich dieser Sache zu stellen. Häufig ist es wie mit dem Prozess des Kaugummikauens, dass Akteure relativ verlangsamt und damit spät auf Prozesse reagieren. Ich habe im Zusammenhang mit der künftigen demographischen Entwicklung von einer Tsunamiwelle gesprochen. Es rollt nicht nur die Alterswelle auf uns zu sondern auch die Welle der chronischen Erkrankungen. Wenn wir in fünf Jahren darüber diskutieren, ist es sicherlich zu spät. Die Voraussetzungen sind geschaffen. Hier sitzen im Auditorium Mitarbeiter vom DGBMT im VDE, der Charite und anderer Institutionen die das wissen. Die Interoperabilität ist relativ weit abgeschlossen. Natürlich gibt es Probleme, die sind aber zeitnah lösbar. Vorhin war von Datenschutz die Rede. Datenschutz und auch rechtliche Aspekte für Telemonitoring sind keine wirklichen Problematiken mehr. Das möchte ich noch einmal ganz deutlich hervorheben. Wir haben schon in den letzten zehn Jahren Stepps unternommen, um diese Barrieren abzubauen. Ich bin gern bereit, Sie über den Fortgang in dem Konsortium zu informieren. Das wird selbstverständlich auch publiziert werden.

Dr. Braun:
Danke Herr Dr. Helms. Jetzt habe ich doch noch zwei Wortmeldungen hier am Tisch. Und dann machen wir mit mehreren Publikumswortmeldungen weiter. Zunächst Herr Dr. Jedamzik und dann Herr Dr. Goetz.

13 Podiumsdiskussion

Dr. Jedamzik:
Ich glaube, es ist ausgesprochen schwierig, zwischenstaatliche und interkulturelle Vergleiche zu ziehen, weil das Thema Gesundheitssystem ausgesprochen komplex ist. Was aber gleich ist, ist die Tatsache, dass wir es mit einer Materie zu tun haben, nämlich einer ungeheuren Vielfalt von verschiedenartigsten Menschen. Wenn ich meine Patienten vor meinem geistigen Auge sehe, dann ist es eine harte Arbeit, zum Beispiel Primärprävention in die Köpfe der Menschen hineinzubringen. Ich mache das seit 30 Jahren und war nur ganz selten erfolgreich. In meinen Augen liegt es einfach daran, dass die Menschen eine Zeitlang mitmachen und dann die Lust verlieren. Das hat verschiedenste Gründe: persönliche, psychische, etc. Manchmal ziehen die Leute um und dann können wir keine Nachhaltigkeit hineinbringen, usw. Eines der größten Probleme im Gesundheitssystem ist der Patient selbst. Es gibt dieses Sprichwort: „Das Gesundheitssystem würde toll funktionieren, wenn es keine Patienten gäbe". Da könnten wir all die Sachen, die wir uns ausdenken, wunderbar umsetzen. Als niedergelassener Arzt, der seit 30 Jahren tagtäglich mit den Patienten zu tun hat, stößt man permanent an Grenzen. Ich plädiere dafür, Projekte zu gestalten, durchzuführen, zu optimieren, zu evaluieren, zu benchmarken, zusammenzuarbeiten, sprich die integrierte Versorgung aktiv umzusetzen. In diesem Mix von Aktivitäten, der im Grunde genommen nicht steuerbar ist, benötigt man tolle Kostenträger, die sich in das System hineinbegeben, Ärztenetze und individuelle Aktivitäten, wie wir und die Deutsche Stiftung für chronisch Kranke es zum Beispiel anbieten. Ich bin ganz optimistisch, dass uns dieser Mix an Aktivitäten voran bringen wird.

Dr. Goetz:
In der Gesamtschau dürfen aber auch Hinderungsgründe gegen die Verbreitung von Telemonitoring nicht verschwiegen werden.

Hier lohnt u.a. ein analytischer Blick ins Ausland. Mir war es bei der Arbeit in internationalen Gremien immer wieder eine Lehre zu erkennen, welche Länder eine wirkliche Vorreiterrolle bei telematischen Anwendungen eingenommen hatten. Es waren interessanterweise meist die großen skandinavischen Länder. Deren Bedarfslage liefert den entscheidenden Hinweis: Die spezifische Zwangssituation dieser Länder war geprägt durch die sehr geringe Bevölkerungsdichte, also eine schwierige Erreichbarkeit der unterschiedlichen Akteure. So griff man gerne jede Methode auf, die eine leichtere Verteilung der Gesundheitsversorgung versprach.

Wir haben in Deutschland in einer ganz anderen Situation. Hier gibt fast keine Gegend in der man weit weg ist von der nächsten Menschenansiedelung. Aus diesem Grund wurden bei uns immer wieder die positiven Flächen- und Technologieüberlegungen des Telemonitoring wesentlich nachrangiger beurteilt, weil einfach der Bedarf nicht so drängend war.

Es gibt aber nach einen ganz anderen Grund der bis heute bei der Verbreitung von Telemonitoring hinderlich ist: Der vermeintlich Datenschutz oder noch genauer das

Sicherheitsempfinden großer Bevölkerungsteile. Neben Wurzeln im Nationalsozialismus und weiterem Nährboden aus der Diskussion über den Überwachungsstaat haben viele Bürger große Probleme bei der elektronischen Übermittlung von persönlichen Informationen aus ihrem Privatbereiche. Es gibt immer noch eine zutiefst innere Motivation viele Leute, sich möglichst jeder Elektronifizierung zu entziehen. Sie können sich z.B. noch viel zu gut an die damalige Volkszählung erinnern. So lange es kein berechtigtes Vertrauen in die Geheimhaltung elektronischer Kommunikation gibt, so lange wird Skepsis bleiben. Hier spaltet sich gegenwärtig die Gesellschaft in ebay-Nutzer und Online-Verweigerer. Terrorismus und Online-Überwachung geben dieser Divergenz weitere Brisanz. Das Ganze entwickelt sich langsam. Ob es besser wird oder sich entspannt muss sich erst noch weisen.

Für mich ist die Botschaft, dass es auch bei gesundheitstelematischen Ansätzen von enormer Bedeutung ist, wie die Öffentlichkeit eingebunden wird. Man muss darüber reden, man muss publizieren, man muss Informationen in die Fläche bringen. Was sind die Nutzwerte? Was sind die positiven Effekte? Tatsache ist, die Nutzwerte von Telemonitoring werden heute einfach noch nicht genug gesehen und darum nimmt es kein Wunder, wenn der Bürger auch gegenüber dieser Technik skeptisch bleibt.

Dr. Braun:
Vielen Dank, Herr Dr. Goetz. Jetzt machen wir im Publikum weiter.

Herr Seeliger, Intel:

Es ist schon mehrmals durchgeklungen, nur noch nicht explizit. Mich würde noch einmal eine Einschätzung zum Thema privates Geld, Preissensibilität der Endverbraucher interessieren. Herr Helms hat gesagt, dass in anderen Ländern schon andere Systeme implementiert sind, welche die Bereitschaft zum Geldausgeben des Konsumenten fördern. Ich glaube, auch bei Frau Hastedt war es auf einer Folie zu sehen. Gibt es aus Ihrer Sicht heute schon Zusatzservices, die Sie Ihren Bewohnern erfolgreich anbieten können, um Zusatzeinnahmen zu erzielen? An Herrn Jedamzik im Bereich IGeL Leistungen – wo sehen Sie Hoffnungsschimmer? Ich habe letztens einmal eine Studie zu IGeL Ausgabebereitschaft gesehen. Wir haben vorhin gehört, dass für manche schon die 10 € Praxisgebühr das Maß der Dinge sind, und wenn man in dem Bereich einmal 50 € für Präventionsmaßnahme aufwärts geht, wird es schon ganz dünn. Vielleicht auch aus Sicht der Kasse. Machen Sie heute bei den Programmen schon irgendwelche Zusatzangebote? Haben Sie Erfahrungen mit der Bereitschaft, da privates Geld auszugeben?

Frau Hastedt:
Ich stelle fest, dass wir in diesem teilkaskofinanzierten Pflegesektor eine Orientierung der Bevölkerung an der Vollkaskomentalität der Krankenversicherung haben. Die ständigen Diskussionen um die Leistungsfähigkeit der Pflegeversicherung hängen damit eng zusammen. Die Bevölkerung möchte eigentlich, dass die Ver-

sicherung so viel als möglich zahlt. Das ist eine sehr interessante deutsche Mentalität. Die hängt m.E. damit zusammen, dass wir es als Dienstleister nicht schaffen, die Qualität unserer Dienstleistung transparent zu machen und darin dann im Schlepptau auch den Wert dieser Dienstleistung zu verkaufen. Wenn Sie mich fragen, ob es schon Zusatzservices gibt für die Bereitschaft besteht, etwas auszugeben, dann betrifft das die Menschen, die noch in ihrer Häuslichkeit wohnen und die dort wohnen bleiben wollen und für dieses Thema ‚wie sicher ich mich da ab', bereit sind, Geld auszugeben. Das läuft u.a. unter dem Stichwort ‚Betreutes Wohnen zuhause', wo Telemonitoringunterstützung durchaus eine Rolle spielen kann. Es würde aber eine größere Rolle spielen, wenn wir es schaffen, zugehende Besuche in der Häuslichkeit oder telefonische Kontaktaufnahme welcher Art auch immer besser an den Mann oder die Frau zu bringen. Draußen auf dem Infotisch liegt unsere Unternehmenszeitschrift. Da haben wir unsere Umsetzung von diesem Angebot beschrieben und vom Preisniveau ganz abgestuft. Es geht mit 9,90 € los, wofür man ein Bonheftchen bekommt und verschiedene Vergünstigungen, über 39,00 € im Monat, wo dann u.a. der Hausrufnotruf dabei ist. Das wollten wir ursprünglich gar nicht einführen. Die nächste Ausprägung war ursprünglich 95,00 € im Monat gewesen, wo ein zugehender Hausbesuch einmal im Monat enthalten ist und einmal die Woche ein Anruf usw. Dann haben wir gemerkt, dass zwischen 9 und 95 ein viel zu großer Gap ist. Dazwischen wird etwas gefordert von den Menschen, und diese 40 € kommen von denen, die eigentlich schon umziehen könnten in ein Betreutes Wohnen, z.B. die vielleicht auch schon in die Richtung gehen, indem sie sich auch ab und zu einen Pflegedienst gönnen, etwas, was sie noch akzeptieren. Ansonsten haben wir im Pflegesektor das Problem, dass wir eigentlich gar nicht ausprobieren dürfen, was an Preisakzeptanz für verschiedene Dienstleistungen da ist, weil durch das System bedingt, eine Normierung der Leistungsangebote und auch eine Preisnivellierung stattgefunden hat. Ich wünsche mir, dass man dieses System als solches aufbricht und mehr Gestaltungsmöglichkeiten für Preise und Leistungsspektren selber schafft.

Dr. Braun:
Vielen Dank, Frau Hastedt. Jetzt antwortet noch Herr Dr. Jedamzik zu IGeL Leistungen.

Dr. Jedamzik:
Ich bin erstaunt, wie parallel sich die Gedankengänge im Pflegebereich und im Medizinbereich bewegen. Ich könnte das mit den gleichen Worten für den Medizinbereich sagen. Wir haben die Vollkaskomentalität unter den Bedingungen der Regelversorgung SGB V, unter den Bedingungen des Sozialstatusprinzips, unter den Bedingungen von wirtschaftlich ausreichend, notwendig und zweckmäßig. Deswegen kämpft die Ärzteschaft, dass dieser Deckel ein bisschen geöffnet wird, und zwar genau unter dem Begriff, den sie gerade verwendet haben: dass wir die Qualität unserer Dienstleistung darstellen können. Wir haben die letzten 20 Jahre immer darunter gelitten – ich habe das ja auch immer mitgemacht – dass grundsätz-

lich alle neuen Leistungen unter diesen Budgetdeckel gepresst worden sind. Damit hat man allerdings nur eines erreicht, nämlich, dass die Qualität nicht besser geworden ist, sondern ganz im Gegenteil! Man hat unter diesem Budgetdeckel die Qualität eher zurückgefahren, um auszukommen. Wir sollten nach der Bundestagswahl eine gesellschaftspolitische Diskussion führen, wo wir denn hingehen wollen und wie wir die Qualität definieren wollen. Wir haben bei uns im ärztlichen Bereich vor 10, 15 Jahren schon Wirtschaftlichkeitsberechnungen angestellt, die leider nie zum Tragen gekommen sind. Ich kann Ihnen versprechen, dass das nach der Bundestagswahl eine richtig interessante Auseinandersetzung geben wird, ganz egal wer an die Regierung kommt. Stichwort IGeL Leistungen: Patienten sind natürlich schon bereit, IGeL Leistungen zu bezahlen, auch im Bereich der Vollkaskomentalität, aber nur, wenn sie sinnvoll sind. Wir haben nachgewiesenermaßen ein Volumen von knapp einer Milliarde, was die Patienten an IGeL Leistungen bezahlen. Das heißt aber für mich gleichzeitig, dass Patienten bereit sind, für eine Zusatzleistung, für eine Ergänzungsleistung, für eine bessere Leistung auch Geld zu bezahlen. Ich würde dafür plädieren, diesen ganz stringenten Kurs, alles unter einen Deckel zu pressen zu verlassen und die Qualität in den Vordergrund zu stellen.

Dr. Braun:
Vielen Dank, Herr Dr. Jedamzik. Ich habe noch zwei Wortmeldungen aus dem Publikum.

Herr Dieterle:
Herr Braun, Sie haben einen Vortrag gehalten, wie man die Dinge weiterbringen kann. Ich habe noch einen Aspekt im Kopf, den wir hier noch nicht betrachtet haben. Könnte man nicht diese Telemonitoringangelegenheiten oder -lösungen auch auf das normale Arzt-Patienten-Verhältnis anwenden, also auf die normale Schnittstelle zwischen Arzt und Patient? Wir haben das heute hier sehr stark diskutiert mit Blick auf die alternde Gesellschaft, die Probleme, die ältere Menschen haben usw. Mir ist deutlich geworden, dass gerade die Krankenkassen das mehr als Instrument zur Anhebung der Ökonomie sehen. Das macht ja auch Sinn. Aber wenn ich einen ganz normalen Arztbesucher vor mir habe, warum kann ich das nicht über eine Telemonitoringlösung machen? Ich träume immer davon, dass ich in einem bestehenden Arztverhältnis nicht zum Arzt gehen muss, sondern ich wähle den an, er erscheint auf dem PC und sagt zu mir: „Guten Morgen, Herr Dieterle, wie geht es Ihnen denn?" Dann sage ich: „Heute Morgen habe ich Kopfschmerzen. Was Sie mir neulich verschrieben habe, hat mir gar nicht gut getan." Dass wir diese Techniken auf das ganz normale Arzt-Patienten-Verhältnis anwenden und dadurch einen Qualitätssprung herbeiführen, der uns von diesem enorm aufwändigen, ich muss erst mal zum Hausarzt gehen, dann stellt der vielleicht eine Überweisung zum Facharzt aus usw. wegbringt. Das ist ein unendlicher Zeitaufwand für die meisten von uns, ein kostenmäßiger Aufwand usw. Das alles sind Lösungen und Wege von gestern. Wir haben hier Technologien in der Hand,

mit denen wir wirklich einen Qualitätssprung an dieser Schnittstelle für die Kunden, für die Patienten herbeiführen können. Das wäre meine Frage. Das könnte doch ein Beitrag sein im Sinne Ihres Vortrags, Herr Braun, dass man mehr Akzeptanz für solche Lösungen erzeugt. Ich bin sicher, Herr Heuzeroth, wenn Ihre Kasse das nächstes Jahr einführen würde, dass ich physisch nicht mehr zum Arzt rennen muss, sondern dass ich das elektronisch machen könnte, wechsele ich sofort zu Ihrer Krankenkasse.

Dr. Braun:
Die von Ihnen angesprochene hausarztzentrierte Versorgung, bei der Sie sich verpflichten, immer zuerst den Hausarzt aufzusuchen, ist für Sie als Patient freiwillig. Sie müssen sich dafür nicht einschreiben und können natürlich auch sofort einen Facharzt aufsuchen, was Ihnen Zeit sparen hilft. Auch Rezepte für Medikamente, die Sie laufend benötigen, können Sie schon lange telefonisch bei Ihrem Arzt anfordern. Bei einer Neuerkrankung ist die Sache aber nicht ganz so einfach. Zum Einen gibt es immer noch ein Fernbehandlungsverbot, d.h. der Arzt darf Sie nicht fernmündlich oder per Videokonferenz behandeln. Das macht durchaus Sinn, denn für eine verantwortungsvolle Diagnose sollte Sie der Arzt auch körperlich vor sich haben. Zum Zweiten könnte die so erbrachte ärztliche Leistung heute nicht abgerechnet werden.

Telemonitoring ist etwas anderes, es unterstützt den Arzt bei einer intensiveren ambulanten Versorgung des Patienten in der Zeit zwischen zwei Arztbesuchen. Telemonitoring wird heute über Verträge zur integrierten Versorgung abgerechnet, an denen mehrere Partner mit verschiedenen Aufgaben mitwirken, natürlich auch der zuständige Arzt. Dort geht der Anruf eines Patienten, beispielsweise bei einer beginnenden Entgleisung der Erkrankung, über ein fachkundiges medizinisches Call Center, das dann den zuständigen Arzt informiert. Ich kann mir nicht vorstellen, dass ein behandelnder Arzt ad hoc in seiner Sprechstunde eine von einem Patienten initiierte Videokonferenz beginnen kann, während gerade ein anderer Patient im Sprechzimmer ist und im Wartezimmer noch andere Patienten warten. Ganz so einfach ist es also nicht. Man muss das – abgesehen von der Vergütung – so organisieren, dass es in den Praxisablauf passt. Aber sicher kann Herr Dr. Jedamzik dazu noch etwas sagen.

Dr. Jedamzik:
Kein Problem, gerne. Eine Telesprechstunde habe ich schon vor zwanzig Jahren vorgeschlagen und zwar für ganz einfachen Nachfragen, die wir bisher per Telefon machen. Wie sind meine Blutwerte? Wie ist der Befund ausgefallen, der vom Radiologen oder Urologen gekommen ist? Das ist im Grunde genommen ganz einfach. Es scheitert daran, dass es bisher nie gelungen ist, hierfür im Konsens eine Gebührenordnung einzuführen. Da müssten sich die entsprechenden Verbände zusammensetzen. Der KBV und diejenigen, die in Berlin das Sagen haben müssten eine Gebührenordnung für eine Telesprechstunde definieren. Ich fände das ganz

phantastisch, wobei ich auch nicht den Patienten über eine Telesprechstunde behandeln möchte. Ich brauche den Patienten sehend, riechend, schwitzend und in seiner ganzen Persönlichkeit vor mir, denn viele Dinge kriege ich als 30 Jahre tätiger Arzt nicht aus ihm heraus, indem ich eine Latte von Laborwerten mache, sondern nur dadurch, dass ich den Patienten anschaue, einfach holistisch, indem man den Patienten in seinem ganzen Wesen sieht. Aber für die Übermittlung von technischen Befunden, für Anweisungen, für kurze Fragen, fände ich das eine ideale Lösung. Aufforderungen an unsere entsprechenden Gremien. Herr Goetz, vielleicht können wir da etwas zusammenzimmern?

Dr. Braun:
Schönen Dank. Als letzten haben wir noch Herrn Dr. Schütte, und dann müssen wir leider aufhören.

Dr. Schütte:
Vielen Dank für die letzte Wortmeldung. Ich habe im letzten Quartal im Rahmen unserer Bachelor Studiengänge jemand ausgebildet, der für ein großes Telefonnetz gearbeitet hat, und der hat eine Verbesserung in den Telefonmasten als Ingenieur umgesetzt. Weil das für das Unternehmen wertvoll war, hat er ein Incentive von 150.000 € bekommen. Das heißt, wenn wir die Leistungsanreize an den Prozessen verändern, wenn Herr Heuzeroth von den 9.000 €, die er pro Patient einspart, nicht nur 10 dem Patienten und 10 dem behandelnden Arzt gibt, sondern den einfach mit 4.500 € beteiligt, hat der eine ungeheure Motivation und da wir im Moment die Möglichkeiten haben, die integrierten Verträge zu machen, müssen wir einfach die Leistungsanreize anders setzen. Wenn es dann so vernünftig fundierte Bereiche gibt, die Herr Helms leitet, wo wir einfach eine ethisch fundierte Kontrolle haben, dessen, was wir da machen, wo wir die Profis aus dem Gesundheitssystem prozessbegleitend mitlaufen lassen, kommen wir relativ schnell dazu, dass wir dringend benötigte Strukturveränderungen durch die, wie Sie schon vorhin so schön sagten, durch die normative Kraft des Faktischen umgesetzt bekommen.

Herr Heuzeroth:
Vielleicht muss man eins sagen. Wenn wir solche Konzepte entwickeln, nur um das klarzustellen, die Vergütung der Ärzteschaft läuft im Konsens. Wir haben es seit langer Zeit geschafft, diese Mauern, die es früher zwischen Ärzteschaft und Krankenkassen einmal gab, einzureißen und es laufen adäquate Vergütungen, die dem Aufwand entsprechen. Und da ist keiner mit 10 € dabei. Das müssen Sie mir jetzt so glauben, dass wir die Ärzte gut beteiligen. Nur 4.500 € würden wir nie einem Arzt dafür zahlen, weil das ein bisschen ins Blaue geplant wäre.

Dr. Braun:
Meine Damen und Herren, wir müssen jetzt leider Schluss machen, denn einige von uns haben im Anschluss noch weitere Termine. Zunächst einmal möchte einen herzlichen Dank sagen an alle Beteiligten, an die Referenten, an die Moderatoren

des heutigen Tages und last not least auch an das Büro des Münchner Kreises, das im Vorfeld enorm viel gute Arbeit geleistet hat. Ich möchte mich bei Ihnen allen bedanken, dass Sie Interesse an unserem Thema Telemonitoring gezeigt haben, und ich hoffe, dass wir Ihren Erwartungen mit dieser Konferenz auch entsprochen haben. Ich hoffe, dass sie Erkenntnisse mitnehmen können und möglicherweise auch Gedankenanstöße für Ihre weitere Arbeit. Ich wünsche Ihnen einen schönen Nachhauseweg und alles Gute.

Anhang

Liste der Referenten und Moderatoren

Dr. Günter Braun
HCS Consultants GmbH
Edmund-Müller-Str. 2
82041 Oberhaching
guenter.braun@hcs-consultants.com

Prof. Dr. med. Reinhard Busse
Technische Universität Berlin
Dept. Health Care Management
Strasse des 17. Juni 135
10623 Berlin
mig@tu-berlin.de

Dipl.-Ing. Berthold Butscher
Stv. Institutsleiter
Fraunhofer Institut FOKUS
Kaiserin-Augusta-Allee 31
10589 Berlin
berthold.butscher@fokus.
fraunhofer.de

Dr. med. Martin Denz
Präsident
SGTM
Grubenweg 8
4153 Reinach BL
SCHWEIZ
martin.denz@me.com

Prof. Dr.-Ing. Jörg Eberspächer
Technische Universität München
Lehrstuhl für Kommunikationsnetze
Arcisstr. 21
80333 München
joerg.eberspaecher@tum.de

Dr. med. Christoph F-J Goetz
Leiter Telemedizin
Kassenärztliche Vereinigung Bayerns
Elsenheimer Str. 39
80687 München
christoph.goetz@kvb.de

Ingrid Hastedt
Vorsitzende des Vorstands
Wohlfahrtswerk für Baden-
Württemberg
Falkertstr. 29
70176 Stuttgart
ingrid.hastedt@wohlfahrtswerk.de

Dr. Thomas M. Helms
Vorstand
Deutsche Stiftung für chronisch Kranke
Alexanderstraße 26
90762 Fürth
thomas_helms@t-online.de

Volker Heuzeroth
Taunus BKK
Vertragswesen
Wächtersbacher Str. 89
60386 Frankfurt
volker.heuzeroth@taunus-bkk.de

Christoph Jaworski
Zweiter Geschäftsführer
medicalnetworks CJ GmbH & Co. KG
Niedervellmarer Str. 41
34127 Kassel
info@medicalnetworks.de

Dr. med. Siegfried Jedamzik
1. Vorsitzender
Verband deutscher Praxisnetze e.V.
Geschäftsstelle Ingolstadt
Oberer Grasweg 50a
85055 Ingolstadt
kontakt@vdpn.eu

Dr. Kurt Lösch
Alcatel-Lucent Deutschland AG
Lorenzstr. 10
70435 Stuttgart
kurt.loesch@alcatel-lucent.de

Prof. Dr. Dres. h.c. Arnold Picot
Universität München
Institut für Information, Organisation
und Management
Ludwigstr. 28
80539 München
picot@lmu.de

Dr. Peter Rumm
FutureCamp GmbH
Chiemgaustr. 116
81549 München
peter.rumm@future-camp.de

Jens Seeliger
Intel GmbH
Strategic Relations Manager
Digital Health Group
Dornacher Str. 1
85622 Feldkirchen
jens.seeliger@intel.com

Prof. Dr.-Ing. Heinz Thielmann
Geschäftsführer
Emphasys GmbH
Eichenstr. 11
90562 Heroldsberg
heinz.thielmann@t-online.de

Prof. Dr. med. Kerstin Wessig
Dekanin
EFH Darmstadt
FB Pflege- und Gesundheitswissen-
schaft
Zweifalltorweg 12
64293 Darmstadt
wessig@efh-darmstadt.de

Prof. Dr. Bernhard Wolf
Technische Universität München
Heinz Nixdorf LS f. Med. Elektronik
Arcisstr. 21
80333 München
wolf@tum.de